OA-IV≠128
(NG-)

Geographisches Institut
der Universität Kiel
ausgesonderte Dublette

Das lebende Riff

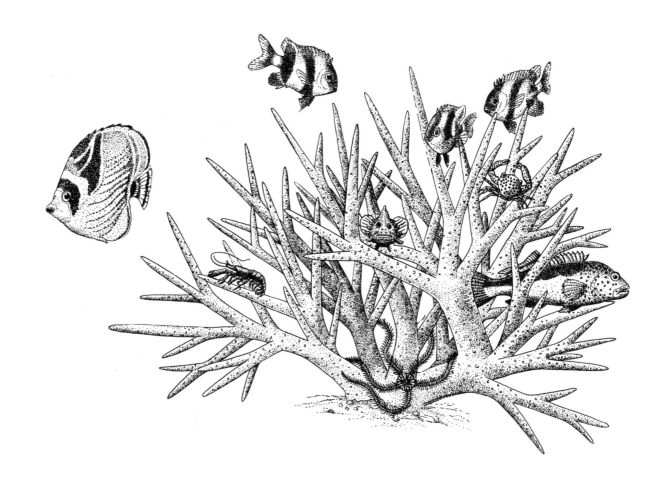

Dietrich Kühlmann

Das lebende Riff

Landbuch-Verlag Hannover

Landbuch-Verlag GmbH, Hannover, 1984
© 1984 by Edition Leipzig
Zeichnungen: Britta Matthies
Gestaltung: Eveline Cange
Lichtsatz: INTERDRUCK Graphischer
Großbetrieb Leipzig – III/18/97
Druck: H. F. Jütte VOB, Leipzig
Printed in the German Democratic Republic
ISBN-Nr.: 3 7842 0290 X

Inhaltsverzeichnis

Vorwort 7

Einführung in eine phantastische Unterwasserwelt 8

Korallen in Vorzeit und Gegenwart 9
Rote Korallen 10
Pflanze oder Tier? 11
Die großen Expeditionen 13
Taucher im Riff 14

Steinkorallen – ihr Bau, ihre Entwicklung und ihre Vielfalt 15
Der Körperbau 15
Von der Larve zum Korallenstock 17
Das Waffenarsenal 18
Tausende von Arten bevölkern die Meere 18
Der vierdimensionale Eroberungszug 21

Umweltfaktoren als Existenzgrundlage der Steinkorallen 23
Die Speisekarte 23
Wachsen und Gedeihen 35
Strömung, Sand und Sonne 36
Plastische Starrheit 40
Die doppelt Geselligen 41

Helfer der Baumeister und ihr Wirken 44
Kalkalgen 44
Feuer- und Filigrankorallen 44
Orgelkorallen 45
Die Blaue Koralle 46
Moostierchen 46
Sessil, aber elastisch 47
Röhren, Schalen, Panzer 48

Korallengebirge in warmen Tropenmeeren 59
Lineare und zirkuläre Korallenriffe 59
Weitere Klassifizierungsmerkmale und Rifftypen 64
Vielfältige Riffstrukturen 75
Viele Köpfe – viele Theorien 78
Woher – wohin im Weltmeer? 80

Buntes Leben in lebenden Riffen 91
Lebensraum Korallenriff 91
Wer lebt im Korallenriff? 92
Wie wohnt man im Korallenriff? 92
Wie bewegt man sich im Riff? 110
Wie ißt man im Korallenriff? 121
Wie verkehrt man miteinander? 140
Von Liebe, Sex und Kinderschwärmen 157
Alle miteinander 160

Nutz und Schaden der Korallenriffe für den Menschen 170

System und Verbreitung der rezenten Steinkorallen (Scleractinia) 176

Anhang 179
Literatur 179
Bildnachweis 181
Sachwörterverzeichnis 181

Vorwort

Ein Buch über eine eigene, geheimnisvolle, exotische Welt des Meeres, über Korallenriffe, wurde geschrieben. Es ist ohne Romantik, doch erfüllt von Leben und Schönheit. Ich bin bewußt nicht bei der Beschreibung äußerer Erscheinungsbilder stehengeblieben, sondern möchte erreichen, daß die Möglichkeiten und Bedingungen der Existenz dieses von Organismen selbst geschaffenen Lebensraumes verstanden werden. Dazu war es notwendig, die kausalen Zusammenhänge zu durchleuchten. Die Lektüre des Stoffes verlangt deshalb dem Leser Konzentration und Ausdauer ab. Möge es ihn nicht verdrießen, denn sie wird ihn bereichern. Er wird das Korallenriff und seine Lebewesen mit anderen Augen sehen lernen, wird es nicht nur anstaunen nach dem Motto: Was die Natur doch für viele wunderbare Geschöpfe hervorbringt! Er wird sich vor allem die Frage stellen, *wie* das geschieht. Und er wird nach Wegen suchen, wie das Korallenriff als Lebensraum bei aller Gefährdung durch den Menschen erhalten werden kann. So hoffe ich.

Das Buch ist eigentlich ein Gemeinschaftswerk all derjenigen, die mit Geist und Unrast, mit „Wie?" und „Warum?" dem nachgespürt haben, was, wie Goethe sagt, „die Welt im Innersten zusammenhält" — in diesem Falle die Welt der Korallenriffe. Hunderte Namen gehörten also gerechterweise auf die Titelseite — viel mehr, als in dem aus Platzgründen stark beschnittenen Literaturverzeichnis aufgeführt werden konnten. Am Zustandekommen dieses Buches waren viele Menschen mit unmittelbaren Hilfeleistungen beteiligt. Allen voran sei meine Frau und Mitarbeiterin genannt, die während meiner Reisen die eingebrachten Sammlungen aufbereitete, Manuskripte schrieb, Verzeichnisse anfertigte und Korrekturen las. Die Mitarbeiter des Ministeriums für Hoch- und Fachschulwesen der Deutschen Demokratischen Republik und an der Humboldt-Universität zu Berlin, insbesondere K. Baltruschat, B. Hölzer, E. Mehls, W. Riedel, Chr. Schmidt-Renner, L. Ulinski und U. Zimmermann, sowie meine Kollegen im Museum für Naturkunde zu Berlin K. Senglaub, K. Deckert, R. Daber, W. Vent und G. Hoppe ermöglichten mir durch materielle und organisatorische Unterstützung die Unterwasserforschung in den tropischen Meeren. In aller Welt halfen mir: D. Guitart, P. Duarte-Bello und O. Santanas auf Kuba; N. K. Panikkar †, N. B. Nair und S. Mahadevan in Indien; J. Thomson und Frau, R. Endean und K. Rohde in Australien; A. Antonius und Frau, R. Ginsburg und W. Adey und Frau in den USA; R. Dill und H. Tonnemaker auf den Virgin Islands; J.-P. Chevalier †, B. Salvat und H. Zibrowius und Frau in Frankreich und schließlich G. Vergonzanne, J. de Vaugelas, G. Richard und A. Hauti auf Moorea und in den Tuamotus. Auf den Schiffen der Seereederei Rostock, mit denen ich die atlantischen Gewässer, das Rote Meer und den Indischen Ozean befuhr, standen mir mit Rat und Tat die Seeleute H. Schröder, G. Engel, M. Dux, A. Herold, J. Voss, K.-H. Zink, H. Bohk, J. Mokelke, S. Rathmanner, D. Strulik und mein Assistent und Freund J.-S. Lüdecke zur Seite. Mechanikermeister A. Kupke verdanke ich die elektronisch ausgerüsteten Unterwasserkameras. Instruktive Fotografien zur Ausstattung dieses Buches wurden mir von R. Bak, H. W. Fricke, J.-G. Harmelin, K.-G. Heckel, S. Johnson, P. Playford, K. Rabe, E. S. Reese, H. Schöne, H. Schuhmacher, D. Strulik und K.-H. Tschiesche zur Verfügung gestellt. Bei der Beschaffung der so wichtigen Fachliteratur unterstützten mich mein Vater, Hermann Kühlmann, J.-P. Chevalier, F. Fosberg, H. W. Fricke, O. Kinne, M. Pichon, G. Pillai, J. Randall, G. Scheer, H. Schuhmacher, D. R. Stoddart, J. Veron, C. Wallace, J. Wells, M. Wijsman-Best und andere.

Darüber hinaus gilt mein Dank dem Können und der Geduld von Frau B. Matthies, die die Zeichnungen anfertigte, und von Frau E. Cange, die die künstlerische Gestaltung des Buches vornahm. Dem Verlag Edition Leipzig bin ich für die vielfältige Unterstützung beim Entstehen des Buches sehr verbunden.

Viele meiner Förderer mußten ungenannt bleiben. Allen danke ich sehr für das mir entgegengebrachte Interesse und die stets geleistete Hilfe. Ich kann nur wünschen, so viel Freundschaft, Verständnis und Entgegenkommen durch meine Arbeit annähernd rechtfertigen zu können.

Dietrich H. H. Kühlmann

Einführung
in eine phantastische Unterwasserwelt

Unsere Erde ist eine riesige Gesteinskugel wie tausend andere Sterne. Doch ist sie wohl schöner und reicher als diese, weil sie in den Ozeanen umfangreiche Wasserreservoire besitzt und so dem Leben günstige Bedingungen für seine Entwicklung und Entfaltung bietet. Oft prägen auf ihr Pflanzen die Landschaften – Savannen, Steppen und Wälder mit ihrem Grün, mit Früchten, Faltern, Vögeln ... Analoge „Landschaften" existieren als Tausendblatt- und Laichkrautdickichte in den Binnengewässern und als Seegraswiesen und Tangwälder im Meer. Ein einziger, dafür einmalig schöner Lebensraum aber wird von Tieren gestaltet: das Korallenriff. Kalkabscheidende Organismen lassen diese unterseeischen Gebirge entstehen, die einen unerfaßbaren Reichtum an Lebewesen beherbergen.

Doch zeigen auch die Baumeister der Riffe, die Korallentiere, scheinbar „pflanzliche" Eigenschaften. Sie sind auf dem Untergrund festgewachsen und bilden starre, oft strauch- oder pilzartige Stöcke. Wenn die Korallenpolypen ihre kranzförmig angeordneten Fangarme ins freie Wasser strecken, erscheinen die „Sträucher" wie mit Blumen übersät. Heute wissen wir zwar mehr über diese rätselvollen Wesen, konnten ihnen aber noch längst nicht alle Geheimnisse ihres interessanten Lebens entreißen. Im Endeffekt erzeugen sie Kalk in solchen Mengen, daß sie Riffe bilden. Die Steinkorallen bewachsen also nicht schlechthin den Meeresgrund wie Gräser den Steppen- und Bäume den Waldboden, sondern sie türmen die Basis, auf der sie sich ansiedeln, selbst auf. Hinter dieser zunächst rein biologischen Konzeption verbirgt sich ein so gewaltiges Potential aufeinander abgestimmter Kräfte, daß der Lebensraum Korallenriff als ökologisches Phänomen schon länger als 400 Millionen Jahre existiert.

Früher, als wissenschaftliche Fragestellungen noch nicht in dem Maße von nüchtern ökonomischen Anliegen diktiert wurden wie heute, ließen sich die Forscher tropischer Meere oft von Formenreichtum und Farben der dort lebenden Organismen begeistern. Ernst Haeckel vermerkte vor rund 100 Jahren in einem Reisetagebuch: „Ein Korallenriff kann man nicht eigentlich beschreiben, man muß es gesehen haben, um es ganz zu würdigen."

Ein Korallenriff zu besuchen, war damals ein beschwerliches und gefährliches Unterfangen. Häufig wurden die Forscher von Tropenseuchen bedroht. Als Ehrenberg, der Begründer der Mikropaläontologie, 1820 bis 1826 das Rote Meer bereiste, fanden neun seiner elf Mann starken Expeditionsgruppe den Tod. Einem unwiderstehlichen Drang folgend, zogen Menschen aber immer wieder hinaus in unbekannte Gebiete der Erde: in die eisigen Polarzonen, die dichten Dschungel, die wasserlosen Wüsten. Trotz aller Fährnisse konnten sie diese stets betreten. Die Unterwasserwelt aber blieb ihnen lange Zeit verschlossen. Dem Meer vermochten sie seine Geheimnisse nur bruchstückhaft von Forschungsschiffen aus abzuringen. Erst die Entwicklung leistungsfähiger Tauchgeräte in den letzten Jahrzehnten ermöglichte es, auch in diesen reichsten und schönsten Lebensraum der Ozeane, in die Welt der Korallenriffe, vorzudringen.

Die Korallenriffgebiete der Erde sind insgesamt größer als Asien, Europa und Afrika zusammen. Viele der Riffe ragen als Inseln aus dem Wasser und werden von Menschen bewohnt. Vor den Küsten gelegen, schützen sie deren Bewohner vor dem Zugriff des Meeres, die in den Riffen lebenden Organismen bilden für sie oft die wichtigste Ernährungsgrundlage. Die wenigen Jahrzehnte ihrer intensiven Erkundung brachten den Menschen neue Entdeckungen von erheblichem wirtschaftlichem Nutzen: Erdöl, Baustoffe, Pharmaka ... Die Nutzung der Korallenriffe hat auch schon begonnen – viel zu früh eigentlich, weil weder die gesellschaftlichen Voraussetzungen gegeben noch die wissenschaftlichen Erkenntnisse umfassend genug sind, sie vor Schaden zu bewahren. Die in den vergangenen Jahrzehnten gravierend zunehmende Umweltverschmutzung macht vor den Korallenriffen nicht Halt. Dadurch sind sie heute der zweifachen Gefahr ausgesetzt, vom Menschen durch skrupellose Ausbeutung und durch unbekümmerte Verschmutzung vernichtet zu werden. Unter diesem Aspekt sind ihre Erforschung und ihr Schutz zur zwingenden Notwendigkeit geworden. Der zitierte Satz von Ernst Haeckel müßte deshalb heute abgewandelt lauten: Es genügt nicht, ein Korallenriff zu sehen, um es zu würdigen, man muß seine Existenz und Funktion kausal erfassen, um es sowohl nutzen als auch erhalten zu können. – Diesem Anliegen widme ich das vorliegende Buch.

Korallen
in Vorzeit und Gegenwart

Wer die Gegenwart besser verstehen will, der möge einen Blick in die Vergangenheit tun. Auch wir werden die rätselhaften Korallen besser begreifen, wenn wir wissen, wie der Mensch auf sie gestoßen ist, wie er sie im klassischen Altertum, wie im Mittelalter sah und wie er schließlich, wenn auch recht spät, ihre tierische Natur erkannte. Doch bis dahin war es ein langer Weg, der schon in der uns nur schemenhaft bekannten Welt vor Tausenden von Jahren seinen Anfang nahm.

Während die Menschen der nördlichen Gestade lange Zeit nichts von den Korallen und ihrer überreichen Riffwelt wußten, waren sie bei den Völkern tropischer Meeresküsten natürlich längst bekannt; denn schon Jahrtausende vor unserer Zeitrechnung siedelten orientalische und afrikanische Völker an den Ufern des Roten Meeres und Ostafrikas, fuhren asiatische und australische Stämme auf schwankenden Planken in schier unendliche Weiten und nahmen Besitz von den Inseln des Pazifiks. Die Korallenwelt war Teil ihres Lebens. Wie hätten sie Riffe und Brandungen mit ihren leichten Flößen und Booten ohne genauere Kenntnis derselben meistern, wie ihnen die Nahrung abringen sollen?

Erste Kunde von Korallen mag vor 6000 Jahren in den Orient und von dort nach Europa gelangt sein; zumindest trugen damals vornehme Frauen Babylons bereits Perlenschmuck. Tauchende Sklaven klaubten die großen, dunklen Muscheln, in denen man zuweilen eine Perle fand, von den Korallenbänken des Arabischen Golfes. Sicher haben sie von ihren Eindrücken und Erlebnissen unter dem Meeresspiegel erzählt, und ihre Worte mögen der Ausgangspunkt für die Verbreitung von Geschichten über eine Korallenwelt gewesen sein, die mit zunehmender Entfernung immer nebelhafter wurden.

Vor langer Zeit, zwischen 1000 und 500 v. u. Z., lebte in Westirian der weise Zarathustra. Von ihm soll die Information stammen, daß die rote Edelkoralle als Schmuck- und Kulturgegenstand verwandt wurde. Auch der Grieche Theophrast, Schüler des Aristoteles und Begründer der wissenschaftlichen Botanik, erzählte in seinen Werken, die er im 4. und 3. Jh. v. u. Z. schrieb, von der roten Koralle.

Ovid sang um die Zeitenwende über Perseus, der Andromeda befreit hatte, indem er Medusa den Kopf abschlug:

„... der Held schöpft Wasser und wäscht sich die siegenden Hände.
Und daß nicht im Sande das Schlangengesicht er versehre,
deckt er den Boden mit Laub. Und im Meere gewachsene Stengel
streut er und legt darauf das Haupt der Phorcide Medusa.
Sieh, das Gewächs, noch frisch und belebt von saugendem Marke,
litt von dem Ungetüm und erstarrte von seiner Berührung
und nahm auf in Gezweig und Laub fremdartige Härte.
Aber die Nymphen des Meeres versuchen die Wundererscheinung
auch an andrem Gesträuch und freuen sich gleichen Erfolges,
streun auch Samen davon in die Flut zu öfteren Malen.
Jetzt noch immer verbleibt dieselbe Natur den Korallen,
daß an berührender Luft sie Härte gewinnen, und was erst
Strauch war unten im Meer,
zu Stein wird über dem Meere."

Von welchen Korallen Ovid spricht, bleibt unklar; in Unkenntnis ihrer Natur wurde damals angenommen, die Kalkskelette würden erst an der Luft erhärten. Er könnte aber auch die im Mittelmeer vorkommenden Hornkorallen gemeint haben, die unter Wasser biegsamen Sträuchern gleichen, außerhalb desselben jedoch trocken und starr werden.

Der Koralle schrieb man im Altertum bedeutende übernatürliche Kräfte zu:

„Vor dem Blitz, den Wirbelstürmen und schweren Gewittern schützt sie Nachen und Dach ...
Auch dämonische Schatten und Schrecken thessalischen Zaubers bannt sie ..."

Die Gallier schätzten das Rot der Edelkorallen und verzierten ihre Helme, Schilde und Schwerter mit ihnen. Doch maßen ihnen die Römer, nach Plinius dem Älteren zu urteilen, der im 1. Jh. u. Z. lebte, weniger Wert bei. Er erwähnt sie in seiner umfassenden „Naturalis historia" nur beiläufig: „Unsere Korallen werden in Indien so hoch geschätzt, wie bei uns die indischen Perlen; es ist eben die Meinung der

Völker, die den Wert der Dinge bestimmt." Feste Handelsbeziehungen verbanden damals die Römer mit den Völkern Asiens. Noch zu Beginn des 15. Jh. schrieb ein Chinese über Kalikut zur Charakterisierung der Stadt als Handelszentrum Indiens: „Hier gibt es Pfeffer, Rosenöl, Perlen, Weihrauch, Ambra, Korallen ..." Orientalische Priester trugen Korallenschmuck zum Schutz gegen Gefahren, chinesische Mandarine zum Zeichen ihrer Würde.

Plinius empfiehlt die rote Koralle als Medizin gegen viele Krankheiten und – pulverisiert in Wein genossen – als Schlaftrunk. Der Wein mag seine Wirkung als Schlaftrunk nicht verfehlt haben – ob mit oder ohne Korallenpülverchen genommen. Und sicher wird heute wohl niemand mehr glauben, die kleinen, aus Korallen verfertigten Hände schützten vor der Jettatura, wie die Italiener den „bösen Blick" nennen, denn „böse Blicke" und „Hexereien" verschwinden immer mehr vor dem wachsenden Verständnis der Menschheit für eine natürliche und erklärbare Welt. Ebenso unschuldig ist die rote Koralle sicher, wenn ihr Träger von Kopfschmerzen und Gelbsucht verschont bleibt. In einigen Gegenden soll sie auch vor Impotenz schützen. In einem Fall jedoch kann ihre therapeutische Wirkung kaum in Frage gestellt werden: wenn man sie pulverisiert zusammen mit Vitamin D an zahnende Kinder verabreicht. Da sie aus Kalk besteht, kann sie das Wachstum der Zähne und Knochen beschleunigen. Doch bekanntermaßen hält die Arzneimittelindustrie seit Jahrzehnten weitaus billigere und bessere Mittel hierfür bereit. – So ist ihre Wunderkraft dahin, und einzig ihre Schönheit verleiht der roten Koralle heute den ihr gebührenden Wert.

Rote Korallen

Das Mittelmeer barg einst einen reichen Schatz in seinem Schoß: rote Edelkorallen. Sie sind heute durch den Jahrtausende anhaltenden Raubbau selten geworden. Stößt ein Taucher dennoch auf sie, ist er entzückt von ihrer Anmut und Schönheit: Von einer überhängenden Felswand und bereits im Dunkel der Tiefe ragen bizarr verzweigte Gewächse abwärts ins Wasser. Im Scheinwerferlicht leuchten sie rot. Die Ästchen sind übersät mit zarten, weißen „Blüten" – Tierstöcke, die Pflanzen ähneln.

Der französische Zoologe Lacaze-Duthiers beobachtete 1864, daß ein Mutterpolyp mikroskopisch kleine Larven zu Hunderten in das Wasser entläßt. Ihr rundlich-ovaler Körper ist dicht mit Flimmerhärchen besetzt, durch deren gleichmäßiges Schlagen sie sich fortbewegen. Im Verlauf ihrer Entwicklung verlängern sie sich an einem Ende. Hier entsteht die Mundöffnung. Sie werden kreiselförmig und setzen sich an einer Felswand fest. Um die Mundöffnung herum wachsen acht gefiederte Fangarme – jene Gebilde, die dem Polypen das anmutige Aussehen einer weißen Blüte verleihen. Sie dienen dem Fang von Nahrungsorganismen, die, der Mundöffnung zugeführt, in den Magen gelangen, der fast den gesamten zentralen Hohlraum des Tieres einnimmt. Der Polyp wächst und bildet Sprosse, die sich zu Tochterpolypen entwickeln. Bei ihnen unterscheidet man zwei Formen: tentakeltragende Freßpolypen und winzige, tentakellose Atmungspolypen. Letztere gleichen nur noch Poren, durch die mit Hilfe einer Vielzahl kräftig schlagender Wimpern fortlaufend frisches, sauerstoffreiches Wasser eingestrudelt wird. Über ein Kanalsystem, daß die Polypen untereinander verbindet, durchläuft es den gesamten Tierstock.

Im Inneren ihres Gewebes scheidet die kleine Korallenkolonie vielzackige, rote Kalknadeln aus. Sie dienen der Absteifung des weichen Körpers. Immer mehr Tochter- und Enkelpolypen führen schließlich zur Entstehung eines verzweigten Tierstockes. Einzelne Skelettnadeln reichen als Versteifung auch dann nicht mehr aus, wenn sie sich mit hornigen Fasern untereinander verbinden. Die Korallenkolonie geht über die in ihrem Weichkörper verbleibenden Kalknadeln hinaus dazu über, viele andere miteinander zu einem festen Hohlzylinder zu verschmelzen. Mit dem weiteren Dickenwachstum der Kolonie werden fortlaufend Kalknadelschichten in Form konzentrischer Ringe angelagert, so daß die Wand immer stärker wird. Auf diese Weise entsteht ein festes, rotes Achsenskelett.

Die Heimat der Edelkoralle ist das Mittelmeer. Auch an einigen Stellen des Ostatlantiks, z. B. den Kapverden und den Kanarischen Inseln, wird sie gefunden. Sie wächst heute hauptsächlich zwischen 80 m und 200 m Tiefe, wurde aber auch schon in über 300 m Tiefe festgestellt. Im Flachwasser siedelt sich das Dunkelheit bevorzugende Tier in finsteren Grotten an. Dort hängen die Kolonien von den Decken herunter, in größeren Tiefen stehen sie aufrecht auf steilem bis ebenem Grund. Stets wachsen sie in ruhigem Wasser, so daß ihre spröden, zerbrechlichen Skelette nicht in Gefahr sind, von den Wellen zerstört zu werden.

Korallenfischer benutzen seit alters ein mit Steinen oder Eisen beschwertes Andreas-Kreuz aus schwerem Holz von einem bis acht Metern Durchmesser zum Korallenfischen. Es wird mit grobem Tau- und Netzwerk behängt, zuweilen auch mit eisernen Zähnen und Zinken bestückt. Die Fischer schleifen es von einem Boot aus unter zeitweiligem Heben und Senken über den Felsgrund. An Steilwänden werden auch kescherähnliche, mit Netzbeuteln und Zinken versehene Geräte verwendet. In jedem Fall werden die Edelkorallen vom Untergrund gebrochen und verfangen sich im Netzwerk. Viele bleiben am Grund liegen und verderben, und da auch junge Korallenstöcke abgebrochen werden, sind diese Methoden ein rechter Raubbau. Deswegen hatte man die Straße von Messina in zehn Areale geteilt. In jedem Jahr durfte nur jeweils eines nach Korallen abgefischt werden. Obwohl dieses Verfahren den Edelkorallen eine Erholungspause brachte, ist der Schaden inzwischen so groß geworden, daß sie heute vielerorts ausgerottet sind.

Korallentaucher arbeiten zielgerichteter. Sie hatten als Nackttaucher schon im Mittelalter die im flachen Wasser vorkommenden

Bestände so weit gelichtet, daß sie die später auf größere Tiefen beschränkten nicht mehr erreichten. Heute sind Korallentaucher mit Drucklufttauchgeräten ausgerüstet. Obwohl deren Sicherheitsgrenze bei 40 m Tiefe liegt, lassen sich einige der Taucher verleiten, in über 100 m Tiefe Edelkorallen abzuschlagen. Sie sammeln die begehrten Kostbarkeiten in Netzkörbe, die, schwer und voll, ins Boot gehievt werden. Da die notwendigen Dekompressionszeiten nicht immer eingehalten werden, treten Taucherunfälle mit Lähmungs- und Todesfolgen auf. Doch verleitet ein jährlicher Profit von 50 000 bis 80 000 Dollar immer wieder zu solchen wahnwitzigen Aktionen. – Noch sind die letzten Korallenbestände durch ihr Vorkommen in großen Tiefen geschützt. Sollten sich jedoch eines Tages Helium-Sauerstoff-Gemische als Atemgas bei den professionellen Korallentauchern durchsetzen, dürfte die gänzliche Ausrottung dieser schönsten und edelsten Zierde des Mittelmeeres nur noch eine Frage der Zeit sein.

Die Preise, die Korallenfischer während ihres viele Jahrhunderte alten Gewerbes für ihre Ernten erzielten, waren modeabhängig und schwankten je nach Angebot und Nachfrage. Auch beeinflußt die Qualität der Edelkorallen die Preise erheblich. Von den bis 4 cm starken Ästen sind die stärksten für Schnitzereien besonders begehrt. Oft mindern zahlreiche, von bohrenden Organismen hervorgerufene Gänge ihren Wert. Die Färbung der Achsenskelette von *Corallium rubrum* (Linné) variiert zwischen scharlach-, zinnober- und mattrot bis rosa. Selten ist sie weiß oder außen schwarz und innen rot sowie rotgestreift, gefleckt oder dunkelrot mit weißen Ornamenten. Natürlich wurden weniger häufige Färbungen oder solche, die gerade in Mode waren, teurer bezahlt als andere. Zum Beispiel waren in der zweiten Hälfte des vorigen Jahrhunderts zartrosafarbene Skelette, die als Peau d'ange[1] gehandelt wurden, besonders gefragt. Während letztere mit 400 bis 500 Franken bezahlt wurden, brachten andere Farbvarianten 40 bis 70, von Bohrungen durchzogene Skelette gar nur 5 bis 20 Franken.

Insgesamt aber war die Korallengewinnung und -verarbeitung bis zum zweiten Weltkrieg ein durchaus lohnendes Geschäft. Nach der Entdeckung der ausgedehnten Korallenbänke von Sciacca um 1880 wurden in den Häfen von Torre del Greco und Porto Empedocle jährlich etwa 3,5 t rote Korallen mit einem Wert von 1 Million Goldmark angelandet, in ganz Italien 5 bis 6 t. Spanische Korallenfischer ernteten in der gleichen Zeit jährlich 1 bis 1,3 t. Noch 1970 schätzte man die Menge eingelagerter Korallen bei einem neapolitanischen Händler auf 1,5 t.

Aus den geernteten roten Korallen fertigte man Kunstwerke und Schmuck von hohem, bleibendem Wert: Ketten und Armbänder, Rosenkränze, Schachfiguren und Pfeifenköpfe, in Gold gefaßte geschliffene Korallenstücke als Ohrgehänge, Ringe, Kameen, Agraffen und herrliche Kruzifixe. Man verarbeitete Edelkorallen mit Perlen, Diamanten und anderen Edelsteinen zu schmückenden Ensembles. Selbst das Weihrauchgefäß des Dalai Lama im fernen Tibet war einst mit ihnen verziert.

Die Bearbeitung der Edelkorallen beginnt mit dem Entfernen der lebenden Rindenschicht. Danach werden die Skelette mit Schmirgelleinwand und Öl geschliffen, dann mit Stahl poliert. Feine Sägen schneiden die Äste maßgerecht zu. Auf Drehbänken entstehen die „Seeperlen" für Ketten und Armbänder. Schnitzer formen mit feinen Meißeln, Messern und Grabsticheln wundersame Figuren und Ornamente aus dem edlen Material. Korallenschnitzergilden und -schulen entstanden in Neapel, Livorno, Genua, Marseille und Paris.

Doch ein Wendepunkt trat ein. Ausgang des vorigen Jahrhunderts begann man vor der japanischen Küste ebenfalls nach Edelkorallen zu fischen, einer Schwesterart, *Corallium secundum* DANA. Bereits 1907 förderte Japan 10 t dieses kaum weniger wertvollen Materials – genug für die ganze Welt. Sehr bald entwickelte sich auch dort eine eigene Verarbeitungsindustrie, und billige Arbeitskräfte sicherten den Unternehmern die Überlegenheit im Konkurrenzkampf mit denen der Mittelmeerländer, wo die Korallenfischerei und -verarbeitung zunächst für Jahrzehnte zurückging.

Aber noch ein zweiter Konkurrent hat seine Zeichen gesetzt: der Betrug. Längst ist es gelungen, Korallenskelette mit Hilfe anderer Industriestoffe so täuschend genau nachzuahmen, daß Echtheit nur noch vom Fachmann festgestellt werden kann. – Vielleicht rettet das die Korallen vor der Ausrottung? Denn wer kauft schon gern Schmuck, dessen Echtheit angezweifelt werden muß?

Pflanze oder Tier?

Hand aufs Herz: Würden wir am Ufer wärmerer Meere angespültes Korallengeäst finden, wir würden es, unbeschwert von jeglicher Sachkenntnis, für Pflanzenmaterial halten. Bestände es aus hartem Kalk, läge der Gedanke an ein mineralisches Gebilde nahe, ein Tier aber würden wir bestimmt nicht vermuten. Auch die Gelehrten des klassischen Altertums rechneten die Edelkorallen zu den Pflanzen – wenn auch mit einer gewissen Unsicherheit, wie der Name „Zoophyta" zu verstehen gibt, der „Tierpflanze" bedeutet. Wann diese Bezeichnung gefunden wurde, ist nicht genau zu ergründen. Mit Sicherheit wendete sie der Skeptiker Sextus Empiricus um 200 u. Z. an. Auch Themistius im 4. Jh. und Philoponos im 6. Jh. benutzten sie. Der damals offenbar schon weit verbreitete Begriff blieb bis über das Mittelalter hinaus im Gebrauch. Zur großen Gruppe der Zoophyten wurden ebenfalls andere festsitzende Wassertiere – wie Schwämme, Moostierchen und Röhrenwürmer – gezählt.

Die Anschauung, daß Edelkorallen Pflanzen seien, verfestigte sich in den folgenden Jahrhunderten zu einem fast unumstößlichen Dogma. Die baumartigen Verzweigungen, das feste, von einer weicheren Rindenschicht umschlossene Mark, der

---

[1] franz.: Engelshaut

milchige Saft, der aus Bruchstellen heraustritt „wie bei einem Feigenbaum" – alles schien tatsächlich die Zuordnung dieser Gewächse in das Pflanzenreich zu rechtfertigen. Ray charakterisierte sie 1703 als „Pflanzen ohne Blumen, von harter, fast steiniger Natur". Schließlich teilte 1707 der Italiener Marsigli dem Abbé Bignon in einem Brief mit, er habe Blüten an den Korallen entdeckt. Er zeichnete sie mit ihren „Blüten" sehr genau. Er bemerkte überdies einen fauligen Geruch nach Eintritt der Verwesung, doch wagte er unter dem Zwang seiner Zeit nicht, sie als Tiere anzusprechen. 1725 publizierte er seine Beobachtung in der „Naturgeschichte der Meere".

Einige Wissenschaftler meinten allerdings, da sich unter bestimmten experimentellen Bedingungen Silber- und Bleibäume bilden, seien die Korallenbäume ebenfalls rein mineralischer Natur, zumal auch sie in einer Salzlösung, dem Meer, entstanden. So wurden die Korallen von Boccone 1670 und von Woodward 1695 ins Reich der Minerale verwiesen. Nun war der nächste Schritt nicht mehr weit: Ludius sprach sie 1704 als „Lithophyta", als „Steinpflanzen" an.

Bei allem Dogmatismus jener Tage begann in der Zeit des aufblühenden Bürgertums eine Renaissance, die Naturwissenschaften zu beleben. Nach fast zweitausendjähriger Stagnation feierte der Geist des Aristoteles, die Suche nach Wahrheit und Objektivität, kraftvolle Auferstehung. Auf allen Gebieten wurde das Wissen vertieft, und stolzes Selbstbewußtsein sprach aus den Werken von Belon, Rondelet und Salviani. Schon Aristoteles hatte manchen auf dem Grunde des Meeres aufgewachsenen Lebewesen eine mehr tierische Natur zugesprochen. 1558 versuchte Conrad Gesner im vierten Band seiner „Historiae Animalium" und 1606 in seinen „Icones animalium in mari et dulcibus aquis degentium" eine vermittelnde, aristotelischer Anschauung genäherte Stellung zu vertreten. Auch Rumphius, der während seines Aufenthaltes auf Amboina Korallen studierte, erinnerte in seinem Werk „Amboianische Raritätenkammer" an indische Philosophen, die da meinten, die Korallensteine werden von kleinen Tieren gefertigt.

Die Tatsache, daß man die Korallen 2000 Jahre lang bald den Mineralien, bald den Pflanzen oder den Tieren zuordnete, spricht nicht nur für die Unkenntnis der Menschen, sondern auch für den hohen Schwierigkeitsgrad, den diese Organismengruppe ihrer Erschließung und der Beantwortung einer einfach erscheinenden Frage entgegensetzte. Doch fehlte jeder Beweis für die eine oder andere Hypothese. Das sollte sich aber bald ändern.

Als der rastlose Anton van Leeuwenhoek Ende des 17. Jh. das Mikroskop erfunden hatte, entdeckte er selbst 1703 den Süßwasserpolypen. Er veröffentlichte diese Beobachtung sogleich im 23. Band der „Philosophical Transactions" der Königlichen Gesellschaft zu London; denn auch wissenschaftliche Zeitschriften waren mit dem Aufschwung der Naturwissenschaften entstanden.

Der französische Schiffsarzt Jean Antoine de Peyssonnel, den die von Marsigli entdeckten „Blüten" auf den Zweigen der roten Korallen stark interessierten, begleitete 1723 von Marseille aus Korallenfischer auf das Mittelmeer. Sobald das Fangkreuz in das Boot gezogen war, setzte er die im Netzwerk hängenden Korallen behutsam in Gefäße mit frischem Meerwasser, und nach einigen Stunden bedeckten sich ihre Zweige mit weißen „Blüten". Doch diese zogen sich bei der leisesten Berührung sofort in ihre Gehäuse zurück, um sich danach wieder von neuem zu entfalten. Unter der Rindenschicht stellte Peyssonnel das Kanalsystem fest, das die Polypen untereinander verbindet. Nach einigen Experimenten kam er zu dem Schluß, die Edelkorallen seien tierischer Natur, und er bezeichnete eine „Blüte" bald als „polypus", bald als „urtica" oder „purpurea".

Zwei Jahre später kontrollierte er diese Untersuchungen an der nordafrikanischen Küste, beobachtete die Bewegungen der Fangarme, und es gelang ihm, Stöcke der Edelkoralle mit ausgestreckten Polypen zu konservieren. Danach bezog er Steinkorallen in seine Untersuchungen ein. An deren zum Teil weit größeren Polypen beobachtete er die Aufnahme tierischer Nahrung. Aufgrund dieser Beobachtungen gelangte er zu der Überzeugung, alle Korallenstöcke seien das Produkt des Wirkens zahlreicher Zoophyten-Tiere, was man, so komisch es klingen mag, mit „Tierpflanzen-Tiere" zu übersetzen hätte.

1726 sandte er dem Präsidenten der Pariser Akademie, dem Physiker Reaumur, eine Darstellung seiner Beobachtungen, Experimente und Schlußfolgerungen. Dieser trug sie zwar der Akademie vor, doch fand er die Abhandlung so unglaublich, daß er den Namen des Autors, um ihn nicht lächerlich zu machen, diskret verschwieg. Natürlich lehnte er die Drucklegung des Manuskriptes ab, führte Peyssonnel brieflich seinen „seltsamen Irrtum" vor und setzte sich nochmals für die pflanzliche Natur der Koralle ein. Peyssonnel, der offenbar einzuschätzen vermochte, wie steinig der Weg eines Wissenschaftlers ist, der zu einer der Lehrauffassung entgegenstehenden Meinung gelangt war, ließ sich nicht entmutigen, sondern ging als Botaniker und Arzt nach Guadeloupe, um dort seine Studien an Steinkorallen fortzusetzen.

1738 begründete der Engländer Trembley die tierische Natur des von Leeuwenhoek entdeckten Süßwasserpolypen. Da die Koralle diesem im Grunde ihres Aufbaus und Verhaltens entsprach, wurde auch sie endlich als Tier anerkannt. Selbst Reaumur gestand – nachdem er, um jedem recht zu geben, vorher die Korallen innen als Stein, außen als eine von kleinen Schmarotzertierchen bewohnte Pflanze charakterisiert hatte – seinen Irrtum freimütig ein. Endlich, 1752, erschien im 48. Band der „Philosophical Transactions" ein kurzer Auszug aus einem umfangreichen Manuskript von Peyssonnel, das eine Fülle genauer Beobachtungen und scharfsinnige Interpretationen über die Biologie der Phytozoa, der Pflanzentiere, enthielt. So fand der Gelehrte nach ein Vierteljahrhundert währender Verkennung doch noch die verdiente Würdigung als Entdecker und wissenschaftlicher Begründer der tierischen Natur der Korallen.

Doch zögernd nur konnte sich diese Erkenntnis gegen die zähflüssig haftenden Schlacken alter Lehren durchsetzen. 1767 verglich Ellis, dem wir die Beschreibung von zahlreichen Korallenarten verdanken, dieselben mit einem Bienenstock, in dessen Zellen sich Tiere zufällig einfinden, um dort zu wohnen. Cavolini betrachtete die Korallen 1813 als ein einziges vielköpfiges Tier. Diese Vorstellungen wichen erheblich von den Peyssonnelschen Entdeckungen ab, und eigentlich war es erst Gottfried Ehrenberg, der 1831 die Korallenstöcke als einen lebenden Stammbaum vieler Generationen ansprach, die auf einem gemeinsam produzierten Skelett mit vielen Einzelwesen in einer lebendigen organischen Verbindung miteinander verbleiben.

In der Folgezeit beschäftigte man sich überwiegend mit dem Skelett der Korallentiere, und es wurde von Edwards, v. Koch, Jourdan und Ogilvie genau dargestellt. Linné, Ellis und Solander, Dana, Edwards, Ehrenberg, Klunzinger, Duerden, Vaughan und viele andere beschrieben mehr als 2000 Steinkorallenarten. Mit einer gut entwickelten Konservierungstechnik wendeten sich schließlich v. Koch, v. Heider, Fowler, Duerden, Matthai und andere der Untersuchung der Weichkörper zu. Diese Arbeiten verhalfen uns zu detaillierten morphologischen Kenntnissen, doch das lebende Tier blieb für längere Zeit vergessen. Erst in unserem Jahrhundert begann man intensiv experimentell mit Korallen zu arbeiten. Ab Mitte dieses Jahrhunderts schließlich ermöglichten neu entwickelte Tauchgeräte Untersuchungen der Korallen und Korallenriffe in ihrem natürlichen Lebensraum. Doch sind auch heute noch so viele Fragen offen, daß wir keinen zufriedenstellenden Überblick besitzen. Das läßt diese widerspruchsvollen Wesen jedoch nur um so interessanter und reizvoller erscheinen.

Die großen Expeditionen

Obwohl schon seit Jahrtausenden Menschen auf tropischen Inseln lebten, drang die Kunde von den „versteinerten Meeresgärten" erst verhältnismäßig spät nach Europa. Am Ausgang des 15. Jh. erreichte Kolumbus die karibische Inselwelt. Wenig später umschiffte Vasco da Gama das Kap der Guten Hoffnung und entdeckte den Indischen Ozean. Diesen Schiffen folgten andere. In fernen Ländern entstanden Stützpunkte und Handelsniederlassungen. Spanien und Portugal konnten im 16. Jh. den zweifelhaften Ruhm für sich beanspruchen, die größten und mächtigsten Kolonialstaaten der Erde zu sein.

Fernão de Magalhães fand 1521 die Marianen und die Philippinen. 1526 ankerte der Portugiese Meneses vor der Küste Neuguineas. Durch weitere Eintragungen konnten die Seekarten schnell vervollständigt werden: 1528 die Admiralitätsinseln, 1595 bis 1597 die Marquesas, 1605 die Tonga Inseln, 1642 Fiji, 1722 Samoa, 1767 und 1768 Tahiti und die Salomonen, 1769 schließlich Neukaledonien und Hawaii.

Bei aller mit Entdeckerfreude und Beutegier verbundenen Abenteuerlust hatten die an diesen Eroberungs- und Entdeckerfahrten beteiligten Menschen unbeschreibliche Not, Elend und Schmerzen zu ertragen. Auf den Schiffen herrschten Hunger und Durst, Skorbut und Seuchen. Flutwellen wischten Schiffe von der Wasserfläche (Foto 25), Stürme und Strömungen warfen sie auf die Riffe. Von den fünf Schiffen und 265 Mann Besatzung des Magalhães kehrten nur 18 Mann auf einem Schiff nach Spanien zurück.

Die meisten Entdeckungen waren nur Wiederentdeckungen. Wie bereits erwähnt, war die Inselwelt der Südsee längst von Menschen besiedelt worden. Schon tausend Jahre vor den Europäern befuhren Araber, Inder, Chinesen und Malaien weite Teile des Indischen und Pazifischen Ozeans. Im Monsun segelten Schiffe zwischen Malabarküste, Ägypten, Arabien und Ostafrika. Die Chinesen wußten geographische Karten schon vor unserer Zeitrechnung zu gebrauchen und steuerten seit dem 11. Jh. nach dem Kompaß.

Im 9. Jh. berichtete der arabische Forschungsreisende Masudi sowohl von Indien und China als auch von der fernen pazifischen Inselwelt. Zu Beginn des 15. Jh. verfaßte Ahmad Ibn Madjid sein berühmtes „Buch nützlicher Angaben über die Grundlagen der Seewissenschaft und ihre Regeln". Darin werden die Schiffsrouten im Roten Meer, Arabischen Golf und entlang der ostafrikanischen Küste ausführlich beschrieben. — Unsere modernen Seehandbücher und Seekarten reflektieren somit die von vielen Völkern zusammengetragenen Erfahrungen, unter anderem die Geographie der Korallenriffe. Letztere werden wegen ihrer Gefährlichkeit für Schiffe eingehend geschildert, und bestimmte Kartenzeichen warnen vor Annäherungen.

Eine Reihe bedeutender Expeditionen führten in der Folgezeit zu genauen Erkundungen und Vermessungen ferner Seegebiete. Im 18. Jh. ausgesandte Schiffe zählten neben ausgezeichneten Hydrographen manchmal ein oder zwei Naturwissenschaftler zu ihrer Crew. Diese wandten ihr Augenmerk der Geographie, Geologie und der fremden Lebewelt zu. Der Begriff „pierre de corail", Korallenfels, trat schon in der 1638 von Linschoten verfaßten „Histoire de la navigation" auf. Strachan erkannte 1702 die Bedeutung der Korallenorganismen für den Riffaufbau. Georg Forster, der James Cook 1772 bis 1775 zusammen mit seinem Vater auf einer Pazifikreise begleitete, konstatierte die Begrenzung der Korallenriffe auf die heiße Zone. Über deren verschiedene Formen berichtete Chamisso 1818. Die Erkenntnis, daß riffbildende Korallen nur in geringen Tiefen leben, geht auf Quoy und Gaimard zurück (1818–1820). Das Rätsel, daß Korallenriffe trotzdem bis in größere Tiefen auftreten, löste Charles Darwin, der 1831–1836 die von Fitzroy befehligte „Beagle" auf ihrer Fahrt um die Erde begleitete.

Später wurden selbständige wissenschaftliche Forschungsreisen durchgeführt, zum Beispiel die englische Challenger-Expedition (1873–1876), die Deutsche Tiefsee-Expedition (1898–1899), die Siboga-Expedition (1899–1900). In unserem Jahrhundert wiederum erfolgten Spezialisierungen. 1928–1929 führten englische und australische Wissenschaftler zum ersten Mal eine Korallenriff-Expedition in das Große Barriere-Riff durch. Ihr folgten nach dem zweiten Weltkrieg weitere, so die der Amerikaner in das Eniwetok-Atoll, die der Franzosen nach Madagaskar und Neukaledonien, die der Engländer nach Chagos, den Malediven und Salomonen.

Der fortschreitenden Erschließung der Erde gesellten sich die Flugzeuge zu. Damit wurden selbst entlegene Inseln schnell erreichbar. Auf ihnen errichtete man kleine Forschungsstationen. Die dort durchgeführten Korallenriff-Untersuchungen erstrecken sich heute meist über Jahre, wobei den tauchertechnischen Arbeiten „vor Ort" die Laboruntersuchungen und Auswertungen in den heimatlichen Instituten folgen.

Taucher im Riff

War die Kenntnis von der Existenz und Verbreitung der Korallenriffe eng mit der Entdeckung und Erkundung der Weltmeere verknüpft, so ist ihre Erforschung und die der riffbildenden Organismen an die Entwicklung des Taucherwesens gebunden. Forschungsschiffe können in Korallenriffgebieten nicht operieren, da sie ständig der Gefahr des Auflaufens ausgesetzt sind. Sie wären überdies nicht in der Lage, herkömmliche Fanggeräte, wie Grundschleppnetze, Dredgen und Bodengreifer, einzusetzen, da sich diese hinter den zahlreichen Felsvorsprüngen und großen Korallenkolonien verhaken und abreißen würden. Wer Korallenriffe erkunden will, muß tauchen!

Der französische Zoologe Milne Edwards war vermutlich der erste Wissenschaftler, der 1844 im Mittelmeer mit einem Schlauchtauchgerät die Unterwasserwelt in Augenschein nahm. Ihm folgten zunächst nur wenige, weil das Arbeiten mit schwerem Gerät einen erheblichen technischen Aufwand erforderte. Die zur Versorgung des Tauchers mit Luft dienenden Pumpenanlagen mußten von einem Schiff oder Ponton aus betrieben werden. Dabei ist der Taucher durch Luftschläuche an das Schiff gebunden und recht schwerfällig. Der amerikanische Zoologe Beebe, der später in einer druckfesten Tauchkugel fast 1 000 m Tiefe erreichte, unternahm 1923 erste Abstiege in Korallenriffe.

Inzwischen wurden drei seit langem bekannte einfache Tauchutensilien weiter entwickelt: Schilfrohre, die griechischen Kriegern bei Unterwasserangriffen zum Atmen dienten, standen bei dem Schnorchel Pate; durchsichtige Schildpattbrillen, die Harpunenjäger tropischer Gestade schon seit Jahrhunderten befähigten, ihre Beute auch unter Wasser klar zu erkennen, fanden in Tauchmasken ihre Nachfolger; und die aus Palmwedeln geflochtenen Schwimmschuhe der Südseeinsulaner gaben als Gummiflossen einen so wirkungsvollen Vortrieb, daß der Schwimmer seine Arme zum Verrichten anderer Arbeiten frei hatte.

Anfang der vierziger Jahre benutzte der Österreicher Hans Hass erstmals ein autonomes Sauerstoff-Kreislaufgerät für die Erforschung der Neptunschleier (Reteporidae) des Mittelmeeres, Moostierchen von filigranartiger Feinheit. Er führte das Tauchen als Forschungsmethode in die Biologie ein. Die Ergebnisse übertrafen die der herkömmlichen Arbeitsweisen in dem gleichen Maße wie die Resultate der Elektronenmikroskopie die mit Lichtmikroskopen gewonnenen – insbesondere natürlich in den unzugänglichen Korallenriffen. Später wurde das Sauerstoff-Kreislaufgerät von dem von Cousteau und Gagnan entwickelten sicheren Druckluft-Tauchgerät abgelöst.

Als Mitte unseres Jahrhunderts die hohe ökonomische Bedeutung der Korallenriffe immer sichtbarer wurde, war ihre Erforschung besiegelt. Sowohl staatliche Institutionen als auch private Unternehmen stellten die zur Ausrüstung wissenschaftlicher Stationen, Schiffe und Forschungs-Teams notwendigen Mittel zur Verfügung. Seitdem sind ungezählte Biologen, Paläontologen und Geologen damit beschäftigt, die Korallenriffe und ihre Bewohner zu untersuchen. Viele arbeiten als Taucher. Sie erforschen Aufbau, Alter und Entstehung der Riffe. Sie führen Messungen und Probenentnahmen durch, um Strömungen, Wirkungen der Wellen, Temperaturen, Lichtverhältnisse sowie den Gehalt des Wassers an Sauerstoff, Meersalzen, Nitraten und Phosphaten im Riff zu ermitteln. Sie experimentieren mit lebenden Korallen, indem sie ihnen Glashauben überstülpen, um nach Ablauf einer bestimmten Zeit Gasstoffwechselwerte zu messen. Sie berieseln Korallenkolonien mit Sedimenten und beobachten, ob sie trotz ihrer sessilen Lebensweise in der Lage sind, sich von Schluff und Sand zu befreien. Sie isolieren auch in ihnen lebende Tiere, um deren Abhängigkeit von der Wohnkoralle zu ermitteln, und stellen fest, unter welchen Umweltbedingungen die einzelnen Korallenrifftiere leben, welche nützlich und welche schädlich sind.

Schon macht sich der Einfluß des Menschen in den Riffen bemerkbar: Giftstoffe werden ins Meer geleitet, Kraftwerke erhöhen die Wassertemperatur, Unterwassersprengungen wirbeln tonnenweise Staub auf, Abwässer verpesten die Lagunen. Es ist eine vordringliche Aufgabe, neben den Möglichkeiten ihrer Ausbeutung die Belastbarkeitsgrenzen ihrer Organismenwelt gegenüber den verschiedensten schädlichen Einflüssen zu ermitteln, um dem Raubbau und der Verschmutzung ein begründetes Halt gebieten zu können, ehe noch mehr Korallenriffe der angelaufenen Vernichtungswelle zum Opfer fallen.

Steinkorallen
– ihr Bau, ihre Entwicklung und ihre Vielfalt

Als Korallen werden von Polypen aufgebaute Tierstöcke verschiedener systematischer Gruppen bezeichnet, die jedoch alle zum Stamm der Nesseltiere (Cnidaria) gehören, in dem die Klassen Hydrozoa, Scyphozoa, Cubomedusa und Anthozoa vereint sind. Die Hydrozoen, meist feine, sehr grazile Gebilde, und Scyphozoen, uns allen in Form der großen, gallertigen Quallen bekannt, zeigen einen Generationswechsel mit zwei Lebensformtypen, Polypen und Medusen. Die Polypengeneration lebt sessil, vermehrt sich durch Sprossung und bildet so Polypenstöcke. Abgesehen von den wenigen Ausnahmen geht aus den Polypenstöcken die Medusengeneration hervor und ist Träger männlicher und weiblicher Geschlechtszellen. Die Larven werden zunächst zu Polypen. Bei den Cubomedusen entwickelt sich unmittelbar aus den Larven eine neue Meduse. Die Anthozoenlarven hingegen wandeln sich ausschließlich in Polypentiere um.

So verschieden die im Wasser treibenden Quallen auch von den festgewachsenen Polypen sind, zeigen beide in ihrem Körperbau das gleiche Grundschema: einen aus Außenhaut, Stützlamelle und Innenhaut bestehenden Hohlkörper, dessen offener oberer Rand die Mundöffnung bildet. Letztere wird von einem Kranz aus Fangarmen umgeben. Die sessilen Polypenformen sind mit dem Mundfeld nach oben orientiert, die Quallen schweben mit nach unten gerichtetem Mund und Tentakelkranz im Wasser. Allen gemeinsam sind Nesselzellen, die dem Tierstamm seinen Namen verliehen haben.

In der Klasse der Anthozoen befinden sich Vertreter mit millimeter- bis dezimetergroßen Polypen. Da viele Arten buntfarbige Tierstöcke bilden, die, übersät mit ihren radiärsymmetrischen blütenähnlichen Polypen, an blühende Pflanzen erinnern, werden sie auch als „Blumentiere" oder „Blumenpolypen" bezeichnet. Ihre Körper sind durch Einfaltungen der Wände des Magenraumes gekammert. Entsprechend einer sechs- oder achtstrahligen Symmetrie werden sie in Hexacorallia und Octocorallia getrennt. Eine Übersicht über die beiden Unterklassen finden wir in Abb. 1.

Viele sessile Nesseltiere bilden chitinöse, hornige oder kalkige Stützskelette. Kalziumkarbonat wird in Form von Skelettnadeln oder Skleriten abgeschieden, die in das Gewebe eingelagert oder als rindenförmige Packungen aneinandergefügt werden. Andere wiederum bilden feste Kalkskelette. Zu ihnen gehören die Hydrozoen der Ordnungen Milleporina (Feuerkorallen) und Stylasterina (Filigrankorallen), von den Hexacorallia die Scleractinia (Steinkorallen) und von den Octocorallia die Stolonifera (Orgelkorallen) und Coenothecalia (Blaue Korallen). Unter den Steinkorallen befinden sich einige hundert Arten mit einer extrem hohen Kalkproduktion. Sie stellen die meisten der die Korallenriffe aufbauenden Organismen und sind deshalb für uns von besonderer Bedeutung.

Der Körperbau

Der tropische Meeresstrand wird oft von unregelmäßig geformten, weißen Gesteinsmassen bedeckt. Sieht man genauer hin, differenzieren sie sich als Klumpen, Brokken, Platten und Zweigstücke aus Kalk. Sie weisen eine Unzahl Poren und Löcher auf, die innen von sternförmig angeordneten, feinen Leisten durchzogen werden. Es sind Korallenskelette, von grober See vom Riff gebrochen und zuhauf geworfen. Die Löcher waren Sitze vieler einzelner Korallentiere. Wer ein paar Korallenskelette mit nach Hause nehmen möchte, der sollte sie hier suchen und keinen Schaden verursachen, wie durch das Abschlagen lebender Kolonien im Riff. Die Skelette sind sauber, und viele weisen noch die Feinstrukturen der miteinander verkitteten Aragonitkristalle auf. Sie bestehen zu 98–99,7 % aus Kalziumkarbonat, dem kleine Mengen Magnesiumkarbonat und Spuren organischer Bestandteile beigemengt sind.

Mit Hammer und Meißel spalten wir einen kompakten Klumpen mit größeren Korallenkelchen. Wir sehen, daß sich die Kelche oder Korallite röhrenförmig und strahlig ins Innere des Stockes fortsetzen (Abb. 4), wobei sie von stabilisierenden Querböden unterbrochen werden. Ein Korallenkelch besteht aus Basalplatte, Wänden und Septen. Hinzu kommen in Form von Spangen, Leisten, Stäbchen, Zinnen und Dörnchen weitere Stützelemente, die das Gebilde komplizieren. Alle sind zwar spezifisch geformt, variieren jedoch in Verbindung mit abändernden Umwelteinflüssen oft so stark, daß die Artbestimmung schwierig ist. Nach außen gerichtete Spitzen, Dornen und Nadeln erschweren es anderen Tieren, die in das Innere der Ko-

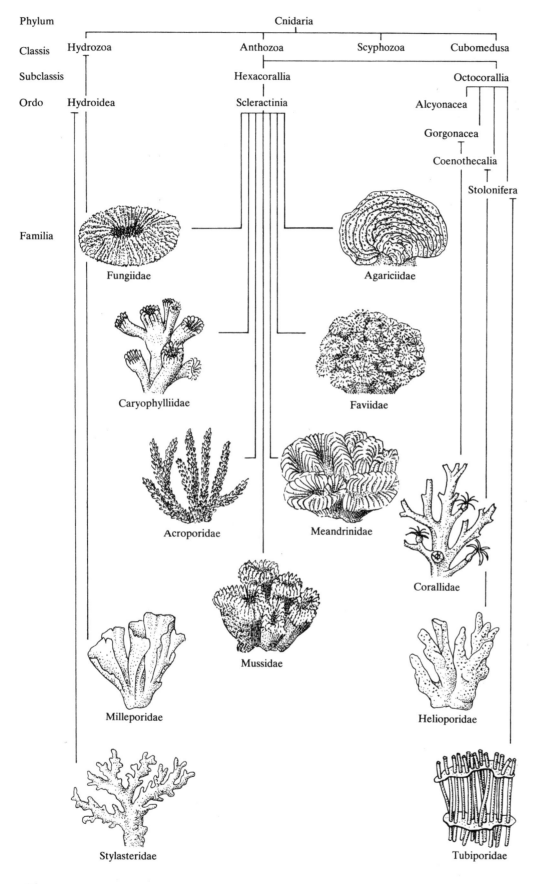

rallite zurückgezogenen Polypen anzugreifen. Die Korallenkelche sind in ein Kalkgerüst eingebettet, das der Kolonie den notwendigen Zusammenhalt verleiht.

Der Polyp ist sackförmig. Einfach gebaut, besteht er nur aus zwei Gewebsschichten, der Außen- und der Innenhaut, zwischen die eine sehr schwache Stützlamelle eingeschoben ist. Die Muskulatur ist wenig entwickelt. Sie wird durch Hautzellen verkörpert, die feine Fortsätze zwischen die beiden Zellschichten entsenden. Wenn sie sich zusammenziehen, werden Polyp und Tentakeln kontrahiert. Sind Zellen verbraucht, werden sie von indifferenten Ersatzzellen, die aus der Stützlamelle wandern, ersetzt.

Unter der länglichen Mundöffnung befindet sich der Magenraum. Die um die Septen herum gefalteten Zwischenwände oder Mesenterien vergrößern zusätzlich seine aktive Oberfläche; die Zahl der Drüsenzellen nimmt zu, mehr Verdauungssäfte werden abgesondert, und mehr Nahrung kann aufgenommen werden. In der Innenhaut liegende Nährmuskelzellen entsenden Fortsätze zur Nahrungsaufnahme. Die Mesenterien tragen schlauchförmige Gebilde, die sogenannten Mesenterialfilamente. Vom Mund aus führen ein oder zwei bewimperte Rinnen in das Innere. Das koordinierte Schlagen der Wimpern sorgt für kontinuierlichen Frischwasseraustausch im Magenraum. Die Polypen eines Korallenstockes werden durch die lebende, zarte Gewebsschicht, die die gesamte Kolonie überzieht, sowie durch ein reich verzweigtes Kanalsystem miteinander verbunden. Es ermöglicht einem Polypen, der reichlich mit Nahrung versehen wurde, die von ihm produzierten Nahrungssäfte auch an andere Einzeltiere seines Stockes abzuführen.

Ein lockeres Netz von Nervenzellen weist Sinneszellen und Ganglienzellen auf. Wie elektronenmikroskopische Untersuchungen zeigten, entsprechen die Reizleitungs- und

1 Systematische Stellung der Scleractinia (Steinkorallen) im Stamm der Cnidaria

Muskelsteuerungsmechanismen denen höherer Lebewesen.

Von der Larve zum Korallenstock

Bei den zwittrigen oder getrenntgeschlechtlichen Steinkorallenarten entwickeln sich die Geschlechtsprodukte in den Hoden und Eierstöcken, die sich in den Mesenterien befinden. Die Reifung der Ei- und Samenzellen erfolgt bei den zwittrigen Arten zu verschiedenen Zeiten. Dadurch wird eine Eigenbefruchtung vermieden. Die Samenzellen gelangen durch den Mund in das freie Wasser, erreichen schwimmend einen anderen Polypen, dringen durch die Mundöffnung in dessen Gastralraum ein und befruchten dort die reifen Eizellen. Diese entwickeln sich zu begeißelten und bewimperten Planula-Larven und verlassen den Mutterpolypen.

Die meisten des nach Millionen zählenden Larvenheeres werden gefressen. Wenige finden nach Tagen oder Wochen dauernden Wanderungen endlich doch ein freies Plätzchen auf dem dicht besiedelten Felsgrund. Dort fassen sie Fuß und formen einen winzigen, halbkugeligen Polypenkörper. Dieser beginnt sofort mit der Abscheidung des Kalkskelettes. Mit Hilfe einer harten Fußscheibe zementieren sich die jungen Steinkorallen am Grund fest. Sie umgeben sich alsbald mit einer Kalksteinwand, die oben viele scharfspitzige Zacken und Dornen trägt und in der sie wie in einer Festung leben.

Der abgeschlossenen geschlechtlichen Fortpflanzung folgt eine ungeschlechtliche Vermehrung. Die meisten koloniebildenden Steinkorallen erzeugen im weiteren Verlauf des Wachstums Knospen außerhalb des Tentakelkranzes, oder sie teilen sich durch das Mundfeld hindurch in zwei Polypen, diese dann in vier, später in acht Polypen und so fort. Auf diese Weise entstehen die verschieden geformten Korallenkolonien. Eine Querteilung des Polypen ist bei Steinkorallen selten. Sie kommt nur bei solitären Arten vor. Zum Beispiel vermehren sich junge Exemplare der Pilzkorallen-Gattung *Fungia* durch Abschnüren von einer Rumpfsäule (Abb. 3).

Es werden überwiegend scheibenförmige, krustige, klumpige bis halbkugelige, säulenförmige und fein bis grob strauchförmige Stöcke gebildet, die oft respektable Größen erreichen. Obwohl die Porenkorallen der Gattung *Porites* nur winzige Polypen von ein bis zwei Millimeter Größe besitzen, bilden einige Arten massive Kolonien von 4 m Höhe und 6 m Durchmesser. In einem solchen Stock sind sicher Millionen Einzeltiere vereint. Sein Alter beträgt über 400 Jahre. Auf ungeschlechtlichem Wege gebildet, muß man ihn als vermehrte Substanz des einstigen Jungpolypen auffassen, mehr noch, da die Korallentiere unter fortlaufender Abscheidung von Skelettkalk immer weiter nach oben wachsen, wäre der Ursprungspolyp lebend unter den Millionen Tochterpolypen denkbar. Damit dürften die große Stöcke bildenden Porenkorallen zu den Tieren gehören, die ein extrem hohes Alter erreichen.

Bieten die einzelnen Kalkkelche den weichhäutigen Polypentierchen Halt und Schutz, kommen mit der Bildung von Tierstöcken weitere Vorteile hinzu, die den Fortbestand der Arten und des Lebensform-

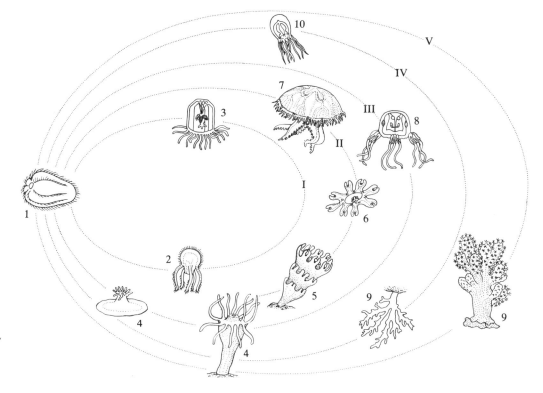

2 Die Entwicklungszyklen der Nesseltiere veranschaulichen die verwandtschaftlichen Beziehungen der einzelnen Hauptgruppen.
I. Trachylina, II. Scyphozoa, III. Cubomedusa, IV. Hydrozoa, V. Anthozoa.
1 Planula, 2 Medusenlarve, 3 Trachymeduse, 4 Polyp, 5 Strobila, 6 abgeschnürte Ephyra, 7 Scyphomeduse, 8 Cubomeduse, 9 Polypenstock, 10 Hydromeduse.
(Nach Hill u. Wells aus Moore, 1963, ergänzt)

typs Koralle sichern. Die Skelettelemente sind so miteinander verbunden, daß ein Festigkeitsgrad erreicht wird, der zwar art- und formbedingt verschieden hoch ist, aber für die jeweils herrschenden hydrodynamischen Bedingungen ausreicht. Die rationelle Nutzung des Kalziumkarbonates unterstützt ein schnelles Kolonie- und Skelettwachstum, so erhebt sich die Koralle in relativ kurzer Zeit über das Substrat, und viele Einzelpolypen werden dem Einfluß der dichtesten Sedimentation entzogen. Die aus erhöht gelegenen Polypen ausgestoßenen Larven gelangen in höhere Wasserschichten und erhalten dadurch die Chance, weiter verdriftet zu werden. Auf diese Weise erweitern sich das Verbreitungsgebiet und Siedlungsfeld der Art. Schließlich werden durch schnelles Wachstum Konkurrenten kurz gehalten oder gänzlich unterdrückt. Vor allem erhöhen Steinkorallen durch ihren Beitrag zur Vergrößerung der Riffe ständig ihre gesamte Substratbasis über dem Meeresgrund und steigern damit die vorteilhaften Auswirkungen dieses interessanten Phänomens.

Das Waffenarsenal

Als Verteidigungswaffen halten Nesselzellen den Steinkorallen viele Feinde fern. Nur den Spezialisten, die sich ganz oder teilweise von Korallen ernähren, können sie nichts anhaben. Doch treten diese normalerweise in so geringer Zahl auf, daß der Steinkorallenbestand durch sie nicht gefährdet wird.

Nesselzellen dienen auch dem Beutefang und konzentrieren sich hauptsächlich in den Tentakeln und in Mesenterialfilamenten. Doch findet man sie zerstreut auch zwischen dem Gewebe der gesamten Außenhaut. Sie werden von besonderen Bildungszellen ausgeschieden und bei Bedarf ständig nachproduziert.

Aufbau und Funktion der in den Nesselzellen enthaltenen mikroskopisch kleinen Nesselkapseln sind kompliziert. In dem mit Nesselgift gefüllten bläschenförmigen Gebilde befindet sich, eingestülpt wie ein Handschuhfinger und säuberlich aufgerollt, ein langer Schlauch. Der Nesselzelle entragt ein spitzer bis peitschenartiger Fortsatz nach außen. Dieses Cnidocil wirkt wie der Kontaktzünder eines Sprengkörpers: Berührt ein Beutetier den Fortsatz, explodiert die Nesselkapsel, der Schlauch wird hervorgeschleudert, umschlingt das Beutetier gemeinsam mit Hunderten aus anderen Nesselkapseln, durchschlägt Haut oder Panzer und spritzt lähmendes Gift in den Körper. Die Reizauslösung erfolgt nicht über das Nervensystem, sondern direkt und blitzartig innerhalb von 0,003 bis 0,005 Sekunden. Überdies beugen sich dem Opfer mehrere Fangarme zu, so daß es sich einer rasch zunehmenden Zahl verhängnisvoller Injektionen ausgesetzt sieht. Droht es sich dennoch loszureißen, werden die langen Mesenterialfilamente zu Hilfe genommen und durch die Mundöffnung oder an anderen Körperstellen ausgefahren. Sie umschlingen zusätzlich das Beutetier und lassen eine weitere Nesselgiftsalve auf das Opfer wirken. Man kann sich unschwer vorstellen, daß selbst größere Tiere bei der in Sekundenschnelle erfolgenden vielhundert- oder tausendfachen Giftinjektionswelle nicht imstande sind zu fliehen. Das gelähmte Tier wird nun von den Fangarmen der Mundöffnung zugeführt und von den Mesenterialfilamenten in den Magenraum gezogen.

Obwohl alle Nesselkapseln nach diesem Prinzip funktionieren, existieren viele verschiedene Formen. Bei Steinkorallen dürften vornehmlich Spirozysten und Nematozysten auftreten. Bei den Spirozysten ringelt sich ein feiner Klebfaden um den Zentralschlauch. Die Nematozysten sind mit Borsten oder Widerhaken versehen und weisen sehr unterschiedliche Funktionstypen auf. Ihre Differenzierung ist so stark ausgeprägt, daß man sie zur Klärung taxonomischer Probleme herangezogen hat.

Die Ausbildung einer so komplizierten Zelle bei den einfach organisierten Cnidariern demonstriert, welche enormen Form- und Funktionspotenzen der lebenden Materie innewohnen. Sie deuten den Schwierigkeitsgrad oder auch die Fehlerhaftigkeit häufig vorgenommener mechanistischer Einteilungen der Organismenwelt und davon abgeleiteter sogenannter Stammbäume des Tierreiches an. Zwar ist die natürliche Entstehung und Entwicklung der Lebewesen seit Darwin tausendfach bestätigt worden und gehört heute zum Weltbild der Menschheit, doch sind wir oft noch weit davon entfernt, die natürlichen Verwandtschaftsverhältnisse unter den Gruppen der Organismen zu erkennen.

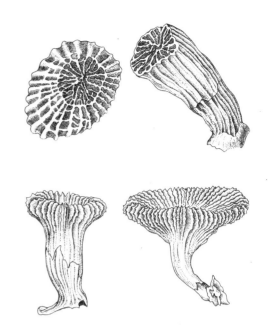

3 Vegetative Vermehrung bei einer Pilzkoralle (Fungia), die zunächst mit einem Stiel (Anthocaulus) auf dem Substrat sitzt, von dem sich dann der Anthocyathus ablöst und zu einem frei auf dem Grunde liegenden einzelnen Korallentier heranwächst. (Nach Bourne aus Pax, 1925)

Tausende von Arten bevölkern die Meere

Die etwa 2 500 lebenden und 5 000 ausgestorbenen Arten der Ordnung Scleractinia wurden in einem System zusammengefaßt, das auf Ähnlichkeit der Skelettmerkmale basiert. Natürliche verwandtschaftliche Verhältnisse wurden auch hier nicht berücksichtigt. Klärungen sind auch in naher Zukunft nicht zu erwarten, da bisherige morphologische Untersuchungen der

Weichkörper der Steinkorallen kaum auswertbare Resultate gezeigt haben. Auch diesbezüglich vorgenommene elektrophoretische, immunologische, numerische, varianzanalytische und chromosomale Forschungen schlugen fehl. So verhilft uns das System der Scleractinia lediglich zu einer besseren Übersicht.

Hier können nur einige typische, in Riffen besonders häufige Korallen im Bild vorgestellt werden (Foto 9–23). Für eine exakte Determinierung der Familien und Gattungen sind aber mehr Charakteristika notwendig. Erschwerend kommt hinzu, daß die Korallen unter verschiedenen Umweltbedingungen völlig verschiedenartig wachsen und deshalb die Merkmale stark veränderlich sind. Die Artbestimmung muß deshalb meist dem Fachmann vorbehalten bleiben. Volkstümliche Bezeichnungen für Korallen sind in den Sprachen selten. Deshalb wurde den bekannten Korallennamen eine Reihe neuer hinzugefügt.

Familie Thamnasteriidae. Kolonien krustig, unregelmäßig, selten scheibenförmig, nicht verzweigt. Die recht kleinen Korallite sind flach im Skelett der Kolonie eingebettet und ähneln radiärsymmetrischen Blüten, wobei die Columella den Staubgefäßen, die sich nach außen verbreiternden Septen den Blütenblättern gleichen. Gattung *Psammocora* (Blütensternkoralle), Indopazifik.

Familie Pocilloporidae. Kolonien mittelgroß, verzweigt. Korallite winzig und in großer Zahl vorhanden, offen, mit kurzen Septen und Columella. Gattungen *Stylophora* (Griffelkoralle), Indopazifik, im flachen, ruhigen Wasser häufig; *Madracis* (Felderkoralle), zirkumäquatorial; *Pocillopora* (Keulenkoralle), Indopazifik; *Seriatopora* (Nadelkoralle), Indopazifik, auch auf Sandgrund.

Familie Acroporidae. Kolonien unterschiedlich geformt. Korallite klein bis winzig, Columella fehlt. Gattungen *Astreopora* (Porensternkoralle), Indopazifik, auf Geröll- und Sandgrund; *Acropora* (Geweihkoralle, Schirmkoralle), über 200 Arten, zirkumäquatorial, Hauptriffbildner; *Montipora* (Mikroporenkoralle), Indopazifik.

Familie Agariciidae. Kolonien blatt- und scheibenförmig, seltener massiv. Korallite in Reihen, mehr oder weniger stark eingesenkt. Gattungen *Agaricia* (Rillenkoralle), Atlantik; *Gardineroseris* (Wabenkoralle), Indopazifik; *Pavona* (Rippenkoralle, Sternsäulenkoralle), Indopazifik; *Pachyseris* (Schallplattenkoralle), Indopazifik, im Tiefwasserbereich; *Leptoseris* (Wellenkoralle), zirkumäquatorial, im Tiefwasserbereich.

Familie Siderastreidae. Kolonien verschiedenartig, Korallite ziemlich klein. Gattungen *Siderastrea* (Vieltrichterkoralle), Atlantik; *Coscinarea* (Wulstkoralle), Indopazifik.

Familie Fungiidae. Rundliche bis langovale Einzelkorallen oder Kolonien, die durch die Vielzahl großer Septen auffallen. Indopazifik. Gattungen *Fungia* (Pilzkoralle), *Cycloseris* (Kleine Pilzkoralle), *Ctenactis* und *Herpolitha* (Zungenkorallen), *Halomitra* und *Parahalomitra* (Hutkorallen), alle dem Grund lose aufliegend, *Podabacia* (Tellerkoralle), im Tiefwasserbereich dem Fels aufgewachsen.

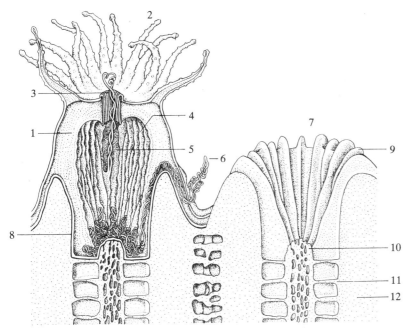

4 Bauplanschema einer Steinkorallenkolonie
1 Polyp, 2 Tentakeln, 3 Mundöffnung, 4 Mesenterien, 5 Gastralraum, 6 Mesenterialfilamente, 7 Kelch, 8 Theca, 9 Septum, 10 Columella, 11 Dissepimente, 12 Coenosteum

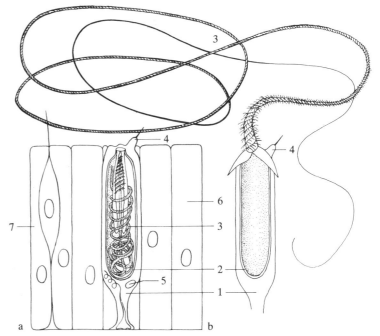

5 Nesselkapseln mit eingerolltem und herausgeschleudertem Nesselfaden
1 Nesselzelle, 2 Nesselkapsel, 3 Nesselfaden, 4 Cnidocil, 5 Zellkern, 6 Epidermiszelle, 7 Sinneszelle

Familie Poritidae. Kolonien verschieden geformt. Korallite klein bis winzig, eng beieinander stehend, mit Columella und Trabekeln. Gattungen *Porites* (Porenkoralle), etwa 50 Arten, zirkumäquatorial, manche bilden über 8 m hohe Korallenpfeiler, bedeutsame Riffbildner; *Goniopora* (Grobe Porenkoralle), Indopazifik; *Alveopora* (Schwammkoralle), Indopazifik.

Familie Faviidae. Kolonien sehr verschiedenartig geformt. Korallite einzeln oder miteinander verwachsen und mäandrisch gewunden. Gattungen *Favia* (Sternkoralle), Indopazifik; *Favites* (Ecksternkoralle), Indopazifik; *Echinopora* (Rauhsternkoralle), Indopazifik; *Montastrea* (Knopfkoralle), zirkumäquatorial, wichtiger Riffbildner in mittelamerikanischen Meeren; *Cyphastrea* (Kringelkoralle), Indopazifik; *Diploastrea* (Blumensternkoralle), Indopazifik; *Goniastrea* (Kränzchenkoralle), Indopazifik; *Diploria* und *Colpophyllia* (Feine und Grobe Atlantische Hirnkoralle); *Platygyra*, *Leptoria* und *Oulophyllia* (Indopazifische Hirnkorallen); *Trachyphyllia* (Konische Hirnkoralle), Indopazifik, auf Sand; *Manicina* (Faltenkoralle), Atlantik, in Riffen und auf Sandgrund; *Hydnophora* (Pickelkoralle), Indopazifik; *Cladocora* (Röhrchen- oder Rasenkoralle), Atlantik und Mittelmeer, auch auf Sandgrund.

Familie Rhizangiidae. Stummelkorallen. Kolonien mit kleinen, scheinbar einzeln stehenden, kurzen Stummeln gleichenden Koralliten, die an der Basis durch eine dünne Skelett- und Gewebsschicht miteinander verbunden sind. Hierher Gattungen wie *Astrangia*, *Culicia* und *Phyllangia*. In Riffgebieten stets im Dunklen.

Familie Oculinidae. Kolonien verzweigt, krusten-, kissen- oder säulenförmig. Gattungen *Oculina* (Augenkoralle), Atlantik; *Acrhelia* (Dornenstrauchkoralle), Pazifik; *Galaxea* (Skalpellkoralle), Indopazifik. Die ebenfalls verzweigten Gattungen *Sclerhelia*, *Bathelia*, *Madrepora* und andere leben in Tiefen von 100 m bis über 1 000 m.

Familie Meandriniidae. Kolonien massiv oder säulenförmig, Korallite mäandrisch oder einzeln. Atlantik. Gattungen *Meandrina* (Mäanderkoralle); *Dendrogyra* (Kandelaberkoralle); *Dichocoenia* (Noppenkoralle).

Familie Merulinidae. Kolonien blattförmig oder irregulär, Korallite in „Tälern" vereint. Indopazifik. Gattungen *Merulina* (Rippenblattkoralle); *Scapophyllia* (Irreguläre Rippenkoralle).

Familie Mussidae. Solitäre oder koloniebildende Korallen mit großen bis sehr großen Koralliten, Septenränder stark gezähnt oder bedornt. Gattungen *Lobophyllia* (Indopazifische Dickstielige Doldenkoralle); *Mussa* (Atlantische Dickstielige Doldenkoralle); *Scolymia* (Atlantische Großsternkoralle), *Parascolymia* (Pazifische Großsternkoralle); *Isophyllia* (Atlantische Faltenkoralle); *Symphyllia* (Indopazifische Faltenkoralle); *Mycetophyllia* (Flache Faltenkoralle), Karibik; *Isophyllastrea* (Atlantische Kaktuskoralle); *Acanthastrea* (Indopazifische Kaktuskoralle).

Familie Pectiniidae. Blatt- oder scheibenartige, dünne empfindliche Kolonien. Indopazifik. Gattungen *Echinophyllia*, *Oxypora*, *Mycedium* und *Physophyllia* (Großblattkorallen); *Pectinia* (Knüllpapierkoralle).

Familie Caryophylliidae. Viele Gattungen und Arten, überwiegend solitär. Die meisten ahermatypisch in Tiefen zwischen 100 und 4 500 m. Auch einige in Korallenriffen vorkommende stockbildende Arten mit kompaktem oder verzweigtem Wuchs. Gattungen *Lophelia* (Tiefsee-Strauchkoralle), in allen Ozeanen in 60–2 000 m; *Eusmilia* (Kleine Bukettkoralle), Atlantik; *Euphyllia* (Große Bukettkoralle), Indopazifik; *Plerogyra* (Blasenkoralle), Indopazifik; *Gyrosmilia* und *Physogyra* (Flache Mäanderkorallen), Indik.

Familie Dendrophylliidae. Einige koloniebildende und viele solitäre Arten, meist in der Tiefsee, meist ahermatypisch. In Riffen hauptsächlich die stockbildende orangerote *Tubastrea* (Rohrkoralle) und die dunklen *Coenopsammia* und *Dendrophyllia* (Baumkorallen), in allen Meeren von 0 m bis 1 500 m, sowie die indopazifische *Turbinaria* (Folienkoralle).

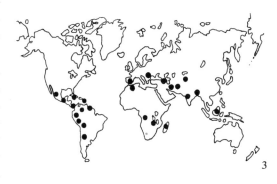

6 Die Verschiebung des äquatorialen Riffgürtels im Verlauf der Erdgeschichte folgt der Verlagerung der tropischen Zone. 1 Kambrium, 2 Devon, 3 Kreide, 4 Jetztzeit. (Nach Schwarzbach, 1950)

Da fast alle Korallen ihre Tentakelkränze bei Tage zurückgezogen haben, ist ihr Skelett unter Wasser meist gut sichtbar. So ist es unnütz, für eine erste grobe Determination Korallen abzuschlagen. Für die Betrachtung kleiner Korallite ist eine Einschlaglupe, beim Tauchen am Handgelenk getragen, eine gute Hilfe. Die ungefähren Bestimmungen vor Ort erleichtern später das Ansprechen der mit der Unterwasserkamera aufgenommenen Korallen erheblich, obwohl eine eindeutige Festlegung der Gattung oftmals Schwierigkeiten bereitet wird. Doch man tröste sich: Die Bestimmung der Steinkorallen gehört zu den schwierigsten zoologischen Determinationen, und in vielen Fällen vermögen selbst Spezialisten die Arten nicht sicher auseinanderzuhalten.

Der vierdimensionale Eroberungszug

Auf unserer Erde, die uns als eine Verkörperung des Soliden und Festen erscheinen mag, veränderte sich die Verteilung der Land- und Wassermassen im Verlaufe ihres Bestehens grundlegend. Im Verlaufe ihrer Jahrmilliarden währenden Verdichtung und Abkühlung war ein großer Landteil, die Pangäa, entstanden, der von Panthalassa, dem Urpazifik, umspült wurde. Wahrscheinlich erst im Erdmittelalter zerriß die Pangäa in mehrere kleinere Erdteile. Danach verband die Tethys, ein breites Erdmittelmeer, von Ost nach West Urpazifik mit Urpazifik. Das Wasser bildete die Voraussetzung für die Entstehung der lebenden Materie.

Weit entfernte Verwandte der Korallen, die Protomedusen, lebten schon in präkambrischer Zeit. Nach einer frühen Eiszeit führten riesige Schmelzwassermengen zu einer Überflutung der Schelfregionen. Die Bildung dieser alten Flachwassergebiete könnte Anlaß gewesen sein, daß sich benthische Organismen entwickelten. Aus ihnen mögen damals skelettbildende, korallenartige Tiere hervorgegangen sein. Funde stammen jedoch erst aus dem vor ungefähr 440 Millionen Jahren beginnenden Ordovizium. Sie können zwei großen Ordnungen, den Rugosa und den Tabulata (Bödenkorallen), zugeordnet werden. Mit den heute lebenden Steinkorallen hatten sie den Grundbauplan der Hohltiere und die Ausscheidung fester Kalkskelette gemeinsam. Auch sie traten bereits als Einzeltiere und in Kolonien auf. Von ihnen errichtete und auf das Festland geratene kambrische Riffe finden wir überwiegend nördlich des Wendekreises des Krebses: in Nordamerika, Europa und Asien, selbst jenseits des Polarkreises auf Grönland.

Nicht nur die Verteilung von Meer und Land war früher anders als heute, sondern auch der äquatoriale, tropische Gürtel verlief viel weiter im Norden und verschob sich erst allmählich nach Süden in sein heutiges Gebiet. Obwohl von anderen korallenartigen Tierstöcken aufgebaut, liegt es nahe, für derartige Riffbildungen warme Meerestemperaturen vorauszusetzen. Die alten Korallen lebten rund 200 Millionen Jahre bis zum Ausgang des Perm. Möglicherweise starben sie im Zusammenhang mit der Entstehung der Tethys und den damit verbundenen geologischen und hydrographischen Unruhen aus. Danach scheint es für einige Millionen Jahre keine Korallen auf der Erde gegeben zu haben. Die Riffe des Erdaltertums waren von verschiedenen sessilen Organismen – den schwammähnlichen Archaeocyathen und Stromatoporen, rugosen und tabulaten Korallen und Moostierchen oder Bryozoen – gebildet worden. Bis auf die Moostierchen sind alle ausgestorben.

Vor zirka 180 Millionen Jahren begannen in der mittleren Trias die neu entstandenen Scleractinia, die heutigen Steinkorallen, das gewaltige Werk des Aufbaus untermeerischer Gebirge fortzusetzen. Sie hatten sich wahrscheinlich polyphyletisch aus mehreren aktinienverwandten Vorfahren entwickelt. Die alten Steinkorallen gehörten zu einer Reihe verschiedener Familien, von denen die Thamnasteriidae und Astrocoeniidae noch heute leben. Damals gebildete kleinere Korallenbänke und -riffe fanden sich im heutigen Süd- und Südosteuropa sowie in Süd- und Südostasien in gehobenen Landmassen. Sie wuchsen in der Tethys heran. Ihre größte Ausdehnung fanden Steinkorallen in der späten Trias zwischen den Breiten 60°N und 10°S.

In dem frühen Jura starben einige Korallengruppen aus. Doch traten vor etwa 150 Millionen Jahren die artenreichen Caryophylliidae und damit die ersten solitären Korallen in Erscheinung. Dieser Vorgang erwies sich als wichtiger qualitativer Umschlagspunkt in der weiteren Entfaltung der Scleractinia, denn nun nahm ihre Artenzahl stark zu. In dem oberen Jura kamen die heute noch stark vertretenen Faviidae hinzu. Die Korallen bildeten ausgedehnte Riffe, die zu einem wichtigen Element der Tethys und ihrer Nebenmeere wurden. Die nördlichsten Riffe dieser Zeit wurden in England, Mitteleuropa und Japan gefunden, die südlichsten in Ostafrika. Der Riffgürtel lag um 20° nördlicher als heute.

7 Schnitt durch ein gehobenes Barriereriff aus der oberen Jura im Kaukasus. (Nach Bendukidze, 1975)

Mit fortgesetzter Verschiebung des äquatorialen Tropengürtels nach Süden traten die Korallenriffe der Kreidezeit in Südeuropa von Frankreich bis zur Krim, in Nordafrika, Indien, Venezuela, Mexiko und Texas auf. Wieder lösten Vertreter neu entstandener, noch heute existierender Familien, wie Siderastreidae, Rhizangiidae und Micrabaciidae, andere ab. Die Artenzahl solitärer Korallen stieg weiter an. Sie wurden in allen Zonen der Tethys von der Küste bis in die Tiefsee seßhaft. Gegen Ende der Kreidezeit, vor etwa 140 Millionen Jahren, entwickelte sich mit dem Auftreten der Pocilloporidae, Poritidae und Dendrophylliidae in den Grundzügen die heutige Steinkorallenfauna.

Im Tertiär entstanden wegen der schwankenden Bedingungen nur einige Riffe an den Rändern der Tethys. Dabei dominierten nahezu die gleichen Steinkorallengruppen wie heute. Ereignisse von einschneidender Bedeutung waren das nahezu vollständige Aussterben der „europäischen" Korallen und die Aufsplitterung der Tethys. Die endgültige Trennung zwischen Mittelmeer und Indischem Ozean wurde vollzogen. Dadurch wurde der östliche Wanderweg, auf dem eine Ausbreitung aus der Zentraltethys erfolgen konnte, versperrt. Als sich die mittelamerikanische Landenge erhob, war auch der westlichste Teil der Tethys abgeschnitten und der Atlantik entstanden. Gleichzeitig wurden die beiden heutigen großen Riffgebiete im Atlantik und Indopazifik gebildet. Die Pocilloporidae, Acroporidae und Poritidae entfalteten sich. Riffe traten nur noch bis 35° Nord auf, was etwa ihrer heutigen Verbreitungszone entspricht.

Die Bildung der rezenten Korallenriffe fand vornehmlich unter eiszeitlichen und nacheiszeitlichen Einflüssen statt. Der Atlantik war bis zum Nordpol offen, zum Indopazifik jedoch abgeschlossen. Die in Nord-Süd-Richtung verlaufenden Rocky Mountains bildeten kein Hindernis für das nach Süden vordringende Kontinentaleis. Insgesamt wirkte sich hier die glaziale Auskältung wesentlich stärker aus als in den indopazifischen Riffgebieten, die durch die mächtigen in Ost-West-Richtung verlaufenden Gebirgsbarrieren von den Pyrenäen über den Himalaya bis zu den Aleuten gegen das Kontinentaleis abgeschirmt waren. Doch banden die Inlandeismassen durch Einfrieren unvorstellbare Wassermengen, und der Meeresspiegel sank um 70 m bis 200 m ab. Das führte zum weltweiten Absterben vieler Riffe. In dem ausgekälteten Teil des Atlantiks erfolgte darüber hinaus ein Aussterben vieler Korallenarten, z. B. *Fungia, Pocillopora, Stylophora, Montipora, Alveopora, Hydnophora, Galaxea* sowie der Orgelkoralle *(Tubipora)* und der Blauen Koralle *(Heliopora)*, die man alle in fossilen Riffen Westindiens gefunden hat. Robustere Arten hingegen überlebten die Eiszeit in südlicheren Refugien. Nach einer über Jahrtausende währenden nacheiszeitlichen Erwärmung der mittelamerikanischen Meere eroberten sie sich die karibische Provinz zurück. Dieser stark reduzierte Bestand, der fast einer Reliktfauna gleicht, erwies sich jedoch als stark genug, erneut Riffe zu formieren.

Die Steinkorallen haben also seit ihrem ersten Auftreten in der Trias einen sehr erfolgreichen Entwicklungsweg beschritten und sich den gesamten Lebensraum von der Tiefsee bis in die Küstenregionen erobert. Hierbei spalteten sie sich in viele Arten auf, wobei die später entstandenen ahermatypischen (nichtriffbildenden) die kalten und dunklen Meeresräume, die hermatypischen (riffbildenden), überwiegend koloniebildenden Arten die Küstenräume bevorzugten. Die hermatypischen Korallen weisen unvergleichbar starke biologische Potenzen durch das Riffbauvermögen auf. Sie schufen sich damit ihren eigenen Lebensraum, und keine anderen Lebewesen beeinflußten das Meer, seine litoralen Organismen und die Küstenbildung wie sie. Sie haben sich ihre Welt in den drei räumlichen und in der vierten zeitlichen Dimension voll erobert.

8 Rekonstruktion eines devonischen Riffes aus Polen 1 massive Stromatoporen, 2 verzweigte und 3 massive Tetrakorallen, 4 massive Bödenkorallen, 5 Seelilien, 6 Armfüßer, 7 gehäusetragende Kopffüßer. (Nach Rozkovska, 1980, etwas verändert)

Umweltfaktoren
als Existenzgrundlage der Steinkorallen

Unsere Erde bietet der lebenden Materie seit vielen Jahrmillionen Bedingungen, die zur Entwicklung von verschieden gebauten Organismengruppen und unterschiedlichen Lebensformtypen führten. Die Abhängigkeit der einzelnen systematischen Einheiten und Arten von ihrer Umwelt ist sehr differenziert. Viele poikilotherme (wechselwarme) Tiergruppen – wie Faden- und Ringelwürmer, Asseln, Käfer und Wanzen – weisen Vertreter im Wasser und auf dem Land auf und kommen von der Arktis bis in die Tropen vor. Nicht so die Scleractinia. Ausschließlich auf das Meer beschränkt, sind ihre Verbreitungsmöglichkeiten eingeengt. Ihre sessile Lebensweise bindet sie an das Substrat. Die hermatypischen Korallen kommen zudem nur im Flachwasser tropischer Meere vor. Trotzdem sind die Korallen insgesamt eine außerordentlich erfolgreiche Tiergruppe, deren Leistung vor allem durch die Schaffung gewaltiger Riffbauten augenfällig wird. Spüren wir einmal den Möglichkeiten nach, die sie zu diesen Erfolgen befähigt haben.

Die Speisekarte

„Blau ist die Wüstenfarbe des Meeres", sagte der bekannte Ozeanograph Wüst. Er charakterisierte damit treffend den geringen Gehalt mancher Meeresgebiete an Geschwebe und die damit zusammenhängende hohe Transparenz des Wassers. Solche lebensarmen „Meereswüsten" finden sich vielfach in den Tropen, weil dort Strömungen, die mit gelösten Nährsalzen angereichertes Tiefenwasser nach oben führen, nur selten auftreten. Doch gedeihen gerade hier Korallenriffe. Wie ist das möglich?

Steinkorallen sind hinsichtlich ihrer Ernährung wahre Lebenskünstler. Sie übertreffen in gewisser Weise die besten Köche, und das sind die, die aus Wenigem gute Gerichte zu zaubern vermögen. Haben sie das eine nicht, nutzen sie das andere. Wir kennen bisher fünf Möglichkeiten, wie sich riffbildende Korallen ernähren.

Die erste Ernährungsweise besteht im Fang herantreibender Plankter, winziger, im Wasser schwebender Tiere. Die Größe der Beuteorganismen hängt vom Durchmesser der Polypen und der Länge der Fangarme der einzelnen Arten ab. Die kleinpolypigen Geweih-, Griffel- und Porenkorallen fangen nur kleinstes, nach μ bemessenes Plankton, hauptsächlich Larven, Ur- und Rädertierchen. Arten mit großen Polypen, wie Hirn- oder Sternkorallen, bemächtigen sich planktischer Krebschen oder Würmchen. Die Riesenpolypen der Pilz- und Doldenkorallen verschlingen gar Meeresringelwürmer, Krebse und kleine Fische. Korallen sind wegen ihrer festsitzenden Lebensweise einem zufälligen Organismenangebot unterworfen. Aber sie wählen aus. Bei Experimenten wurden Kieselalgen zurückgewiesen, Krabbenstücke hingegen angenommen. Aus verabreichtem Mischfutter wurden pflanzliche Bestandteile ausgestoßen. Im Magen von Korallen wurden unverdaute Algen gefunden. Damit könnten die Steinkorallen als Fleischverzehrer angesprochen werden. Doch ist das nur die halbe Wahrheit.

Die zweite Ernährungsweise besteht in der Aufnahme gröberer toter Futterbrokken. In einem Korallenriff, randgefüllt mit Leben, werden täglich viele Beutetiere von Räubern gefressen. Flottierende Abfallstückchen sinken auf die Korallen. Jetzt geschieht folgendes: Die Polypen, deren Tentakeln am Tage meist eingezogen sind, besitzen außen einen dichten Besatz mikroskopisch kleiner Wimpern, die sich in ständiger gerichteter Bewegung befinden, aber die Schlagrichtung wechseln können. Gerät ein Nahrungsbrocken auf die Wimpern, befördern sie ihn zum Mund. Entspricht er nicht dem Geschmack der Korallen, wird er in entgegengesetzter Richtung fortgestrudelt.

Die dritte Ernährungsweise umfaßt mikroskopisch kleine Nahrungspartikeln. Beispielsweise fallen von einem Raubopfer winzigste Nahrungsteilchen in Form von Muskel-, Gewebe- und Blutzellen, Geschlechtsprodukten, Fäkalien und anderen Stoffen auf eine Korallenkolonie. Wie man bei der Faltenkoralle *(Manicina areolata)* beobachtete, der man Blut angeboten hatte, bleiben die Tentakeln zwar zurückgezogen, doch werden sofort nach dem Auftreten im Ektoderm gelegene Drüsenzellen durch den mechanischen und chemischen Reiz aktiviert, klebrigen Schleim abzusondern. Dieser umhüllt das Partikel, und der Wimpernschlag transportiert es auf einer Schleimbahn in den Mund. Auf diese Weise werden auch Bakterien, die in großen Mengen über Korallenriffen flottieren, zur Ernährung genutzt.

Diese drei Ernährungsweisen werden von den einzelnen Korallenarten sicher differenzierter angewandt, als uns heute bekannt ist. So erbeuten in den karibischen Meeren die kleinpolypigen Poren- und Felderkorallen allein winzige Planktontierchen mit Tentakeln. Schleimnetze zur Aufnahme feiner Partikelnahrung verwenden Rillenkorallen. Eine Kombination beider Methoden benutzen Geweih-, Vieltrichter-, Stern- und Mäanderkorallen.

Die vierte Ernährungsweise erscheint zunächst absonderlich, wird aber sicher von mehr im Wasser lebenden Tieren genutzt, als wir annehmen. Verwertbare organische Lösungen werden osmotisch durch die Körperoberfläche aufgenommen. Hierzu gehören Glycine, Alanine und Leucine. Man hat die Eignung der Oberhaut der Scleractinia für Semipermeabilität elektronenmikroskopisch nachgewiesen, den Weg von Leucin und Glycin mit radioaktiven Isotopen markiert, durch die Epidermis verfolgt und damit den Nachweis der Aufnahme gelöster Substanzen durch die Körperoberfläche erbracht. Möglicherweise stehen diese Vorgänge mit einer hochalkalischen Phosphormonosterase, die als Phosphortransferase zur Energielieferung für die Stoffwechselprozesse in der Außenhaut fungiert, im Zusammenhang. Eine morphologische Besonderheit der Epidermis unterstützt diese Vorgänge. Die Oberfläche der Polypenhaut gleicht, bei elektronenmikroskopischer Vergrößerung betrachtet, dem Fell eines Säugetieres mit Unterhaar und Deckhaar. Die Korallenpolypen sind also nicht nur mit einem Wimpernkleid versehen, sondern darunter befinden sich noch wesentlich kleinere, eng beieinander stehende, fingerförmige Ausstülpungen, sogenannte Microvilli. Damit wird eine wesentliche Vergrößerung der aktiven Membranfläche erreicht und der Permeationseffekt erhöht. Obwohl der Gehalt des Wassers an gelösten Nährstoffen minimal ist, können diese doch mit spürbarem Nutzen aufgenommen werden. Außerdem ist der Energieverbrauch geringer als bei der Aufnahme von Brockennahrung, die durch die Verdauung erst aufbereitet werden muß. Auch beim Fehlen fester Nahrung ist deshalb ein Verhungern fast ausgeschlossen; denn Steinkorallen leben im Meer wie in einer stark verdünnten Nährlösung.

Die fünfte Ernährungsweise verläuft auf einer hohen ökophysiologischen Entwicklungsstufe und tritt nur bei hermatypischen Steinkorallen auf — ein Beispiel dafür, daß komplizierte biochemische Vorgänge schon bei einfach organisierten Lebewesen und unabhängig von der Höhe der Organisationsstufe ablaufen. Es handelt sich um die Symbiose zwischen Scleractinien und Zooxanthellen, die für die Entstehung der Korallenriffe von grundlegender Bedeutung ist und den Schlüssel zum Verständnis dieses komplexen ökologischen Funktionssystems bildet. Als Zooxanthellen fungieren winzige, nur 11 μ messende, einzellige Algen der Art *Symbiodinium* (= *Gymnodinium*) *microadriaticum*. Es sind Geißelalgen, die in diesem vegetativen Stadium ihre für die artenreiche Gruppe charakteristischen Flagellen und damit auch die Schwimmfähigkeit verloren haben — zweifellos eine Anpassung an ihre endosymbiotische Lebensweise. Sie existieren in großer Zahl im inneren Gewebe riffbildender Steinkorallen, aber auch in Feuer-, Orgel- und Hornkorallen, Blauen Korallen, in Mangrovequallen, in manchen Plattwürmern, Schwämmen, Muscheln, selbst in einzelligen, beschalten Foraminiferen und Radiolarien tropischer Meere. Bei Steinkorallen wurden in 1 cm² Entoderm zirka 1 Million Zooxanthellen festgestellt. In mikroskopisch kleinen Korallenlarven sind 7 400 solcher Algen gezählt worden. Sie werden gleich vom Muttertier übernommen, um die so wichtige Symbiosebeziehung abzusichern. Bräunlichgrün gefärbt, tönen hauptsächlich sie das Korallenriff, denn braun, gelb und grün sind dort die vorherrschenden Farbkomponenten.

Worin zeigt sich der bei Symbiosepartnern stets bestehende Vorteil für die Zooxanthellen und die Riffkorallen? Die Zooxanthellen leben, umgeben von festen, stachelstarrenden Skelettelementen und Nesselbatterien, ebenso geschützt wie die Polypen. Vor allem nutzen sie fortlaufend

1 Das Unbekannte, Geheimnisvolle fasziniert den Menschen von jeher: Zwei autonome Taucher gleiten hinab zum Korallenriff. (Rotes Meer)

2 Leuchtend rot sind die Zweige einer jungen Kolonie der Roten Koralle (Corallium rubrum), aus deren winzigen Kelchen die zarten Polypen mit ihren Fangarmen in das Wasser gestreckt werden. (Frankreich, Mittelmeer)

3 In Jahrtausenden wurde der Korallenkalk zu Fels verbacken und zu Gebirgen aufgetürmt. Im Roten Meer stieben Funkenfische (Anthias squamipinnis) über die Riffe, und ein Juwelenbarsch (Cephalopholis miniatus) schwimmt gelassen den Steilhang hinab. (Rotes Meer)

4 Inmitten geheimnisvoller Schluchten und Schründe beobachtet ein Taucher den Rotmeer-Wimpelfisch (Heniochus intermedius), der eine Porenkoralle (Porites lutea) nach Nahrung absucht. (Rotes Meer)

5 Der Stoffwechsel der Korallen verändert den Chemismus des Umgebungswassers, der unter den Plexiglashauben meßbar wird. Diese im natürlichen Lebensraum durchgeführten Versuche geben Aufschluß über die Gasausscheidungen der hermatypischen Blasenkoralle (Plerogyra sinuosa). (Golf von Aqaba, Rotes Meer)

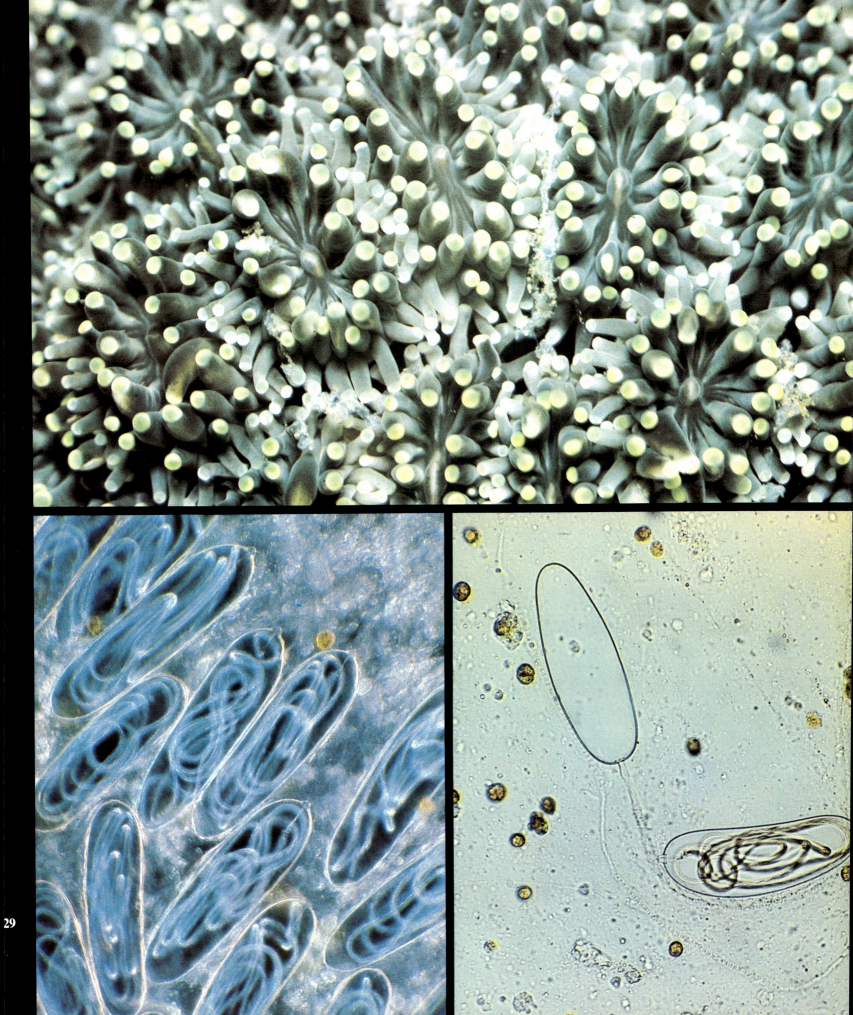

6 Über schlauchartige, an den Enden stumpfe, oft verdickte Tentakeln verfügt die Skalpellkoralle (Galaxea fascicularis). (Rotes Meer)

7 Mikroaufnahme vom Gewebe einer Scheibenanemone (Actinodiscus), die zu den den Scleractinia nahe verwandten Corallimorpharia gehört. Dicht bei dicht stehende Nesselkapseln bilden als Waffenarsenal eine wirksame Wehr- und Tötungsinstallation. Vergr. 420:1

8 Zwei Nesselkapseln, eine mit innen aufgerolltem Nesselschlauch und deutlich sichtbarem Reizstiftchen (Cnidocil), die andere mit ausgestülptem Nesselschlauch. Die rundlichen, gelben Gebilde sind Zooxanthellen. Vergr. 120:1

9 Die orangerote Rohrkoralle (Tubastrea aurea) gehört zu den wenigen in Riffen vorkommenden, nicht in Symbiose mit Zooxanthellen lebenden Arten. (Jungferninseln, Westatlantik)

10 Die mächtigen Elchhornkorallen (Acropora palmata) besitzen kurze, starke Stämme, die sich in dicken Ästen fortsetzen. (Kuba, Karibisches Meer)

11 Buschförmige Wuchsform der Geweihkoralle (Acropora humilis). (Großes Barriere-Riff von Australien)

12 Schirmartig verbreitete Kolonien sind im ruhigen Wasser bei Geweihkorallen, in diesem Fall Acropora pharaonis, nicht selten. (Rotes Meer)

13 Die vielfach verzweigten Ästchen der Nadelkoralle (Seriatopora hystrix) wachsen im ruhigen Wasser zu zerbrechlichen Zwergsträuchern heran, in deren Schutz sich kleine Kardinalbarsche (Paramia quinquelineata) aufhalten. (Großes Barriere-Riff von Australien)

Stoffwechselabprodukte der Korallen: das aus der Atmung hervorgehende Kohlendioxid und die als Schlackenstoffe ausgeschiedenen Stickstoff- und Phosphatverbindungen. Letztere gehören zu den Mangelstoffen des Meeres, sind aber für Algen lebenswichtig. Sie assimilieren mit Hilfe ihrer Chloroplasten bei Ausnutzung des Lichtes Kohlendioxid und Wasser, erzeugen als erstes eine Triose und geben Sauerstoff ab:

$$6\,CO_2 + 12\,H_2O \xrightarrow[\text{Chloroplasten}]{\text{Sonnenlicht}} 6\,(CH_2O) + 6\,H_2O + 6\,O_2 + 674\,kcal$$

Der Sauerstoff wird von der Koralle veratmet. Außerdem erhält sie aus dieser wundervollen chemischen Mikrofabrik eine Reihe weiterer Nährstoffe, wie verschiedene Zucker und Aminosäuren. Schließlich entgiften die Algen durch die Aufnahme der Stoffwechselabfälle den Organismus der Korallen — ein oft unterschätzter, aber äußerst wichtiger, lebenserhaltender Prozeß. Durch die aufeinander abgestimmten, sich gegenseitig ergänzenden und auf engstem Raum stattfindenden physiologischen Abläufe werden Stoff- und Energieverluste weitestgehend vermieden, erhalten die Partner rare, aber wichtige Spurenelemente und Verbindungen, werden Abprodukte durch ständige Rückkopplungen und neuerliche Ausnutzungen äußerst gering gehalten.

Die Bedeutung dieser Symbiose für das Korallenriff liegt in der auf sie zurückgehenden hochgradigen Beschleunigung des Skelettaufbaus bei den Korallen. Die Ausgangsstoffe Kalzium und Kohlendioxid sind im Meerwasser reichlich gelöst. Wie Kalzium-Ionen dem Meerwasser entzogen werden, ist noch nicht bekannt, doch werden sie an einer aus Mucopolysacchariden bestehenden Matrix konzentriert.

a) $Ca^{++} + 2\,HCO_3^- \longrightarrow Ca(HCO_3)_2$
b) $Ca(HCO_3)_2 \longrightarrow CaCO_3 + H_2CO_3$

Mit den aus dem Stoffwechsel hervorgegangenen Bikarbonat-Ionen verbinden sie sich zu Kalziumbikarbonat (a) und dann weiter zu Kalziumkarbonat (b). Entsprechend dem Massenwirkungsgesetz geht jedoch ein großer Teil wieder in Lösung.

Wird aber H_2CO_3 mit Hilfe von Anhydrase in CO_2 und H_2O gespalten und gleichzeitig in relativ großen Mengen von den Korallen veratmetes CO_2 von den assimilierenden Zooxanthellen aufgenommen, wird die Spaltung von H_2CO_3 beschleunigt. Die Bildungsrate für Kalziumkarbonat liegt dann zehnfach höher als bei den in der Tiefsee und in kalten Meeren lebenden algenlosen Korallen. Den hermatypischen Kolonien widerfährt so unter der Regie der Zooxanthellen eine Größenzunahme bis zum Riesenwuchs. Auch in anderen Tiergruppen konnten sich bei entsprechenden Voraussetzungen Einzeltiere zu besonderer Größe entwickeln. So fallen der Kammerling *Marginopora vertebralis* und die Muschel *Tridacna gigas* durch Riesenwuchs aus dem Rahmen üblicher Maße. Beide leben in Symbiose mit Zooxanthellen.

Darüber hinaus wird der Kalkbildungsprozeß wie folgt unterstützt: Kalziumkarbonat tritt in zwei Kristallformen auf, als Aragonit und Kalzit. Scleractinien errichten ihre Skelette — abgesehen von minimalen Beimengungen aus Magnesiumkarbonat und organischen Stoffen — aus Aragonitkristallen. Die von den Tieren als Abprodukte ausgeschiedenen Orthophosphate und organischen Phosphate üben jedoch auf die Bildung der Aragonitkristalle eine hemmende Wirkung aus. Hier schalten sich wieder die Zooxanthellen ein; sie entziehen dem Wirt die hemmenden Phosphate und verwenden sie für ihren Stoffwechsel. So ist ihnen und dem Wirt geholfen, dessen Aragonitproduktion nun ungehindert voranschreiten kann. Wie alle chemischen Abläufe ist auch dieser temperaturabhängig. Das Optimum liegt zwischen 25 °C und 31 °C — exakt dem in den meisten Riffen vorherrschenden Temperaturbereich.

Im übrigen fällt auf, daß nur die in Symbiose mit Zooxanthellen lebenden Korallen auf den der Insolation frei zugänglichen Riffpartien wachsen, während die parasymbiotischen Arten nur in Schatten und

Dunkelheit gedeihen. Offenbar bieten die einzelligen Symbiosealgen und deren Chloroplasten dem empfindlichen Korallengewebe einen wirksamen Schutz vor dem ultravioletten Licht. Die Wirtskorallen werden so in die Lage versetzt, auf den dem Sonnenlicht voll ausgesetzten Substraten zu siedeln, zumal bereits ihre Larven mit Zooxanthellen ausgerüstet sind (s. S. 24). Welch wundervolles Wechselspiel offenbart sich uns in diesem Zweikomponenten-Funktionssystem! Dadurch gelangen gleichzeitig die Zooxanthellen in das für sie lebensnotwendige Licht. Andererseits erreichen nur hier die Korallen, unterstützt von den Symbiosealgen, eine so hohe Wachstumsgeschwindigkeit, daß sie gegenüber anderen sessilen Organismen konkurrenzfähig bleiben und eine ganze Riffwelt aufzubauen vermögen.

Trotz aller Perfektion erscheint ein damit zusammenhängendes Phänomen zunächst unklar. So könnte man die höchste Kalziumkarbonatproduktion wegen der Abhängigkeit der Zooxanthellen vom Licht unmittelbar unter der Wasseroberfläche erwarten. Diese findet aber unterhalb, in 2–25 m Tiefe, statt. Der Grund liegt in der im Oberflächenwasser für Symbiosealgen zu hohen Lichtintensität und in seiner zu starken Erwärmung, da es sehr häufig auf über 31 °C aufgeheizt wird und größeren Schwankungen ausgesetzt ist.

Um der Kalksynthese im einzelnen auf die Spur zu kommen, hat man Beobachtungen mit dem Elektronenmikroskop vorgenommen. Die Zellen des Ektoderms scheiden feinste, etwa einhunderttausendstel Millimeter starke, aus einem Mucopolysaccharid bestehende, chitinige Fäden zwischen Polyp und Skelett ab. Da sich hier eine mit Kalzium-Ionen stark übersättigte, gelartige Lösung befindet, fallen Kalkkristalle aus. Die Chitinfäden bilden die Kristallisationskerne und legen gleichzeitig die Orientierung der sich ihnen anlagernden Aragonitkristalle und der daraus entstehenden Skelettbauelemente fest. Auf diese Weise formieren sich arteigene Skelettstrukturen. Man kann sich unschwer vorstellen, daß der Umweltfaktor Wasserbewegung Orientierung und Konzentration der Chitinfäden verändert und über Abwandlungen des Skelettes zu jenen ökologischen Wuchsformen führt, die so viel Verwirrung in der Taxonomie der Steinkorallen gestiftet haben.

Die Verteilung der Zooxanthellen in einem Korallenstock ist durchaus nicht gleichmäßig. Die Blasenkoralle, *Plerogyra sinuosa*, trägt in ihren Tentakeln nur wenige Symbiosealgen, da sie diese ohnehin nur nachts zum Planktonfang ins Wasser streckt. Doch besitzt sie zusätzlich blasenartige Organe (Name!), in denen Zooxanthellen in großer Anzahl leben. Im schwachen Morgenlicht werden die Blasenfortsätze weit ausgedehnt (Foto 20), so daß die Symbiosealgen dem spärlichen Licht so viel wie möglich ausgesetzt werden. Mittags, wenn das Licht für die Algen zu intensiv geworden ist, kontrahiert der Polyp seine Blasenfortsätze merklich. Nachts aber, da die Dunkelheit eine Photosynthese ohnehin ausschließt, werden sie zurückgezogen und machen den Tentakeln Platz (Foto 21).

Die höchste Kalziumkarbonatrate ist dort zu vermuten, wo die größten Mengen an *Symbiodinium microadriaticum* konzentriert sind. Bei einer Geweihkorallenart fand man in den Spitzen der Äste eine dreimal so geringe Anzahl von Zooxanthellen als 6–9 cm darunter. Doch mußte man feststellen, daß die Kalkbildungsrate an der Spitze um 30% höher lag als unterhalb. Nach einigem Suchen fand man den Grund: In den am dichtesten mit Zooxanthellen besetzten Zweigabschnitten wird zwar ein Überschuß an Produkten erzeugt, die für den Skelettaufbau nützlich sind, aber diese werden durch die Verbindungskanäle des Korallengewebes in die Spitzen transportiert. Die Folge ist ein hier besonders schnelles Skelettwachstum.

Bei der Untersuchung von Korallengesellschaften verschiedener Tiefen stellte sich heraus, daß die Anzahl der Zooxanthellen in 10–20 m am höchsten ist, hingegen in 3–5 m Tiefe nur etwa 40% beträgt. Der Grund hierfür ist nicht bekannt. Gleichzeitig variieren die an der Photosynthese der Zooxanthellen beteiligten Chloroplasten entsprechend den Tiefen und unterschiedlichen Qualitäten und Quantitäten des Lichtes. Hierdurch könnten die mit der schwankenden Anzahl der Zooxanthellen einhergehenden physiologischen Unterschiede wenigstens teilweise kompensiert werden (s. S. 38).

Nach allem ist klar, daß nur die in Symbiose mit Zooxanthellen lebenden Steinkorallen in der Lage sind, Riffe zu bilden, und ohne Symbiose eine biogene Riffbildung überhaupt nicht denkbar ist. Die Symbiose begründet somit die Differenzierung der Scleractinia in die ökophysiologischen Gruppen der riffbildenden und der nichtriffbildenden Korallen. Die Lichtabhängigkeit des Symbiosepartners erklärt gleichzeitig, daß hermatypische Korallen nur bis in 50 m Tiefe, dann immer vereinzelter, selten bis in 100 m Tiefe auftreten. Da diese Symbiosen wie die erhöhte Kalkausscheidung an war-

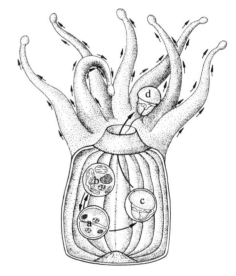

9 Nahrungsaufnahme: Bei vielen Korallen führen die Cilienströme vom Mundfeld weg. Wird ein Tentakel jedoch nach innen gebogen, führen sie zum Mund, und ein Nahrungsbrocken kann aufgenommen werden. Im Innern des Korallenpolypen sind verschiedene Stadien im Lebenszyklus von Symbiodinium microadriaticum schematisch dargestellt.
a vegetative Teilung, b kugelförmige Alge, c ein bewegliches Stadium entsteht in einer Wirtszelle, d bewegliches Flagellatenstadium

mes Wasser gebunden sind, beschränkt sich die Riffbildung auf tropische Meere. Gleichzeitig bekommt der Aspekt, daß Steinkorallen offenbar keine chromatophorentragenden Pflanzen als Nahrung aufnehmen, einen plausiblen biologischen Sinn; denn andernfalls wäre die Symbiose mit den Zooxanthellen gefährdet. Doch müssen Scleractinia in Notzeiten auch über algenverdauende Fermente verfügen, da sie bei experimentell hervorgerufenem Nahrungsmangel ihre Symbiosepartner verdauen, obwohl sie vorher pflanzliche Kost verschmähten. – Hunger ist auch hier der beste Koch.

Zweifellos ist die Ausnutzung des Angebotes an Nahrungsstoffen und -quellen durch hermatypische Korallen sehr vielseitig und umfassend. Ökologisch gesehen, verhalten sie sich 1. wie Primärproduzenten, weil sie über die Zooxanthellen anorganische Stoffe als organisch umgewandelte nutzen, 2. wie Sekundärproduzenten, weil sie sich als Plankton- und Suspensionsverzehrer von Organismen ernähren, und 3. als Tertiärproduzenten, weil sie auch Detritus und gelöste Nährstoffe aufnehmen. Die Bedeutung der heterotrophen Ernährungsformen ist mit einem weitläufig geschätzten Anteil von 10–20% insgesamt wesentlich geringer als die mit Hilfe der Symbiosealgen vollzogene „autotrophe" Ernährungsweise. Natürlich können sich die Partner, Alge und Koralle, zusammen in ihrer Umwelt besser behaupten als einzeln, und nur gemeinsam vermögen sie mit dem ihnen eigenen intensivierten Baustoffwechsel die ausgedehnte Korallenriffwelt zu schaffen und ständig zu reproduzieren – auch mitten im blauesten Ozean, in der „Wüstenzone" des Meeres.

Viele überwiegend solitäre Steinkorallenarten leben jedoch auch außerhalb der Riffe, die meisten von ihnen ohne Algensymbiose. Entsprechend sind vier ökophysiologische Gruppen zu unterscheiden: 1. die in den Riffen bei weitem überwiegenden hermatypisch-symbiotischen Korallen, 2. die in den Riffen relativ spärlich vertretenen hermatypisch-aposymbiotischen Korallen, 3. die in der photischen Zone außerhalb der Riffe vorkommenden ahermatypisch-symbiotischen Korallen und 4. die in den dunklen, kalten Tiefenräumen der Meere oder in anderen Habitaten lebenden, meist kleinen ahermatypisch-aposymbiotischen Korallen.

Einige aposymbiotische Arten, wie zum Beispiel die hermatypischen *Coenopsammia* und *Dendrophyllia* (Baumkorallen) oder die ahermatypische *Lophelia* (Tiefsee-Strauchkoralle) bilden ansehnliche, verzweigte Kolonien, die sie wahrscheinlich nur mit Hilfe spezialisierter Stoffwechselprozesse aufzubauen vermögen, deren Funktionsweisen uns aber im einzelnen noch unbekannt geblieben sind.

Wachsen und Gedeihen

Ein einzelner Korallenpolyp wächst schnell, große Kolonien sind jedoch Jahrzehnte oder gar Jahrhunderte alt. Bei der Bildung von Korallenriffen muß die mit der Wachstumsgeschwindigkeit der Korallen verknüpfte Kalkbildungsrate höher liegen als ihre abrasionsbedingte Destruktionsrate. Dadurch erhalten die Wachstumsabläufe der Steinkorallen eine hohe Bedeutung.

Um zu den Aussagen zu gelangen, hat man im Riff wie im Labor Zählungen, Messungen und Wägungen zur Vermehrung der Einzelpolypen und zur Zunahme der Skelettsubstanz durchgeführt. Experimentell wurde die Aufnahme von ^{45}Ca und ^{14}C in die Skelettmasse auf den Stickstoffgehalt des lebenden Gewebes bezogen. Dieses Verhältnis verändert sich während des Wachstums des Korallenstocks zugunsten des Mineralanteils, d. h., das Skelett gewinnt schneller an Gewicht als das lebende Gewebe. So entfallen bei jungen, aus wenigen Polypen bestehenden Kolonien der Kränzchenkoralle, *Goniastrea aspera*, etwa 0,15 g $CaCO_3$ auf einen Polypen, während bei alten, sich aus rund 500 Polypen rekrutierenden Kolonien 0,80 g $CaCO_3$ auf einen Polypen kommen (Kawaguti, 1941). Da *Goniastrea*-Kolonien mehr oder weniger kugelförmig sind, nimmt ihr Rauminhalt mit

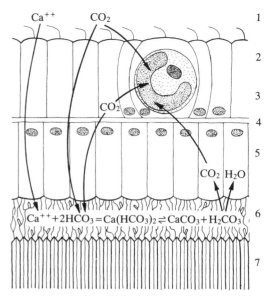

10 Schema der Kalkbildung in Steinkorallen
1 Seewasser im Magenraum, 2 Innenhaut, 3 Zooxanthelle, 4 Stützlamelle, 5 Außenhaut, 6 Matrix mit winzigen Kalziumkarbonat-Kristallen, 7 Kalkskelette. (Nach Yonge, 1963, verändert)

etwa der dritten Potenz zu, die Oberfläche jedoch nur mit dem Quadrat des Radius. Bei nichtsphärischen Kolonieformen sind die Verhältnisse zugunsten des lebenden Gewebes verschoben, und scheibenförmige Kolonien wachsen relativ schneller als kompakte, die verzweigten schneller als scheibenförmige.

Doch führt nicht allein die Form der Stöcke zu Unterschieden der Wachstumsrate, sondern auch die Textur der Skelette. Nach ihrer Beschaffenheit unterscheidet man Perforata von den Imperforata. Bei den Perforata ist das Kalkmaschenwerk, das die einzelnen Korallite zu einer Kolonie verbindet, vielfach durchlöchert. Diese „Leichtbauweise" führt bei geringem Materialaufwand zu einer relativ hohen Wachstumsrate. Deshalb vermögen auch strauch- oder buschförmige Kolonieformen nach Katastrophen in kurzer Zeit wieder zu regenerieren, was das Dominieren von Geweihkorallen-Beständen in der besonders gefährdeten Flachwasserzone erklärt.

Auch das Alter der Stöcke spielt offenbar eine Rolle. Junge Kolonien wachsen gemeinhin schneller als alte. Einige verändern während des Wachstums auch ihre Form. Die Faltenkoralle *Manicina areolata* wächst bis zum vierten Jahr schnell, dann verlangsamt. Die Kolonie mißt mit 4 Jahren 6 cm, mit 8 Jahren 8–10 cm. Daneben wirken ökologische Faktoren auf das Wachstum der Korallenkolonien, das unter optimalen Bedingungen weit höher liegt als unter gerade noch erträglichen. Gute Anhaltspunkte liefern Wracks. Auf einem 1792 vor der amerikanischen Küste gesunkenen, in 7,5 m Tiefe liegenden Schiff soll eine Elchhornkoralle, *Acropora palmata*, 65 Jahre später die enorme Höhe von 5 m erreicht haben. Falls diese relativ weit zurückliegenden Angaben stimmen, wäre sie pro Jahr 7,7 cm gewachsen. Das entspricht etwa den Ergebnissen von Jones, der bei indopazifischen *Acropora*-Arten eine jährliche Längenzunahme von nicht ganz 10 cm festgestellt hat. Vor Barbados wurde bei der Geweihkoralle, *Acropora cervicornis*, sogar ein Zuwachs von 26 cm pro Jahr gemessen. Ein 1933 gesunkenes Schiff war nach 2 Jahren ohne Korallenbewuchs, nach 27 Jahren hatten Beulige Porenkorallen, *Porites astreoides*, 12,5 cm und die Karibische Hirnkoralle, *Diploria strigosa*, fast 9 cm Durchmesser erreicht.

Von derartigen Messungen versuchte man die Geschwindigkeit des Riffwachstums abzuleiten. Bei einem durchschnittlichen Aufwärtswachsen der Kleinen Knopfkoralle, *Montastrea annularis*, um jährlich 6 mm erreicht ein Korallenriff nach etwa 7 500 Jahren 45 m Höhe (Vaughan, 1916). Die schnellwüchsige Elchhornkoralle könnte ein solches Riff bereits nach etwa 600 bis 1 000 Jahren aufbauen. So spekulativ derartige Kalkulationen sein mögen, ist doch aufschlußreich, dem Anteil der einzelnen, unterschiedlich schnell wachsenden, verschieden häufigen und verschieden großen und schweren Korallenarten am Riffaufbau nachzugehen. Kühlmann errechnete in kubanischen Korallenriffen, daß der Anteil der Elchhornkoralle am Riffaufbau etwa 2,6mal so hoch wie der der Kleinen Knopfkoralle, 6,0mal so hoch wie der der Geweihkoralle (*Acropora prolifera*) und 12,4mal so hoch wie der der Hirnkoralle (*Diploria strigosa*) ist, die zusammen mit einigen anderen zu den wichtigsten Riffbildnern im Gebiet zählen.

Das Wachstum verläuft nicht gleichmäßig, sondern folgt einem allen Organismen eigenen Phänomen, nämlich biorhythmischen Intervallen. Bei hermatypischen Korallen werden sie hauptsächlich durch die vom Sonnenstand abhängigen Assimilations-Dissimilations-Prozesse der Zooxanthellen bestimmt, die am Tage weit intensivere Kalziumkarbonatkristallisationen hervorrufen (s. S. 34). Daraus resultierende, unterschiedliche Stoffwechselgeschehen reflektieren röntgenographisch sichtbare tägliche feinste Zuwachsraten. Aus ihnen lassen sich Wachstumsraten sehr genau errechnen. Von gleichen Erscheinungen bei fossilen Korallen leitete man ab, daß sich die Erde vor 350 bis 400 Millionen Jahren wesentlich schneller, nämlich in 21 Stunden, einmal um ihre Achse drehte, das Jahr 420 Tage hatte und aller 50 000 Jahre der Tag um eine Sekunde zunahm. Korallen bestätigen so die astronomische Uhr der Geophysiker.

Strömung, Sand und Sonne

Kein Lebewesen vermag unabhängig von der Umwelt zu existieren. Sessile Scleractinia sind ihr um so mehr unterworfen, als sie Unbilden nicht ausweichen können. Der enge Konnex hermatypischer Korallen zu physikochemischen Faktoren zog schon vor langer Zeit die Aufmerksamkeit der Wissenschaftler auf sich. Vor über 200 Jahren schrieb Georg Forster: „Soviel ich bemerkt habe, sind diese Corall-Riefen, mehrentheils an der Seite, auf welche der Wind gewöhnlich hinbläset, am höchsten und am fruchtbarsten." Der Anspruch stark bewegten Wassers, den einige schnellwüchsige Korallen an ihre Umgebung stellen, ist nicht allgemein gültig. Darwin beobachtete während seiner Weltumseglung die Unterschiede, die die Korallenarten der ruhigen Lagune gegenüber den auf dem Rand des Außenriffs der Brandung ausgesetzten zeigten. Ein sicheres Kriterium für ihnen genehme Lebensbedingungen ist die Riffbildung. Sie erfolgt nur in sauberem, klarem Wasser mit einem Salzgehalt von 27–41 ‰ bei Temperaturen, die nicht unter 18 °C absinken, bei Lichtintensitäten, wie sie bis in etwa 40 m Tiefe herrschen, bei ständigem Wasseraustausch und auf Felsgrund. Damit sind gleichzeitig die optimalen Lebensbedingungen umrissen. Wie aber wirken sie im einzelnen?

Der Salzgehalt des Meeres ist mit überwiegend 34–36 ‰ als ein sehr stabiler Faktor einzuschätzen. Verdunstung oder Süßwasserzufuhr lassen ihn lokal etwas nach oben oder unten vom Normalwert abweichen. Im Roten Meer, das von einem freien Wasseraustausch mit dem Ozean weitgehend abgeschnitten ist, führt die starke Verdunstung zu einem Salzgehalt von 38–41 ‰. Der erhöhte Salzgehalt beeinträchtigt den hier üppig entwickelten Korallenwuchs nicht. Ähnliche Erscheinungen wurden in abgeschlossenen Atoll-Lagunen beobachtet.

Nach starken, tropischen Regenfällen tritt gelegentlich ein leicht verminderter Salzgehalt auf, doch bleibt er auf die Meeresoberfläche beschränkt, weil salzärmeres Wasser leichter als salzreiches ist. Das Regenwasser schwimmt also oben auf dem Meer, und selbst Korallen, die nur 20–30 cm darunter wachsen, werden von ihm kaum berührt. Häufige Arten des flachen Wassers erwiesen sich gegen Salzgehaltsschwankungen besonders resistent, und gerade sie sind es, die diesen am ehesten ausgesetzt sind. In Gezeitengebieten liegen die Korallen des Riffrückens bei Ebbe sogar frei an der Sonne. Reichliche Schleimabsonderungen und in den feinen Haarrinnen ihrer Skelette kohärierendes Wasser verhindern ein Austrocknen und Absterben, bis die nach ein bis zwei Stunden einsetzende Flut sie wieder unter Wasser setzt. Geht aber während der Zeit ihres kurzen „Luftlebens" ein heftiger Regenschauer nieder, werden sie durch den Salzentzug bzw. durch die zu geringe Salzkonzentration getötet.

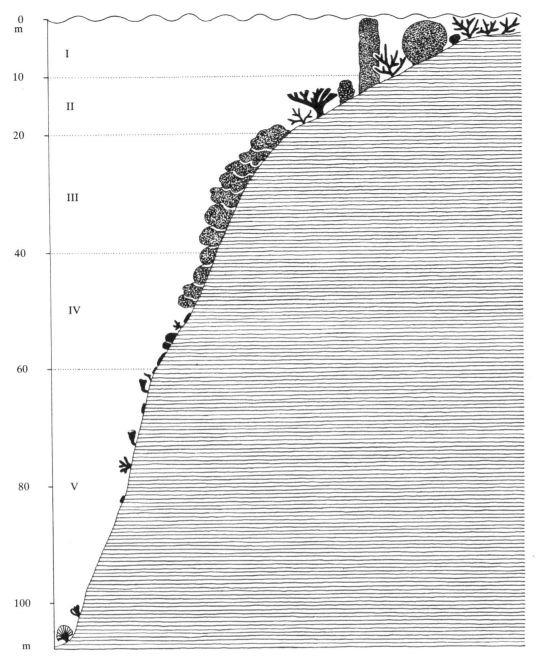

11 Der Steinkorallenbewuchs in den verschiedenen Lichtzonen
I „Rotzone" mit strauchigen Korallen, II „Gelbzone" mit massiven und strauchigen Korallen,
III „Grünzone" mit blattförmigen Korallen,
IV „Blauzone" mit blattförmigem und lockerem, krustigem Korallenbewuchs, V „Dunkelzone" mit spärlichem Bewuchs kleiner aposymbiotischer Korallen

Auch die Temperaturen der zwischen den Wendekreisen gelegenen Meere weisen wenig Schwankungen auf. Starke Abweichungen zeigen sich in großen Wassermassen nur dort, wo von der Antarktis kommende kalte Strömungen aufsteigen: im Pazifischen Ozean vor der südamerikanischen Westküste, im Indischen Ozean vor Westaustralien und im Atlantischen Ozean vor Namibia und Angola. Obwohl diese Meeresgebiete weit in die Tropen vordringen, sind sie für ein intensives Wachstum hermatypischer Korallen zu kalt. Riffe fehlen dort. Vor der Westküste Südamerikas ist der Einfluß des kalten Humboldt-Stroms so stark, daß sich kümmerliche Korallenriffe erst im Golf von Panama, also jenseits des Äquators, gebildet haben. In diesen Riffen ist das Wachstum der Keulenkoralle, *Pocillopora damicornis*, um etwa 20% gemindert.

Andererseits können warme Strömungen die Riffbildungen weit über die Wendekreise hinaustragen. Beispiele hierfür bieten die Bermuda- und Hawaii-Inseln. In den Riffgebieten variieren die Temperaturen in den Grenzen, die von den Steinkorallen gut vertragen werden, nämlich zwischen 18 °C und 30 °C. Doch zeigen einzelne Korallenarten unterschiedliche Temperaturansprüche, und sogar innerhalb einer Art können die Verträglichkeitsgrenzen verschoben sein, wenn die Kolonien aus verschiedenen Umgebungstemperaturen stammen. So wurden bei Keulenkorallen *(Pocillopora damicornis)* und Mikroporenkorallen *(Montipora verrucosa)* aus dem im warmen Wasser gelegenen Eniwetok-Atoll letale Temperaturen erst bei 35–38 °C festgestellt, während sie bei den gleichen Arten aus den Riffen um Hawaii schon bei 31–33 °C liegen, – sicher eine Folge des um Hawaii kälteren Wassers. Unterhalb 2–3 m ist die Wassertemperatur recht konstant. Für viele Arten kann eine Temperatur zwischen 25 °C und 31 °C als optimal angesehen werden, weil hier die Kalkausfällung am günstigsten verläuft (s. S. 33).

Einer der wichtigsten Faktoren für das Leben riffbildender Korallen ist das Licht. Beim Durchdringen des Wassers wird es dreifach abgewandelt. Ein Teil wird bereits beim Auftreffen auf die Oberfläche reflektiert. Im Wasser wird es mit zunehmender Tiefe mehr und mehr von den Wassermolekülen zerstreut und so diffus, daß Gegenstände bald keine Schatten werfen. Drittens wirkt das Wasser wie ein optischer Filter. Schon destilliertes Wasser absorbiert selektiv von oben nach unten zuerst die langwelligen, dann die mittleren und schließlich die kurzwelligen Spektralbereiche. Im Seewasser wird dieser Vorgang durch die vielen gelösten Stoffe verstärkt. Das ist der Grund, weshalb wir schon in 10 m Tiefe die leuchtend roten Farben vieler Organismen nicht mehr wahrnehmen können. In 20 m Tiefe ist das Gelb, in 30 m das Grün und ab 50 m Tiefe auch das hellere bis mittlere Blau herausgefiltert worden. Diese Verhältnisse verändern sich je nach Trübungsgrad und Eigenfärbung des Wassers. Der Unterwasserfotograf gewinnt das Spektrum durch den Gebrauch des Elektronenblitzes zurück.

Eine Tiefenzonierung zeigt sich insofern, als im flachen Wasser andere Korallengesellschaften als weiter unten auftreten. Es war naheliegend, daß man dafür zunächst die der Tiefenzunahme folgende selektive Absorption des Spektrums verantwortlich machte. Die für sie so bedeutsamen Zooxanthellen bilden jedoch – ähnlich höheren Algen und Gefäßpflanzen – Licht- und Schattenformen aus, wie kürzlich bei der Knopfkoralle, *Montastrea annularis*, festgestellt wurde. Die Schattenformen besitzen mehr für die Photosynthese notwendige Pigmente, Chlorophylle und Karotinoide, als die Lichtformen und kompensieren auf diese Weise die in größeren Tiefen fehlende Helligkeit durch eine bessere Ausnutzung der noch vorhandenen Spektralanteile. Die maximale Photosynthese wird damit aufrecht erhalten. Dieser Lichtanpassungsmechanismus ermöglicht es den meisten riffbildenden Korallenarten, in Tiefen von 0 bis über 40 m aufzutreten.

Ihr Optimum finden die Symbiosealgen der Korallen zwischen 30 % und 3 % des die Wasseroberfläche treffenden Sonnenlichtes. Durch Bewölkung kann ihr Stoffwechsel bis zu 50 % herabgesetzt werden. Ein üppiger, artenreicher Korallenbewuchs, der auf gute Lebensbedingungen schließen läßt, findet sich entsprechend zwischen 3 m und 30 m Tiefe. Je nach Trübungsgrad und Färbung des Wassers verschiebt er sich nach oben oder unten. In den Riffen von Bimini, Bahamas, erreichen die Korallen ihre größte Üppigkeit bei 12 m. Im klaren Wasser des Golfes von Aqaba nimmt die Artenzahl bis in 30 m Tiefe kontinuierlich zu, vor Jamaika geht sie erst ab 40 m Tiefe zurück. Parasymbiotische, meist solitäre Korallen leben in oft wunderschönen Formen bis in 5 800 m Tiefe im finsteren, kalten Wasser der Ozeane. – Aus allem geht hervor, daß die hermatypischen Korallen wegen ihrer Algensymbiose insgesamt lichtabhängig sind, das Licht jedoch, da bis in 40 m Tiefe in genügender Qualität und Quantität vorhanden, ebenfalls ein recht stabiler Faktor ist. Es begrenzt nicht die einzelnen Arten auf bestimmte Tiefen, sondern die hermatypischen Scleractinia insgesamt auf die oberste Schicht der photischen oder lichtdurchfluteten Zone des Meeres. Die Zonierung in bestimmte Korallengesellschaften hat also andere Gründe (s. S. 43).

Täglich werden durch Flüsse tonnenweise Erde, Schluff und Sand ins Meer verfrachtet. Sie verschmutzen und verschütten die Korallen und schädigen sie erheblich. Auch den Felsgrund bedecken sie und nehmen die Siedlungsmöglichkeiten. Sedimentationen sind deshalb ein Todfeind der Korallen. Aus diesem Grunde entwickelten sich vor den Mündungen großer Ströme – des Mississippi, Amazonas, Kongo oder Ganges – keine Korallenriffe. Auch vor kleinen Flüssen fehlen sie, und ziehen sich Rifftrakte längs der Küste hin, bleiben vor ihren Mündungen Lücken ausgespart.

Doch sind Steinkorallen den Sedimentationen nicht gänzlich hilflos ausgeliefert. Sie begegnen ihnen durch Form und Orientierung des Skelettes und durch aktive Reinigungsmechanismen. So bieten stark gewölbte und vor allem verzweigte Skelette Sedimenten wenig Auflagefläche. Wasserbewegungen fegen überdies die Äste rein. Natürlich erfolgt dadurch eine Auslese. Im Golf von Aqaba wachsen in der Zone der höchsten Sedimentationsrate hauptsächlich drei Korallenarten, die Griffelkoralle, *Stylophora pistillata*, sowie die Geweihkorallen *Acropora hemprichi* und *A. variabilis*. Sie sind von strauchigem Wuchs und können Sedimentationsregen ohne weiteres überstehen. Doch sind auch Feinstrukturen von Bedeutung. Schuhmacher zeigte bei Pilzkorallenarten eine Abnahme der Resistenz gegen Sedimente je schmaler, gratiger, schärfer und höher gezähnt ihre Septenränder sind. Das Gewicht der Sedimente drückt das empfindliche Zellgewebe der Polypen gegen die scharfen Septenränder, und es wird zerschnitten. Sind hingegen die Septenränder abgerundet, erleidet es keinen Schaden.

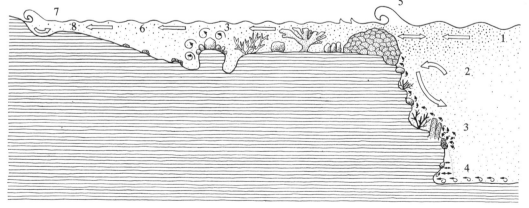

12 Wasserbewegung und Sedimentation in einem Bankriff
1 Windwellen und -drift, 2 Strömung zum Hang,
3 Verwirbelungen, 4 Wandrückstau, 5 Brandung,
6 überkommendes Brandungswasser, 7 Uferauflauf,
8 Uferrückstau

Zur aktiven Reinigung ihrer Oberfläche haben die Steinkorallen verschiedene Strategien entwickelt:

1. Lose dem Sandgrund aufliegende Faltenkorallen *(Manicina areolata)* und einige Pilzkorallen *(Fungia actiniformis, Diaseris distorta)* können sich durch wiederholtes Aufpumpen aus einer totalen Versandung wieder hervorgraben. Einige kleinere Arten, wie *Cycloseris*, schießen Kobolz und befreien sich so von Sedimenten. Faltenkorallen und die genannten Pilzkorallen können deshalb Habitate mit hohen Sedimentationsraten bewohnen.
2. Großpolypige Arten pumpen sich voll Wasser, schwellen blasenartig auf und lassen die Sedimente abrutschen. So wehren sich manche Faltenkorallen *(Symphyllia)*, die Knopfkorallen *(Montastrea annularis* und *M. cavernosa)*, die Atlantische Dickstielige Doldenkoralle *(Mussa angulosa)* und die Noppenkoralle *(Dichocoenia stokesi)* gegen Einsandungen.
3. Die kleinpolypigen Porenkorallen *(Porites)* entfernen Schmutzteilchen, indem sie dieselben mit Hilfe ihrer Tentakeln so lange von Polyp zu Polyp weiterreichen, bis sie von der Kolonie herabfallen.
4. Der bereits erwähnte Cilienschlag (s. S. 23) führt im allgemeinen in die vom Mund abgekehrte Richtung. Feine Sedimente werden so von der Mundscheibe zum Rand der Kolonie befördert. Diese Art der Verfrachtung wurde bei vielen Arten, z. B. bei Geweih- und Rillenkorallen, bei Hirnkorallen der Gattung *Colpophyllia*, bei Falten-, Stern- und Mäanderkorallen beobachtet und scheint weit verbreitet zu sein. Bei Korallen mit langen Tentakeln ist der Cilienschlag sogar unveränderlich nach außen gerichtet. Soll der Mundöffnung ein Nahrungsteilchen zugeführt werden, werden die Tentakeln ohne Veränderung der Schlagrichtung einfach nach innen gebogen, wodurch die Transportrichtung entgegengesetzt verläuft.
5. Viele Korallen, unter ihnen Pilz- und Faltenkorallen und die Vieltrichterkoralle, *Siderastrea radians*, umgeben Schmutz und Sedimente mit Schleimhüllen und schaffen sie auf Schleimbahnen mit Hilfe der Cilien fort.

Das Vermögen der Scleractinia, sich von Schmutzteilchen und Einsandungen zu befreien, ist unterschiedlich wirksam und bestimmt die Abhängigkeit der Arten von Sedimentationsabläufen. Spontan auftretenden, mit Vulkanausbrüchen, Überschwemmungen oder anthropogenen Einflüssen einhergehenden Sedimentationskatastrophen ist jedoch keine Koralle gewachsen.

Unterschiedliche Formen und Stärken der Wasserbewegung üben einen starken und differenzierten Einfluß auf die Steinkorallen aus. Schon 1849 schreibt Alexander von Humboldt: „Nach Ehrenbergs und Chamissos Erfahrungen im Roten Meer und in den atollreichen Marshallinseln östlich von den Karolinen, nach Kapitän Bird Allens und Moresbys Beobachtungen in Westindien und den Malediven können lebende Madreporen, Milleporen, Asträen und Mäandrinen den stärksten Wellenschlag ertragen, ja, sie scheinen sogar die stürmische Exposition vorzuziehen." Obwohl sie von Orkanen herangeschleuderte, schwerste See nicht vertragen, bevorzugen schnellwüchsige Steinkorallen tatsächlich bewegtes Wasser. In der Literatur werden als Grund die ständige Zufuhr frischen plankton- und sauerstoffreichen Wassers sowie das Fortschaffen der Sinkstoffe angegeben. Ebenso wichtig ist sicher die Abführung der ausgeschiedenen Stoffwechselabprodukte. In flachen, sich am Tage aufheizenden Lagunen, in denen oft ausgedehnte Korallenbestände anzutreffen sind, sorgen außerdem über den Riffrücken hinweggehende Brandungswellen oder durch Riffkanäle lagunenwärts vordringende Strömungen sowohl für einen gewissen Ausgleich der Wassertemperatur als auch für einen beständigen Wasseraustausch. Die Folge ist, daß mit steigender Intensität des Wasseraustausches auch die Dichte wuchsfreudiger Arten zunimmt.

Extreme führen jedoch auch hier unweigerlich zu Schädigungen. Irgendwo, Tausende von Metern tief unter der Wasseroberfläche, bebt die Erde. Die unterseeischen, oft von Vulkanausbrüchen begleiteten Erschütterungen setzen sich in die Wassermassen hinein fort und brechen als Flutwellen von unvorstellbarer Gewalt aus dem Ozean hervor. Diese Tsunamis verschlingen manchmal ganze Dörfer und Inseln. Mit ihren tief nach unten greifenden Wellen rasieren sie Riffhänge bis in über 20 m Tiefe kahl, werfen die Korallen an das Ufer und türmen sie dort zu meterhohen Geröllwällen auf. Doch werden die reingefegten Felsgründe schnell wieder von Korallen besiedelt, und schon zwei Jahrzehnte später sind sie wieder üppig bewachsen.

Die von einem Mutterpolypen freigesetzten Planula-Larven erweisen sich in Versuchen gegenüber dem Siedlungssubstrat als wählerisch. Das Substrat nimmt also gleichsam von Geburt an einen wichtigen Platz im Leben der Steinkorallen ein. Die weitaus meisten Arten siedeln auf Felsgrund. Da er häufig von Algen okkupiert ist, können in Massen auftretende, algenabweidende Seeigel, wie *Heterocentrotus mammillatus* und *Diadema setosum*, zu Wegbereitern einer Korallenbesiedlung werden. Form und Gewicht der Skelette verbieten vielen Arten aus statischen Gründen, jeden beliebigen Felsgrund zu besiedeln. Massige, schwere Kolonien wachsen auf horizontalem Substrat. Auf ebenen oder schwach geneigten Gründen sind auch strauchförmige, heckenbildende Stöcke vor dem Abbruch in die Tiefe sicher. Krustige oder scheibenförmige Kolonien können sich stark geneigtem bis vertikalem Fels anschmiegen. Eine Reihe von Arten siedelt auf steilen wie ebenen Hartböden, bildet dann aber unterschiedliche Wuchsformen aus. Auch auf Sandgrund leben einige spezialisierte Korallen. – Da in einem Korallenriff Felsebenen mit Hängen und Steilwände mit Höhlen wechseln und auch die größeren Strukturen noch durch Absätze, Nischen, Kanten, Vorsprünge, Risse und Löcher untergliedert werden, ist das Substrat für die Vielfalt der Korallenbesiedlung mitverantwortlich, und diese ist um so reicher, je zergliederter die Oberfläche des Riffes ist.

Plastische Starrheit

Salzgehalt, Temperatur und Licht sind in allen tropischen Riffen weitgehend stabil. Instabil sind Substrat, Hydrodynamik und Sedimentation – das Substrat, weil sich die Oberflächenstruktur eines Riffes von Meter zu Meter verändert, die Hydrodynamik, weil Wellen und Dünung unterschiedlich und entsprechend der Exposition des Riffs oder Riffteiles zu Wind und offenem Ozean verschieden stark wirksam sind und mit zunehmender Tiefe abgeschwächt werden, und die Sedimentation, weil sie abhängig von der anfallenden Sedimentmenge, -art und -verfrachtungskraft ist, so daß Luv- und Leeseiten in den Riffgebieten entstehen. Sande werden von Luv nach Lee verfrachtet. Riffaußenhänge sind deshalb frei von feinen Sanden, ein für das Korallenwachstum sehr günstiger Umstand. Das enge Zusammenwirken der drei instabilen Umweltfaktoren Substrat, Hydrodynamik und Sedimentation wird als mechanischer Faktorenkomplex bezeichnet. Er ist für die Durchmischung des Wassers verantwortlich, wodurch Temperaturen, gelöste Stoffe und Nahrungspartikeln gleichmäßig verteilt und schädliche Stoffwechselprodukte abgeführt werden. Der mechanische Faktorenkomplex bestimmt außerdem in entscheidendem Maße die arteigenen ökologischen Wuchsformen und reguliert die unterschiedliche Zusammensetzung der Korallengesellschaften.

Ökologische Wuchsformen sind verschiedene, aber charakteristische Kolonieformen einer Steinkorallenart. Ihre Entstehung verläuft zwar innerhalb eines fixierten genetischen Variabilitätsmusters, wird aber von Induktionsfaktoren ausgelöst und gesteuert. Die ökologischen Wuchsformen, auch Ökomorphen genannt, werden in der wissenschaftlichen Schreibweise als „forma", abgekürzt „f." bezeichnet. Von der karibischen Elchhornkoralle wurden vier Wuchsformen beschrieben: *Acropora palmata* f. *palmata* zeigt ausladende, schaufelartige Formen. Man kann sie ihrer weiten Verbreitung und ihres häufigen Vorkommens wegen als „Grundform" ansehen. Sie ist in mäßig bis kräftig bewegtem Wasser überwiegend zwischen 1 m und 5 m Tiefe häufig. *Acropora palmata* f. *erecta* weist bis zu den Enden ihrer kräftigen Äste aufrechten, fast vertikalen Wuchs und kaum Verzweigungen auf. Sie wächst in tieferem, ruhigerem Milieu. *Acropora palmata* f. *retroflexa* besitzt fast horizontale, in eine bestimmte Richtung orientierte Zweige. Sie folgen dem Brandungsverlauf. *Acropora palmata* f. *crustosa* überzieht krustenförmig den Felsgrund. Sie wächst in der Nähe der Wasseroberfläche unter der Einwirkung schwerer Brandung oder unter anderen, an das Existenzminimum der Art grenzenden Bedingungen und ist als Kümmerform der Art anzusehen.

Sind die Ökomorphen der Elchhornkoralle deutlich an die Wasserbewegung gebunden, zeigt die Rillenkoralle, *Agaricia agaricites*, verschiedene Wuchsformen in Abhängigkeit vom Substrat. Auf waagerechtem Grund bildet sie massive, hemisphärische Kolonien. An Felskanten, wo sie in Tiefen zwischen 1 m und 10 m oft in dichten Beständen anzutreffen ist, sind ihre Kolonien blattartig, ineinander verschachtelt und beidseitig von Polypenreihen bedeckt. An Steilwänden wächst sie in Scheiben bis 1 m Durchmesser ohne Polypen auf der der Felswand zugekehrten Seite. Ihr Vorkommen ist an ruhiges Wasser gebunden und in 20–60 m Tiefe häufig. In ruhigen Lagunen findet man sie auf steilem Substrat bereits in 4 m Tiefe.

Als lichtabhängig hingegen gelten die ökologischen Wuchsformen der Knopfkoralle, *Montastrea annularis*, die vor Jamaika oberhalb 20 m in halbkugeligen, unterhalb in abgeflachten Kolonien wächst. Da Kugeln den größten Rauminhalt bei kleinster Oberfläche besitzen, wurde der hemisphärische Wuchs im Flachwasser als Ausdruck einer optimalen Kalkproduktion gedeutet, der abgeflachte Wuchs in größeren Tiefen aber auf das nur noch gedämpfte Licht zurückgeführt; denn zur Herausbildung einer flächigen Kolonie ist weit weniger Kalziumkarbonat erforderlich als für halbkugelige.

Erreicht der einwirkende Ökofaktor extreme Größen, reagieren die Korallenkolonien durch Skelettdeformationen. Sehr auffällige Erscheinungen sind die im Flachwasser häufigen, manchmal mehrere Meter Durchmesser erreichenden „Mikroatolle" – im Zentrum tote Kolonien, die nur noch außen weiterwachsen. Die abgestorbene Mitte wird erodiert, die Wachstumszone wölbt sich wulstig vor. Die lebende Substanz umschließt den Korallenstock wie ein Ring, gleicht einem winzigen Atoll. Diese Wuchsform ist hauptsächlich bei massiven Korallenkolonien zu beobachten, wenn zu starke Sedimentationen auf sie einwirken oder wenn sie bei Niedrigwasser zu lange trockenfallen.

Die Beispiele werfen die Frage auf, inwiefern bestimmte Kolonieformen besonders gut an differenzierte Umweltbedingungen angepaßt sein könnten. Betrachten wir zunächst die drei Hauptformen: verzweigte, kompakte und flache Kolonien. Bei der Vielgestaltigkeit hermatypischer Korallen lassen sie sich leicht weiter unterteilen, z. B. die verzweigten Formen in fein- und grobverzweigte, baum- und säulenförmige. Der Verdacht, daß sich in der Vielgestaltigkeit eine optimale Anpassung verbirgt, wird durch die Ausbildung von Ökomorphen verstärkt. Andererseits zeigen unter Einfluß gleichartiger Induktionsfaktoren verschiedene Arten sich ähnelnde Kolonieformen – mit anderen Worten: Bestimmte Wuchsformen entsprechen bestimmten Umweltbedingungen besonders gut.

Einige Beispiele mögen das erhärten. Die in ruhigem Wasser auf Sandgrund gedeihenden Kolonien der Nadelkoralle, *Seriatopora hystrix*, besitzen feinere und steiler aufgerichtete Zweige als die auf Felsgrund wachsenden. Sie sind so den auf Sandgrund stärkeren Sedimentationsvorgängen besser

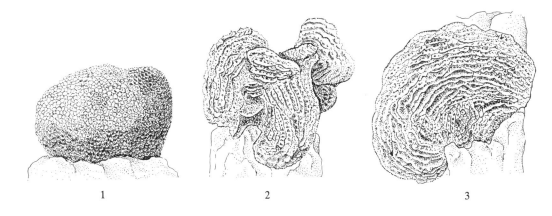

13 Substratabhängige Wuchsformen der Rillenkoralle Agaricia agaricites 1 forma agaricites auf mehr oder weniger waagerechtem Substrat, 2 forma danai auf Kanten und Vorsprüngen, 3 forma purpurea an senkrechten Wänden

angepaßt, da sich herabsenkende Sedimente nicht auf ihnen halten können. – Die stark verzweigten Geweihkorallen *(Acropora)* spellen das herantransportierte Wasser in unzählige kleine Wirbel auf, die zwischen den Zweigen hindurchstrudeln. Dadurch kommen alle Kolonieabschnitte und Polypen in den Genuß eines intensiven Wasseraustausches. – Bis in 20 m Tiefe wachsen viele Arten in halbkugeligen oder massivklumpigen Formen. Da sie rings von bewegtem Wasser umspült und gleichzeitig günstigen Lichtverhältnissen ausgesetzt sind, ist auch ihre Kalziumkarbonatproduktion hoch. – Steilwände hingegen werden von krustigen, schindel- oder scheibenförmigen Steinkorallen besiedelt, deren Schwerpunkte sich nahe am Substrat befinden. Auf diese Weise brechen sie nicht ab. Die Fähigkeit, Ökomorphen zu bilden, ist als eine verbesserte Form der Adaption an verschiedene Umweltbedingungen zu werten, und diese Plastizität der starren Formen der Kolonien, die uns zunächst widersprüchlich erscheinen mag, offenbart sich uns somit als eine sinnvolle Anpassungsstrategie an stark variierende Umweltbedingungen.

Die doppelt Geselligen

Riffbildende Korallen sind in zweifacher Weise gesellig: Sie bilden Kolonien, in denen oft Tausende von Einzelpolypen vereint sind, und sie finden sich in Gesellschaften oder Assoziationen zusammen, in denen verschiedene Arten auf engem Raum dicht beieinander wachsen. Dabei ist – ähnlich wie bei Pflanzen – die Formierung von charakteristischen Korallengesellschaften in Abhängigkeit von spezifischen Umweltverhältnissen unverkennbar. Und wie es viele Pflanzen mit einem weiten Anpassungsspektrum gibt, sind auch unter den Steinkorallen relativ euryöke Arten vertreten, die fast überall im Riff vorkommen, wie in der Karibik die Hirnkoralle, *Diploria strigosa*, die kleine Sternkoralle, *Favia fragum*, oder die Porenkoralle, *Porites astreoides*. Viele Arten aber benötigen bestimmte Bedingungen zum Leben und kommen nur dort vor, wo sie ihre Ansprüche befriedigen können. Man bezeichnet sie als stenöke Arten. In der angloamerikanischen Literatur werden die euryöken Arten als „Opportunisten", die stenöken als „Spezialisten" bezeichnet.

Korallenassoziationen resultieren aus drei Komponenten: 1. aus Charakterarten, die differenzierte Ansprüche an ihre Umwelt stellen, 2. aus Charakterformen, die sich aus ökologischen Wuchsformen euryöker Arten rekrutieren und 3. aus Begleitern, euryöke oder zufällig in den Habitat hineingeratene stenöke Arten, wobei letztere dort nicht dauerhaft existenzfähig sind. Da die Abschnitte eines Riffes dem mechanischen Faktorenkomplex (s. S. 40), der den größten Einfluß auf die Assoziationsformierung hat, in verschiedener Weise ausgesetzt sind, bilden sich unterschiedliche Korallenassoziationen, wie Beispiele aus der karibischen Riffprovinz illustrieren:

Die Korallenassoziation der Brandungszone findet sich auf horizontalem oder schwach geneigtem Hartbodensubstrat, das bewegter See mit mäßiger Brandung zugänglich ist. Die Tiefe ihres Vorkommens variiert je nach Stärke der auf sie treffenden Wasserbewegung zwischen 0 m und 20 m. Wellen, Brandung oder Dünung durchlaufen eine von einem dichten Korallengewirr gebildete Hindernisbahn. Zur Assoziation gehören folgende zwei Charakterarten: Die Feuerkoralle, *Millepora complanata*, wächst an Stellen mit etwas geringerer Wasserbewegung oder im Schutz der dickstämmigen Elchhornkoralle, *Acropora palmata*. Gelegentlich gesellen sich die Hirnkoralle (*Diploria strigosa*), die kleine Sternkoralle (*Favia fragum*) und die beulige Porenkoralle (*Porites astreoides*) hinzu. Alle Arten sind mitgerissenen groben Sanden gegenüber recht widerstandsfähig.

Die Korallenassoziation der Außenhänge unterliegt sehr günstigen Bedingungen: Das Substrat ist mäßig geneigt und reich gegliedert. Die darüber hinstreichenden Strömungen und Wirbel führen zu einem kontinuierlichen Austausch des Mediums und verhindern intensive Sedimentationen. Da die Assoziationen meist in 2–20 m Tiefe vorkommen, verfügen sie über optimales Licht. Eine Vielzahl von Arten siedelt hier, und bemerkenswert ist, daß es eigentliche Charakterarten und -formen nicht gibt. Knopfkorallen (*Montastrea annularis* und *M. cavernosa*) wachsen neben Noppenkorallen (*Dichocoenia stokesi*), Hirnkorallen (*Diploria strigosa* und *D. labyrinthiformis*) neben Kandelaberkorallen (*Dendrogyra cylindrus*), Faltenkorallen (*Mycetophyllia lamarckiana* und *Isophyllia multiflora*), Kaktus-, Bukett-, Vieltrichter-, Porenkorallen und anderen wirr durcheinander. Auch Arten der Brandungszone finden hier in den oberen Partien noch gute Lebensbedingungen. Eine gewisse Differenzierung verursacht das zergliederte Substrat mit seinen Vorsprüngen, Nischen, Stufen, Höhlen und kleinen Steilwänden, da manche Arten bestimmte Neigungswinkel bevorzugen.

Die Korallenassoziation gemäßigter Wasserbewegung kann zweimal in einem Riff auftreten, einmal am lagunenwärts gelegenen Riffrand, wohin nur noch die Ausläufer des Brandungswassers gelangen, zum anderen in den tieferen, ruhigeren Zonen des Außenhanges, auf horizontalem oder schwach geneigtem Felsgrund. In beiden Habitaten bilden die Geweihkorallen (*Acropora prolifera* und *A. cervicornis*) ausgedehnte, dichte Hecken. Neben ihnen sind die fingerförmige Porenkoralle (*Porites porites*), die Hirnkoralle (*Diploria strigosa*), die kleine Sternkoralle (*Favia fragum*), die Knopfkoralle (*Montastrea annularis*) und die feine Rillenkoralle (*Agaricia agaricites*) häufig. Diese Korallenassoziation weist noch Züge von der des Außenhanges auf, da die Wasserbewegung qualitativ kaum von der dortigen verschieden ist und nur abgeschwächter auftritt.

Die Korallenassoziation der Steilwände bildet sich unter stark abweichenden Voraussetzungen meist unterhalb 20 m Tiefe. Steilwände bieten den Korallenkolonien wenig Halt, so daß die Arten dicht am Felsen wachsen. Das Gesamtbild dieser Korallengesellschaft ist dadurch recht einheitlich. Die gedämpft ablaufenden hydrodynamischen Prozesse werden nicht behindert, und die leichten, kaum spürbaren Strömungen sorgen für einen kontinuierlichen Wasseraustausch. Kräftig und gerichtet bewegtes Wasser hingegen würde sich vor flächigen, senkrecht orientierten Korallenkolonien stauen, der Stau würde den Wasseraustausch und die Zufuhr feinster Nährtiere behindern. Charakterarten sind die Rillenkorallen (*Agaricia fragilis*, *A. lamarcki*, *A. agaricites* f. *purpurea*), die Wellenkoralle (*Leptoseris cucullata*), die Felderkoralle (*Madracis formosa*), die flache Faltenkoralle (*Mycetophyllia reesi*) und die Noppenkoralle (*Dichocoenia stellaris*). Begleiter sind die Krustenkorallen (*Stephanocoenia michelini*), winzige solitäre Stummelkorallen (*Astrangia solitaria* und *Phyllangia americana*) sowie auf kleinen Vorsprüngen Mäanderkorallen (*Meandrina meandrites*) und Großsternkorallen (*Scolymia*).

Eine interessante Erscheinung ist die Korallenassoziation der Seegraswiesen. Hier haben sich Korallen im ruhigen, relativ suspensionsreichen Wasser der Lagunen dem Sandgrund angepaßt, der vom Seegras verfestigt und gegen allzu heftige Verdriftungen geschützt wird. Es handelt sich um die Röhrenkoralle (*Cladocora arbuscula*), die kleine verzweigte Porenkoralle (*Porites divaricata*), die Faltenkoralle (*Manicina areolata*) und die Vieltrichterkoralle (*Siderastrea radians*). Allen hier lebenden Arten ist das Vermögen gemeinsam, sich mittels Cilien und Tentakeln aktiv von Sedimenten zu befreien (s. S. 39). Sie wurden außerdem durch die Form ihrer nur kleinen Kolonien in unterschiedlichster Weise prädestiniert, auf Sandgrund zu leben. Das Kalkskelett der verzweigten Röhrenkoralle ist so leicht, daß es kaum in den Weichgrund einsinkt. In ähnlicher Weise behauptet sich auch die kleine verzweigte Porenkoralle. Ihre Zweiglein wachsen stets nach oben. Irgendwann aber stürzt die Kolonie um, und neue Zweige wachsen aufwärts. Die Basis wird immer größer und standfester. Gleichzeitig erhöht sich die Zerbrechlichkeit, und eines Tages zerfällt der Stock. Die einzelnen Teile entwickeln sich zu neuen Kolonien – eine Form vegetativer Vermehrung. Nur eben aus dem Boden lugen die rund- bis langovalen Faltenkorallen, die gelegentlich auch Hartboden aufwachsen. Auf Sandgrund ist jedoch der untere Teil ihrer Kolonien konisch. Mit ihm stecken sie im Boden. Grobsanden liegen sie als Platten auf. – Einen besonderen Modus der Anpassung entwickelte die Vieltrichterkoralle. Sie

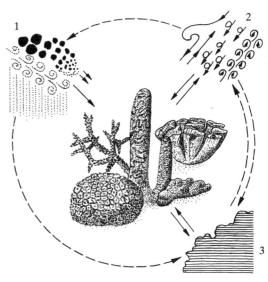

14 *Die Einwirkung des mechanischen Faktorenkomplexes auf Korallen*
1 Sedimentation, 2 Hydrodynamik, 3 Substrat

wächst gewöhnlich mehr oder weniger stark gewölbt auf Fels. In der Lagune benutzt sie entweder andere feste Objekte, wie Schneckengehäuse oder vorhandenes Geröll, als Siedlungssubstrat oder sie bildet kugelförmige Kolonien. Solche werden vom Wellenschlag gerollt. Alle dem Boden aufliegenden Partien werden dabei ausgetauscht, und alle Polypen gelangen auf diese Weise abwechselnd in den Genuß des freien Wassers.

Konvergente Formen gibt es auch im Indopazifik. Die feingliedrige, verzweigte Nadelkoralle sinkt ebenfalls wenig in den Sandgrund ein, die konisch endende *Trachyphyllia* steckt im Sandgrund, und *Porites* und *Cyphastrea* bilden auf Sand ebenfalls kugelförmige Kolonien. Die geschilderten Anpassungsformen verschiedener Korallen an das Leben auf dem Sandgrund sind demnach allgemein verbreitet. Die im Indopazifik beheimateten Hutkorallen (*Halomitra* und *Parahalomitra*) besitzen jedoch im atlantischen Schelf kein Pendant. Sie bilden große, tiefe, glockenförmige Kolonien. Ihre Skelette werden innen wie außen von lebendem Gewebe überzogen. Auch wenn der Korallenstock mit dem Rand auf dem Grund liegt, besteht die Gefahr des

Stagnierens des Wassers unter der Glocke nicht, da das Skelett dünn, lichtdurchlässig, porös und für den Gasaustausch kein Hindernis ist.

Entsprechend treten bei ähnlichen Umweltverhältnissen in der indopazifischen Korallenriffprovinz den karibischen Korallenassoziationen analoge auf. Doch wird die Situation durch einige Besonderheiten etwas unübersichtlicher. So weist z. B. das Rote Meer wegen seiner Abgeschiedenheit veränderte hydrographische Bedingungen auf. Viele Riffe des Indik und Pazifik sind starken Gezeitenbewegungen unterworfen, andere starker ozeanischer Dünung. Inmitten des Indischen und Pazifischen Ozeans existieren viele Koralleninseln weitab vom Festland und sind dessen Einflüssen nicht ausgesetzt. Vermutlich führen auch geographische Schranken zu Besonderheiten. Insgesamt wissen wir von diesem wegen seiner Größe und reichen Gliederung nur schwer überschaubaren Gebiet noch zu wenig, um schon exakte Aussagen über die dortigen Korallenassoziationen wagen zu können.

Eines aber scheint für die Korallenriffe aller Ozeane und Meere charakteristisch zu sein, nämlich die Bildung sich äußerlich ähnelnder Wuchszonen:

— Die Buschwuchszone zeigt sich häufig im Flachwasserbereich auf ebenem bis schwach geneigtem Substrat. Hier finden wir hauptsächlich verzweigte Steinkorallen, wie Geweih-, Keulen-, Griffel- und verzweigte Porenkorallen.
— Die Blockwuchszone kann auf einer etwa 5–10 m tief gelegenen Terrasse vor oder auf dem Außenhang eines Riffes entstehen. Hier erheben sich riesige Kolonien von Porenkorallen, wie *Porites lutea*, in Form gigantischer Blöcke, oder turmartige, 5–10 m hohe Korallenzinnen ragen bis dicht unter die Wasseroberfläche auf. Ungewöhnlich große Kolonien von Stern-, Knopf-, Vieltrichter- oder Hirnkorallen bilden oftmals die Riffflanken.
— Die Knollenwuchszone befindet sich auf Hängen in 2–25 m Tiefe. Es ist die Zone wilden Durcheinanderwachsens, in der eine Vielzahl von Arten in Form massiver oder hemisphärischer Kolonien auftritt. Knollen- und Buschwuchszonen überlappen sich häufig.
— Die Krustenzone findet sich überwiegend auf Steilwänden in 0–10 m Tiefe. Vertreter von Poren-, Mikroporen- und Felderkorallen bilden unscheinbare, Waben- und Sternkorallen auffällige Krusten.
— Die Scheibenwuchszone tritt gewöhnlich in 20–60 m Tiefe auf. Sie wird von drei, je nach dem Grad der Neigung des Substrates verschiedenen, aber in jedem Fall abgeflachten Wuchsformen gebildet. An steilen Felswänden dominieren die vertikal orientierten, scheibenförmigen Kolonien der Rillen-, Wellen-, Teller- und Schallplattenkorallen. Auf mehr oder weniger steilen Hängen haben sich Stern-, Poren- oder Knopfkorallen schindelförmig übereinander angeordnet. Spiralig gedrehte, starre Tüten bilden Folien- und Mikroporenkorallen.
— Schießlich sei noch die Palisadenwuchszone aus 10–20 m Tiefe erwähnt, die anscheinend nur lokal im Indopazifik am Fuß von Riffhängen auftritt. Dicht bei dicht stehen dort säulenartige, oft meterhohe Kolonien der Skalpellkoralle und bilden feste Verbände.

Die einzelnen Umweltfaktoren lassen sich hinsichtlich ihrer verschiedenartigen Funktionen klassifizieren. 1. Ökologisch stabile Faktoren, wie Salzgehalt, Temperatur, Sauerstoffgehalt und Nahrung, setzen die geographischen Verbreitungsgrenzen hermatypischer Korallenarten fest und werden deshalb als ökogeographische Faktoren bezeichnet. 2. Der Faktor Licht, der die Tiefenausdehnung aller riffbildenden Korallen und die Riffbildungsprozesse absteckt, scheint über die Kalkbildungsprozesse auch Einfluß auf die Wuchsformen zu nehmen. Mit der Tiefe sich relativ gleichmäßig ändernd, ist er als ökobathymetrischer Faktor zu benennen. 3. Die Faktoren Hydrodynamik, Substrat und Sedimentation variieren qualitativ und quantitativ auf engstem Raum. Da Korallen auf sie sehr empfindlich reagieren, sind hauptsächlich sie für die Bildung der Korallenassoziationen verantwortlich, verändern dadurch das Gesamtbild auf kleinstem Raum und stellen somit die ökotopographischen Faktoren dar. Außerdem können sie, weil sie sich gegenseitig beeinflussen und verändern und deshalb auf Korallen und andere sessile Organismen stets gemeinsam wirken, als ökomechanischer Faktorenkomplex zusammengefaßt werden.

So unterschiedlich die Lebensbedingungen auch sind, so mannigfach sie sich gegenseitig beeinflussen und so unübersichtlich uns ihr kompliziertes Knüpfwerk erscheint, die Korallen als sessile Lebewesen mußten sich allen Einflüssen stellen, und sie haben sich ihnen so gut angepaßt, daß sie diese in bewundernswerter Weise für ihr Leben ausnutzen und mit Erfolg ihr Dasein im Netz der Umweltfaktoren behaupten.

Helfer

der Baumeister und ihr Wirken

Außer Korallen sind viele andere kalkabscheidende Organismen am Riffaufbau beteiligt. Wer kennt nicht die gepanzerten Kruster, die innen seidig schimmernden Muscheln oder die Schnecken in ihren „gedrechselten" Gehäusen? Ihre Kalkskelette wiegen oft mehr als ihre Weichteile. Sterben sie, werden die Hartsubstanzen meist zerrieben im Riffgestein verbacken. Einen noch höheren Anteil an Baumaterial für die Korallenriffe aber liefern sessile Lebewesen. Sie existieren an jeder Wand, auf jedem Absatz, in jeder Nische. Da sie ähnliche Ansprüche an die Umwelt stellen, leben sie mitten unter den Steinkorallen. Selbst die abgestorbenen Unterseiten der Korallenstöcke werden von ihnen besiedelt. So ist jeder Zentimeter Riffsubstrat bewachsen, und abgebrochene Stücke werden von Aquarianern treffend als „lebende Steine" bezeichnet.

Kalkalgen

Kalkalgen oder koralline Algen sind hauptsächlich an das tropische Meer gebunden. Das ist insofern vorteilhaft, weil die Löslichkeit des Kalziumkarbonates mit steigender Temperatur abnimmt. Sie scheiden Kalk in Form von Aragonit oder Kalzit zwischen den Zellwänden oder außerhalb des Thallus ab. Sie sind klumpig, krustig, einige Arten verzweigt. Die klumpigen und krustigen sind so unauffällig, daß sie oft für Gestein gehalten werden. Von gegliedertem Wuchs sind die in allen Riffen häufigen Pfennigalgen *(Halimeda)*. Ihr Thallus besteht aus kleinen, stark verkalkten, grünen Plättchen, die sich aneinanderreihen und verzweigen. Sie bewachsen oft in solchen Mengen die abgestorbenen Basisteile der Steinkorallen, daß ihre Plättchen mancherorts die Hauptmasse des Riffsandes ausmachen.

Koralline Algen bilden keine besondere systematische Gruppe, sondern kommen mit etwa 590 Arten bei Rotalgen, 90 Arten bei Grünalgen und 2 Arten bei Braunalgen vor. Sie sind in starkem Maße von Licht, Wasserbewegung, Substrat und der Konkurrenz anderer sessiler Organismen abhängig. Sie leiden besonders unter tierischen Weidegängern. Diese Faktoren differenzieren das Auftreten der Arten im Riff, die bestimmte Tiefenbereiche bevorzugen. Während koralline Rotalgen nur auf Fels leben, kommen einige kalkbildende Grünalgen auch auf Sandboden vor. Die Wasserbewegung beeinflußt, ähnlich wie bei Steinkorallen, innerhalb der Arten die Ausprägung verschiedener Wuchsformen.

Die Wachstumsraten liegen unter denen der Steinkorallen. An der krustenförmigen *Neogoniolithon* wurde eine monatliche Größenzunahme von 0,9–2,3 mm festgestellt (Adey and Vassar, 1975). Verzweigte Formen erreichen 2–4 cm pro Jahr (Johannes, 1969). Extrem langsam ist das Wachstum in größeren Tiefen, wo man das Alter einer Kalkalgenknolle von 20–30 cm Durchmesser auf 500–800 Jahre schätzt (Adey and Macintyre, 1973). Schnellwüchsig sind Grünalgen, die Kalk in ihren Thalli inkrustieren. So nimmt die Pfennigalge in 36 Tagen um 4 cm zu (Colinvaux et al., 1965). Die Pinselalge *(Penicillus)* lebt nur etwa 30–60 Tage, wird aber über 10 cm hoch.

Für den Aufbau der Korallenriffe haben die Kalkalgen eine zweifache Bedeutung: Sie binden und verbacken loses Material und liefern einen nicht zu unterschätzenden Anteil des Kalziumkarbonats für den Riffaufbau. Ihr Anteil liegt bei den vor Belize in Mittelamerika gelegenen Riffen bei 20–25%. Auf den Riffkanten von Hawaii produziert die krustige *Porolithon onkodes*, die 41% der Oberfläche einnimmt, 0,5 g $CaCO_3/m^2$/Tag. Zusammen mit der dort ebenfalls häufigen *Porolithon gardineri* verfestigt sie unter dem Einfluß harter Brandung stehende Riffkanten derart, daß sie jedem noch so schweren Angriff entfesselter Wassermassen standhalten. Für Kalkalgen ist deshalb die harte Brandung vorteilhaft, weil andere Organismen, wie Steinkorallen oder Sargassokraut, dort nicht mehr zu wachsen vermögen und nicht mehr konkurrieren.

Feuer- und Filigrankorallen

In Riffen trifft man häufig auf starre, sich aufrecht über den Fels erhebende, braune oder gelbliche Gebilde, die Steinkorallen täuschend ähnlich sehen. Ihre sehr harten Kalkskelette sind mit unzähligen winzigen Poren überzogen. Im Gegenlicht erkennt man auf ihnen einen äußerst feinen, fast durchsichtigen Pelz spinnwebdünner Polypen. Bei Berührung verspüren wir ein heftiges Brennen, und ihr Name, Feuerkoralle *(Millepora)*, wird sofort verständlich. Sie gehören zur Ordnung der Hydrozoen und nehmen durch ihr Vermögen, ein Kalkskelett zu bilden, eine Sonderstellung ein, weshalb die verschiedenen Vertreter dieser Gruppe insgesamt als Hydrokorallen bezeichnet werden. Auch sie leben in Symbiose mit Zooxanthellen. Die haarfeinen Polypen, ausgerüstet mit äußerst wirksamen Nesselbatterien, kommen in zwei Formen vor. Die gedrungenen, zylinderförmigen Nährpolypen besitzen seitlich von der Mundöffnung vier Polypenköpfchen. Die zahlreichen, schlanken Wehrpolypen umgeben die Nährpolypen kreisförmig. Sie sind mit einer variierenden Anzahl gestielter Polypenköpfchen bestückt. Beide haben sehr kurze Tentakeln.

Ihre Polypen unterscheiden sich von denen der Anthozoen dadurch, daß sie in ihrem Inneren glattwandig und nicht durch Septen gekammert sind. Sehr merkwürdig bei den meisten Hydrozoen ist ihr Generationswechsel: Sessile, sich vegetativ vermehrende, koloniebildende Polypengenerationen werden von vagilen (frei beweglichen), generativen, einzeln lebenden Medusen abgelöst. Auch die Feuerkorallen bilden Medusen. Diese entwickeln sich in besonderen Gruben des von vielen Kanälen, sogenannten Stolonen, durchzogenen Gewebes der Kolonien zu zunächst polypenartigen Gebilden, die sich später lösen und als winzige Quallen forttreiben. Durchsichtig, sind sie im Wasser kaum wahrnehmbar. Ohne Tentakeln und Mund fungieren sie lediglich als Träger der Geschlechtsprodukte und sorgen für deren Verbreitung.

Ebenfalls zu den Hydrozoen rechnet man die Filigrankorallen, die zur Familie der Stylasteriden gehören. Auch sie scheiden harte Kalkskelette aus Aragonit ab und sind überwiegend klein, verzweigt und grazil, weiß, violett, gelb und rot. Auch sie bilden dimorphe Polypen aus. Viele Wehrpolypen, die aus jeweils nur einem reich mit Nesselzellen ausgerüsteten Tentakel bestehen, umgeben einen Freßpolypen. Sie sehen Steinkorallen so ähnlich, daß sie früher zusammen mit ihnen in einen Topf des zoologischen Systems geworfen wurden. Filigrankorallen sind getrenntgeschlechtlich und bilden keine Medusengeneration aus. Die Geschlechtsprodukte werden in besonderen Kammern, bei manchen Arten äußerlich als Knötchen sichtbar, entwickelt. Sie wachsen an dunklen Orten, in Höhlen, im kavernenreichen Basisteil der Steinkorallen oder im tieferen Wasser. Rote Filigrankorallen werden von Laien oft für Edelkorallen gehalten.

Fossile Riffe zeigen nicht selten kalkabscheidende Hydrozoenkolonien in so dichten Ansammlungen, daß die Riffbildung zum großen Teil durch sie erfolgt sein muß. Wenn in rezenten Riffen die Hydrokorallen auch nicht mehr die Bedeutung als Riffkonstrukteure wie in vergangenen Tagen haben, so sind sie doch nicht selten. In vielen westatlantischen Riffen zählen die Milleporiden auch heute noch zum Kreis der wichtigsten Kalziumkarbonatlieferanten.

Orgelkorallen

Die eigentümlich strukturierten, intensiv rot gefärbten Orgelkorallen *(Tubipora)* findet man nicht selten an den zwischen Ostafrika und der pazifischen Inselwelt gelegenen Stränden. Durch Seefahrer gelangten sie schon im Mittelalter in die Naturalienkabinette Europas. Carl von Linné, der sie vor mehr als 200 Jahren beschrieb, stellte sie in die Steinkorallengattung *Madrepora*, in der er die verschiedenartigsten Korallen zusammengefaßt hatte, und ordnete sie der großen Gruppe der Lithophyta oder Steinpflanzen zu. Sie bestehen aus vielen einzelnen, leuchtend roten Kalkröhren, die in Reihen angeordnet sind und durch waagerechte Verbindungsplatten etagenweise zusammengehalten werden. So erinnern sie an Orgeln. In der Stützlamelle ihres Gewebes werden in großen Mengen Skelettnadeln erzeugt. Diese verbacken miteinander zu Wohnröhren, deren obere Etage von der Innen- und Außenhaut der Tiere überzogen wird. In den Verbindungsplatten verläuft ein reich verzweigtes Gefäßsystem, durch das die einzelnen Polypen miteinander kommunizieren. Ständig erhöhen die Tiere ihre Kolonien und bewahren sie so vor Einsandungen. Orgelkorallen werden etwa kopfgroß. Wo sie in größeren Mengen auftreten, liefern sie einen merklichen Kalkanteil zum Riffaufbau.

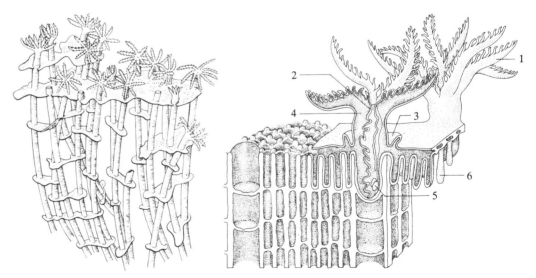

15 Die roten Skelette der Orgelkorallen, Tubipora, bestehen aus einzelnen Kalkröhren, die durch Querschichten zusammengehalten werden. (Nach Anderson, 1976)

16 Die Blaue Koralle, Heliopora coerulea, besitzt ein stabiles Kalkskelett. Das lebende Gewebe greift mit sackartigen Auswüchsen in die oberen Kammern.
1 Tentakel, 2 Schlund, 3 kragenartige Hautfalte, 4 Radiärmuskulatur, 5 Eier, 6 sackartiger Gewebeauswuchs. (Nach Bouillon u. Houvenaghel-Crevecœur, 1970, u. Grasshoff, 1981, verändert)

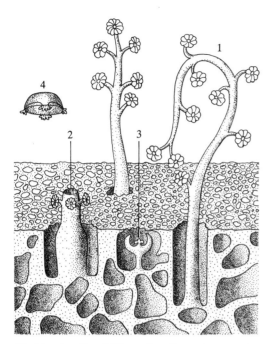

17 Feuerkorallen (Millepora) verfügen über ein sehr festes, hartes Skelett, das neben den Kanälen, die die Polypen untereinander verbinden, nur winzige Kammern zeigt. Wehrpolypen (1) und Freßpolypen (2) sind verschieden gestaltet. In den Ampullen (3) wachsen kleine Medusen heran (4), die als Geschlechtstiere verdriften und für die Verbreitung der Feuerkorallen sorgen.

Zu ihrem Lebensraum gehören schon die flachen Teile des Riffes. Die roten Skelette sind oft durch eine lockere Sandauflage getarnt. Die grünen Polypen strecken acht fiederteilige Fangarme aus den Wohnröhren und sind damit klassifiziert: Orgelkorallen gehören zu den achtstrahligen Korallen (Octocorallia). Noch bis vor kurzem wurden sie innerhalb dieser zu den Weich- oder Lederkorallen gezählt (Alcyonacea), heute ist ihnen die eigenständige Ordnung Stolonifera eingeräumt worden, weil ihre langen Polypen einzeln stehen und nicht in einem gemeinsamen Weichkörper eingebettet leben.

Die Blaue Koralle

Die Blaue Koralle *(Heliopora coerulea)* besitzt ein lichtblaues Kalkskelett. Sowohl diese Art als auch andere Vertreter der Gattung werden fossil in kreidezeitlichen und nachfolgenden Formationen längs der ehemaligen Tethysküsten von Kuba, über die europäischen Alpen bis nach Japan und Indonesien gefunden. Heute lebt *Heliopora coerulea* in den Riffen des Indopazifiks. Mit rund 100 Millionen Jahren ihres Fortbestehens ist sie ein recht altes „lebendes Fossil". Da ihre Existenz heute auf die heißesten, zwischen den Seychellen und Polynesien gelegenen Meeresgebiete beschränkt ist, kann sie als ausgesprochen wärmeliebende Art bezeichnet werden. Das dokumentiert auch ihr bevorzugter Habitat: das ruhige, durchsonnte flache Wasser des hinteren Teils der Riffläche. Dort bildet sie bis 50 cm hohe Massen mit finger- oder lappenförmigen Fortsätzen oder bei Erreichen der Niedrigwassermarke über metergroße Mikroatolle. Wo sie gehäuft auftritt, leistet sie einen gewissen Beitrag zum Riffaufbau.

Das aus Aragonitkristallen aufgebaute Skelett zeigt auf seiner Oberfläche eine Vielzahl grober Poren – die Wohnkammern der Polypen. Es wird mit einer 2–3 mm starken Schicht lebenden, blaugrauen Gewebes überzogen. Die winzigen Polypen sind oft braun, ihre acht Fangarme grob fiederteilig. Sie sind untereinander durch ein dicht verzweigtes Kanalsystem verbunden, von dem sich Blindsäcke senkrecht nach unten fortsetzen. Ursprünglich voller winziger Hohlräume, verkalkt das Skelett unter der lebenden Schicht völlig. Es wird so hart, daß es zu Schmuckperlen geschliffen werden kann.

Moostierchen

Auf Felsen, Muschelschalen und Tangen finden wir oft winzige, netzartige, weißliche Strukturen, die Kalkskelette der Moostierchen (Bryozoa). Die Tiere selbst sind gewöhnlich kleiner als 1 mm, höchstens 2 mm groß. Aus Öffnungen des Skelettes pressen sie vielarmige Tentakelkränze, die jederzeit durch paarige Muskeln zurückgezogen werden können. Durch fortgesetzte strudelnde Bewegungen erzeugen sie einen Strom im Umgebungswasser, der ihnen Nahrungspartikeln von feinstem Detritus bis zu einzelligen Algen zuführt. Die Nahrung passiert Schlund, Magen und U-förmigen Darm, die Abstoffe werden durch den After freigesetzt. Ein Gehirn steuert die teilweise sehr komplizierten Funktionen der Winzlinge. Neben der durch Knospung erfolgenden Vermehrung und Koloniebildung reifen in den zwittrigen Tieren in großen Mengen Geschlechtsprodukte heran, aus denen Larven hervorgehen.

Viele Einzelindividuen eines Stockes sind umgewandelt und spezialisiert worden. Einige sind für die Bildung von Stengel- und Stielgliedern verantwortlich. Andere zeigen vogelkopfartige Zangen, die Beuteorganismen ergreifen und sie festhalten. Abgestorben und bereits zerfallen, geraten deren Partikel in den Wasserstrom der Tentakelkränze und in den Mund der Nährtiere. Wieder andere sind zu Brutkammern umgebildet worden, in denen sich verschieden gestaltete Wimperlarven entwickeln. So sind Moostierchen trotz ihrer Kleinheit erstaunlich komplizierte Tierstöcke, die durch Umbildung von Einzelindividuen eine spezialisierte Arbeitsteilung erreichten.

Die Tiergruppe existiert schon seit dem Kambrium. Die Zahl der rezenten Vertreter ist mit etwa 4 000 Arten recht hoch. Die meisten leben im Meer, überwiegend in 20–80 m Tiefe, einige bis in 8 000 m. Ihre harten Skelette bewahren sie vor vielen Feinden, und so wurden bisher als solche nur Seeigel, Käfer- und Nacktschnecken sowie mit Hilfe eines Rüssels saugende Asselspinnen der Gattung *Pycnogonum* festgestellt. Zu diesen gesellen sich die mit harten Gebissen ausgerüsteten Fische, die die Felsen abschaben.

Die Skelette werden aus Kalzit- oder Aragonitkristallen gebildet und enthalten auch Magnesium und Strontium in beträchtlichen Mengen. Die krusten-, blatt-, knollen- oder strauchförmigen Kolonien werden meist nur wenige Zentimeter groß, erreichen vereinzelt jedoch auch metergroße Ausmaße. Sie sind zwar überall häufig, tragen aber relativ wenig zur Riffbildung bei. In vergangenen Erdzeitaltern übernahmen sie jedoch oft eine dominierende Rolle.

Sessil, aber elastisch

In den Riffgebieten treten neben starren sessilen Organismen auch elastische Formen auf. Schwämme sind einfach organisiert. Das Grundschema läßt einen dickpolstrigen, porösen Körper erkennen. Die Poren leiten durch ein verzweigtes Kanalsystem über unzählige kleine Kammern in einen weitlumigen Innenraum. Von dort führt eine größere, zentrale Öffnung nach außen – wie bei einem Schornstein, in den von den einzelnen Öfen viele Züge hineinführen. Die Kammern sind mit Kragengeißelzellen ausgekleidet, die einen dauernden Wasserstrom erzeugen. Dem einströmenden Wasser wird Sauerstoff und planktische Nahrung entnommen. Die weitaus meisten Schwämme bilden ein Skelett aus hornigen Fasern, in das Kieselalgen und Sandkörnchen eingelagert sind. Manche Arten stützen ihre Skelette nur durch Kieselnadeln, denen bestimmte Symmetrieverhältnisse zugrunde liegen.

In untermeerischen Tunneln und Höhlen sowie im Tiefwasserbereich der Riffe wurden durch Taucher große Populationen unscheinbarer, steinähnlicher Schwämme entdeckt, die 1970 von Hartman und Goreau als *Ceratoporella nicholsoni* beschrieben worden sind. Sie scheiden eine massive Kalkskelettbasis ab, der eine dünne Schicht lebenden, mit Kieselnadeln durchsetzten Schwammgewebes aufliegt. Es sind die einzigen Organismen, die sowohl Kalziumkarbonat als auch Silikat produzieren. Ihr eigenartiger Aufbau führte zur Aufstellung der neuen Unterklasse der Korallenschwämme (Sclerospongiae). Die anatomisch-morphologischen Merkmale machen eine Verwandtschaft zu den fossilen Stromatoporida deutlich (s. S. 21). In allen warmen Meeren wurden bereits mehrere weitere Arten dieser Korallenschwämme entdeckt. Da sie in der Tiefwasserzone massenhaft auftreten können, sind sie an Ausbau und Verfestigung der Basisteile der Korallenriffe oft maßgeblich beteiligt.

Fossile Schwammriffe im 140–150 Millionen Jahre alten Malm der südlichen BRD und im Santo von Saint-Cyr-sur-Mer in der Provence erreichten große Ausmaße.

Von weit größerer Bedeutung für die Riffbildung sind zwei große Gruppen der Octocorallia, die Lederkorallen und die Hornkorallen. Die Lederkorallen (Alcyonacea) besitzen eine außerordentlich dicke, gummiartige Stützlamelle. Darin werden massenhaft Sklerite abgeschieden – Kalknadeln von rauher, unregelmäßiger Oberfläche und Figur. Die Stützlamelle ist bei Kolonien, die sich voll ausgedehnt und entfaltet haben, nicht selten durchsichtig, und die großen Sklerite sind gut darin zu erkennen. Die Ausdehnung erfolgt hydraulisch, wenn spezialisierte Polypen, die Siphonozoide, Wasser in den Tierstock pumpen. Die Kolonien gleichen fingerartigen Gebilden, sukkulenten oder vielverzweigten Pflanzen, höckerigen Krusten oder riesigen Pilzen und erreichen nicht selten über metergroße Ausdehnungen. Sie sind mit zahlreichen Polypen übersät. Nach ihrem Absterben gehen die Sklerite in die Riffkonstruktion ein.

Die Hornkorallen (Gorgonacea) bilden ein sehr festes, biegsames Innenskelett, das aus einer hornähnlichen Substanz besteht. Es wird rings von lebenden Gewebsschichten umgeben. Nadelartige Skelettelemente werden auch bei ihnen in der Stützlamelle abgeschieden und wohlgeordnet in die äußere Rindenschicht eingelagert. Das zugfeste, biegsame Achsenskelett ermöglicht den Tierstöcken einen strauchigen oder flachen, netzartigen Wuchs, der bis 2 m Höhe erreichen kann. Besonders zähe Arten wachsen in der Brandungszone. Sie richten ihre in einer Ebene orientierten Verzweigungen stets quer zur vorherrschenden Wasserbewegung aus, um die Planktonzudrift so optimal wie möglich auszunutzen. Die zahlreichen Polypen umgeben alle Zweige, so daß sie wie mit Blüten übersät erscheinen.

Auffallend ist, daß Lederkorallen in den indopazifischen, Hornkorallen hingegen in den karibischen Riffen häufig sind und sich entsprechend an dem jeweiligen Riffaufbau

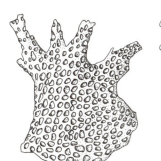 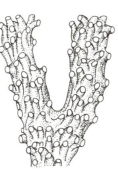  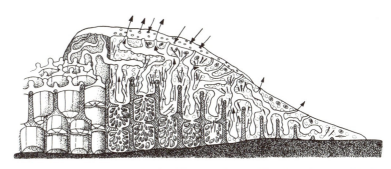

18 Korallenkonvergente Skelettbildungen bei Rifforganismen
1 die sessile rote Foraminifere, Homometra rubra,
2 die Bryozoe Hornera sp.,
3 die Röhren der im Verband lebenden Polychaeten, Filograna implexa. (Nach Dana, 1875, u. Schuhmacher, 1976)

19 Der längsgeschnittene Korallenschwamm, Merlia normani, zeigt zwei große Schichten, die starre, nach unten abgeschiedene Kalkskelettschicht und die elastische, mit Silizium-Skelettnadeln verfestigte lumenreiche Oberschicht. Die Pfeile geben die Richtung der vom Schwamm erzeugten Wasserströmung an. (Nach Kirkpatrick, 1911)

in der betreffenden Region beteiligen. In einigen karibischen Riffen liegt der Anteil der Gorgonien am Riffaufbau gar höher als der der Scleractinien. So werden im Riffgebiet der Tortugas, südlich Florida, von den in 2 m Tiefe abgestorbenen Hornkorallen jährlich etwa 4 t Skelettnadeln pro Hektar freigesetzt. Insgesamt wurde die Nadelmasse der bis in 6 m Tiefe auf einem Hektar lebenden Gorgonien auf 22 t berechnet.

Röhren, Schalen, Panzer

Viele Lebewesen finden in Röhren, Schalen und Gehäusen Schutz. Auch diese Wohnstätten bestehen meist aus Kalk, und ihre Konstrukteure gehören mit zu der schier unendlichen Zahl der Erbauer der Korallenriffe. Manche Meeresringelwürmer (Polychaeta), wie die Serpuliden, bauen ihre Wohnröhren aus Kalk. Er wird aus einer kragenartigen, am Vorderende gelegenen Drüse ausgeschieden. Die Röhren sind dickwandig und einem Substrat angeheftet, spiralig aufgerollt oder unregelmäßig gebogen, im Querschnitt rund oder eckig, liegend oder aufragend. Die Würmer verlassen die Röhren nie. Sie strecken gefiederte Tentakelkränze heraus und fangen mit ihnen Nahrungspartikeln. Bei Störungen schließen sie die Öffnung mit einem gestielten Deckel. Sie leben in allen Korallenriffen.

Im ruhigen Wasser der Atollagunen gibt es Muscheln in großen Mengen. Häufig sind Archenmuscheln (Arca) und Stachelaustern (Spondylus). Riesenmuscheln der Gattung Tridacna besetzen örtlich dicht bei dicht die oberen Riffteile. Zu dieser Gruppe gehört auch die größte Muschelart der Welt, Tridacna gigas. Ihre außerordentlich dicken Schalen erreichen bis 1,35 m Länge und 500 kg Gewicht. Sie wird auch „Mördermuschel" genannt, weil man ihr nachsagt, daß sie mit ihren mächtigen Schalen Taucher, die versehentlich zwischen sie geraten sind, festhält, bis sie ertrinken. Ihr starker Schließmuskel zieht bei Reizungen die schweren Schalenklappen fest zusammen, doch wird ein solcher Unfall einem versierten Taucher, der das Meer und seine Tierwelt kennt, kaum widerfahren. Abgestorben, werden die Schalen der Muscheln in das Aufbauwerk am Korallenriff einbezogen.

In den Korallenriffen lebende Meeresschnecken führen meist eine versteckte Lebensweise, indem sie Löcher im Fels aufsuchen, sich unter Steinen verbergen, im Sand graben oder von Algen überwachsen lassen. Doch sind sie recht häufig, und wer ihre Lebensgewohnheiten kennt, weiß sie auch zu finden. Viele, wie die Helmschnecken (Cassidae), Flügelschnecken (Strombidae), Kreiselschnecken (Trochidae), Stachelschnecken (Muricidae), Porzellanschnecken (Cypraeidae), Kegelschnecken (Conidae) und das Tritonshorn (Charonia), besitzen ansehnliche, starkwandige Gehäuse. Nach dem Tod der Tiere werden sie von der See an den Strand geworfen, verbleiben im Riffgefüge oder geraten den Außenhang hinab ins tiefe Wasser, wo sie in Vertiefungen geschlossene Totengesellschaften bilden können.

Weniger auffällig sind einzellige Kalkschaler, die ebenfalls reichlich in Form absinkender Panzeralgen (Peridiniaceae) oder im Riff lebender Kammerlinge (Foraminifera) auftreten. Obwohl mit bloßem Auge schwer erkennbar, tragen sie als Masse nicht unerheblich zum Riffaufbau bei. Der indopazifische Scheibenkammerling, Marginopora vertebralis, bildet eine Ausnahme und ist wegen seiner Größe ohne Schwierigkeiten zu erkennen. Auch Marginopora lebt mit Zooxanthellen in Symbiose. Wichtig für die Riffverfestigung ist einerseits, daß sie mit ihren Scheinfüßchen, die sie zur Nahrungsaufnahme durch die Poren ihrer Kalkschalen nach außen strecken, lose Partikeln des Riffsandes gegen Verdriftung binden, andererseits, daß sie, wie die Korallen, mit Hilfe der Zooxanthellen gelösten anorganischen Kohlenstoff photosynthetisch in gebundenen organischen Kohlenstoff und Gehäusekarbonat verwandeln. Eine weitere auffällige Foraminifere ist die leuchtend rote Homometra

49 14

14 Mikroporenkorallen bilden Kolonien in den verschiedenartigsten Formen. Hier zeigt Montipora verrilli spiralig gewundene Scheiben. (Tuamotu-Archipel, Pazifik)

50/51 15 16 | 19
17 18 |

15 Die recht großen und fleischigen Polypen der Sternkorallen (Favia) bilden überwiegend kompakte Kolonien. (Rotes Meer)

16 Die Wabenkoralle (Gardineroseris planulata) tri vielfach in dieser kompakten Form, an Steilwänden jedoch krustig oder blattförmig auf. (Gesellschafts-Inseln, Pazifik)

17 Die Oberfläche der karibischen Hirnkoralle (Diploria strigosa) zeigt deutlich die Fusion der einzelnen Polypen zu langgestreckten, in gewundene Vertiefungen zurückziehbare Tentakelgirlanden. (Jungferninseln, Westatlantik)

18 Bei Rauhsternkorallen (Echinopora gemmacea) mit kompakter Wuchsform treten die erhabenen Polypenkelche dicht beieinander auf. (Rotes Meer)

19 Die Schallplattenkorallen (Pachyseris speciosa) sind durch tiefe Rillen gekennzeichnet, in denen die Kelche der Polypen eingebettet sind. (Gesellschaft-Inseln, Pazifik)

52 20 21 |
22 23 |

20 Am Tage zieht die Blasenkoralle (Plerogyra sinuosa) ihre Tentakeln zurück und bläht blasenartige Organe auf. Sie sind mit Zooxanthellen angefüllt, die, auf diese Weise dem Licht voll ausgesetzt, die Photosyntheseprozesse verstärken können.

21 Während der Nacht streckt sie ihre mit vielen Nematocysten versehenen Tentakeln zum Planktonfang aus.

22 Die indopazifische dickstielige Doldenkoralle (Lobophyllia) verfügt über große Kelche und dickfleischige Polypen und ist in der Lage, auch größere Nahrungstiere aufzunehmen. (Rotes Meer)

23 Die ausgewachsenen Pilzkorallen (Fungia) liegen manchmal in dichten Ansammlungen auf dem Grund. (Vor Ostafrika, Indik)

53 | 24 25
26 27

24 Sturmseen, die kraftvoll über den Grund rasen, zerstören auch Korallen. Hier bricht eine alte Doldenkorallen-Kolonie (Lobophyllia) auseinander. (Golf von Aqaba, Rotes Meer)

25 Flutwellen haben im offenen Ozean eine unvorstellbare Gewalt. Draußen am Riff wurde vor mehr als 250 Jahren eine Fregatte zerschmettert, ein tonnenschweres Kanonenrohr jedoch ans Ufer geworfen. Der Wall dahinter besteht aus aufgeworfenem Korallengeröll und ist mehrere hundert Meter breit. (Takapoto Atoll, Tuamotus, Pazifik)

26 Die nahe der Wasseroberfläche wachsenden Korallen, zum Beispiel die feinästigen Geweihkorallen (Acropora aspera), fallen bei Ebbe nicht selten für ein bis zwei Stunden trocken, ohne Schaden zu erleiden. (Großes Barriere-Riff von Australien)

27 An die Wasseroberfläche geratene kompakte Steinkorallenkolonien, die bei Ebbe trockenfallen, werden im Zentrum durch Sedimente abgetötet und wachsen nur noch an den Rändern weiter. Hier bildet die Kränzchenkoralle (Goniastrea pectinata) ein Mikroatoll. (Rotes Meer)

54/55 28 | 29

28 In Stillwassergebieten wie Lagunen sterben unter dem Einfluß ständig niedersinkender Sedimente Partien der Korallenkolonien ab. Auf dem toten Skelett einer indopazifischen Hirnkoralle (Platygyra daedalea) konnten sich Archenmuscheln festsetzen. (Tuamotu-Archipel, Pazifik)

29 Eine Streitfrage bis in die heutigen Tage war die Artzugehörigkeit der brettartigen und der verzweigten atlantischen Feuerkorallen. Diese Kolonie zeigt, daß sie nur einer Art, Millepora alcicornis, angehören, die im bewegten Wasser die geschlossene brettartige, im dahinter gelegenen ruhigeren Wasser die verzweigte Wuchsform ausbildet. Dazwischen sind Übergänge deutlich erkennbar. (Jungferninseln, Westatlantik)

56 30
31

30 Vermessen wir auf einem Wrack, von dem das Jahr seines Unterganges bekannt ist, Korallen, erhalten wir Aufschlüsse über die Wuchsgeschwindigkeit der einzelnen Arten. (Rotes Meer)

31 Auf den im Flachwasser gelegenen Außenhängen zentralpazifischer Riffe sind hauptsächlich Keulenkorallen (Pocillopora) und tischförmige Geweihkorallen (Acropora) vertreten. (Gesellschafts-Inseln, Pazifik)

rubra. Sie lebt sessil auf totem Korallensubstrat. Massenhaft auftretende Foraminiferen sollen den Riffaufbau lokal stärker beeinflussen als Korallen. Gemessen an den längst ausgestorbenen, bis 15 cm großen Kammerlingen und den von ihnen im Perm aufgebauten Nummulitenriffen, ist jedoch ihr Gesamtbeitrag zur Biogenese der rezenten Riffe nur klein.

Merkwürdige Tiere sind die Stachelhäuter (Echinodermata), da sie — ausgenommen die Seewalzen — durch den meist radiärsymmetrischen Körperbau das gewohnte Vorn und Hinten vermissen lassen. Ihre Kalkpanzer, -platten und -stacheln, die nach dem Absterben in die Riffkonstruktion eingehen, unterstreichen den Eindruck von Starrheit und Urtümlichkeit, und tatsächlich lebten sie schon im Kambrium, also vor mehr als 500 Millionen Jahren, in den Meeren. Die geologisch ältesten sind die in Körperbau und Lebensweise viele Urelemente aufweisenden Haarsterne (Crinoidea). Erheben sich die Seelilien auf langen, zerbrechlichen Kalkstielen über den finsteren, sauerstoffarmen Tiefseeboden, so sind die in den Riffen lebenden Vertreter beweglich und verlassen in der Abenddämmerung, auf kleinen Kalkcirren stelzend, ihre Verstecke, um einen meist erhöht gelegenen Stammplatz zum nächtlichen Planktonfang einzunehmen. Zu diesem Zweck entfalten sie die fiederteiligen Arme, die ihnen den Namen eingetragen haben. Mit schlagenden Armen können sie etwas schwimmen. Da ihre Körper größtenteils durch Kalkskelettelemente geschützt sind, besitzen sie — abgesehen von einigen Parasiten und Kommensalen — kaum Feinde.

Äußerlich am ähnlichsten sind den Haarsternen die dürren Schlangensterne (Ophiuroidea), doch unterscheiden sie sich sofort durch das Fehlen der Cirren auf der Unterseite der kleinen Mundscheibe. Auch sind die Arme allenfalls bedornt, aber nie fiederteilig. Der Taucher wird sie fast nur an dunklen, geschützten Orten, zum Beispiel unter Steinen und Korallen, finden. Hat er sie aufgestöbert, fallen sie durch lebhafte Bewegungen auf, mit denen sie schnell wieder den Schatten oder das dichte Geäst einer Koralle aufsuchen. Eine Sonderstellung nehmen die Gorgonenhäupter (*Gorgonocephalus*) ein, deren vielfach verzweigte, in Ruhe zu einem unentwirrbaren Knäuel eingerollte Arme bis zu 70 cm Länge erreichen können.

Die meisten Seesterne (Asteroidea) weisen fünf Arme auf, andere sind vielarmig oder haben die Arme zurückgebildet. Das Kalkskelett setzt sich aus groben Spangen, Platten, Dornen und Scheiben zusammen und bildet einen ziemlich starren Panzer. Seesterne, Seeigel und Seewalzen weisen eine in der Tierwelt einmalige Fortbewegungsweise auf: das Ambulacralsystem. Von einem zentralen Ringkanal setzen sich radiär verzweigte Wasserschläuche in die Arme fort. Den Radiärkanälen entspringen Hunderte in Reihen angeordneter Saugfüßchen, die durch kleine Löcher im Kalkskelett nach außen münden. Wird das Wasser in sie hineingedrückt, beulen sich die Saugscheiben nach außen durch, die Füßchen lösen sich vom Untergrund und werden koordiniert in der Bewegungsrichtung vorangesetzt. Beim Erschlaffen hingegen saugen sie sich fest und ziehen den Seestern nach. Arten, die keine Saugfüße besitzen, wie der Kammstern (*Astropecten*), leben auf dem Sandgrund im Riff und in der Lagune.

Einen fest gefügten Panzer besitzen Seeigel (Echinoidea). Die auf Fels lebenden Arten zeigen eine hochbuckelige, radiäre, die sich im Weichgrund voranschiebenden eine längliche, abgeflachte, bilaterale Symmetrie. Erstere besitzen wohlentwickelte, große Stacheln, die in Kugelgelenken bewegt werden. Bei den Diadem-Seeigeln (Diadematidae) sind sie zu langen Hohlnadeln, bei den Griffel- (Cidaroidea) und Lanzenseeigeln (*Heterocentrotus*) zu massiven, drehrunden Balken oder eckigen Kolben, bei den in der Brandung lebenden Plattenseeigeln (*Podophora*) zu Platten geformt. Zwischen den Stacheln befinden sich zahlreiche Pedicellarien, aus mindestens drei Backen bestehende, gestielte Greifzangen. Sie dienen je nach ihrer Form dem

Ergreifen der Beute, dem Säubern von Panzer und Stachelkleid und in Verbindung mit Giftdrüsen der Verteidigung. Der komplizierte, harte Kauapparat wird wegen seiner Form und zu Ehren seines Entdeckers als „Laterne des Aristoteles" bezeichnet. Die Ambulacralfüßchen sind differenziert geformt und erfüllen als Saug-, Mund-, Lauffüßchen und Kiemen verschiedene Funktionen. Das Laufen wird durch unterseits befindliche Stacheln unterstützt oder von ihnen allein bewältigt.

Die Seewalzen (Holothuroidea) haben einen langgestreckten Körper und erinnern an dicke Würmer. Im Hautmuskelschlauch sind kalkige anker-, platten- und radförmige Skelettelemente eingelagert, so daß die Tiere einen häutigen bis steif lederartigen Eindruck erwecken. Kompakte Arten *(Stichopus)* werden bis 1 m, schlauchartige *(Synapta)* über 2 m lang. Gemäß ihrer häufigsten Lebensweise als Sandesser leben die meisten auf Sandgrund. Die Seegurken *(Cucumaria)* besitzen wohlausgebildete, einziehbare, mehrfach verzweigte Tentakelkronen um den Mund. Da sie mit ihren Saugfüßchen im Fels klettern können, suchen sie günstige Stellen im Riff zum Planktonfang auf. Paarige, vielverästelte Wasserlungen münden in den After, durch den Wasser ein- und ausgepumpt wird, um den Körper ständig mit frischem Sauerstoff zu versorgen.

Welch eine Fülle der unterschiedlichsten Organismen produziert Kalziumkarbonat! Doch trotz einer hin und wieder auftretenden örtlichen Dominanz der einen oder anderen Gruppe sind die Steinkorallen die Hauptkonstrukteure der heutigen Korallenriffe.

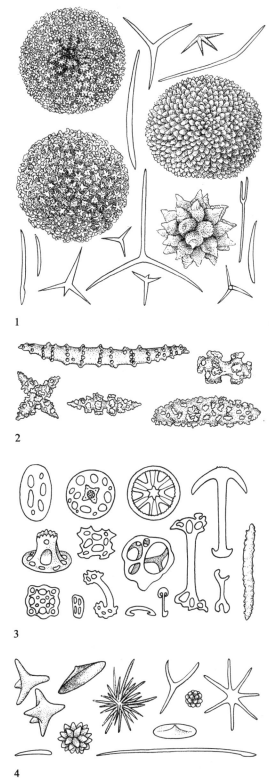

20 Skelettnadeln, -drusen und -platten im Riffsediment stammen von unterschiedlichsten Tieren: 1 Schwämmen, 2 Horn- und Lederkorallen, 3 Seegurken, 4 Seescheiden

Korallengebirge
in warmen Tropenmeeren

Der Mensch, ständig bemüht, die Bilder seiner Umgebung zu erfassen und die Welt mit seinem Verstand zu durchdringen, sieht sich im Zuge dieses Prozesses fortlaufend veranlaßt zu definieren, Begriffe zu schaffen und zu klassifizieren, um an Übersicht zu gewinnen und gleichzeitig kausale Zusammenhänge deutlich zu machen. Scheinbare Analogien haben jedoch in der Biologie wiederholt zu Trugschlüssen geführt. Denken wir nur an den Wal, der, äußerlich den Fischen ähnlich, früher zu ihnen gezählt wurde. Und erst die Korallen! Über Jahrhunderte erstreckte sich der Meinungsstreit, wo sie einzuordnen seien. Sie waren bald Pflanze, bald Stein, endlich Tiere.

Korallenriffe wurden schon vor Jahrhunderten von den Reisenden nach typischen Formen klassifiziert, und alsbald sprach man von „Lagunen-Inseln" oder „Atollen", von „Barriere-" oder „Kanalriffen", von „Saum-" oder „Strandriffen". Obwohl heute noch in vielen Fällen zutreffend, reicht diese Einteilung heute nicht mehr aus, zumal sich die Begriffe nur auf äußere Merkmale stützen und nichts über die Entstehungsgeschichte der einzelnen Riffe oder ihre ökologische Situation aussagen.

Korallenriffe sind Entwicklungs- und Alterungsprozessen unterworfen. Schon Darwin wies darauf hin, daß bei ihnen ein lang andauernder Zustand selten ist, wobei er freilich geologische Zeiträume meinte. Dieser fortlaufende Wandel führte mehrfach zu der Ansicht, Rifftypen und Riffstrukturen seien von Lokalität zu Lokalität so verschieden, daß sie nicht zu klassifizieren seien. Das ist jedoch nicht der Fall. Sie sind vielmehr als Ergebnis bestimmter geologischer und hydrologischer Situationen entstanden, die in den verschiedensten Meeresteilen immer wiederkehren, und auch die Rifftypen wiederholen sich.

Außer nach Form und Größe werden Korallenriffe nach ihrer Lage im flachen oder tieferen Wasser, in Luv oder Lee, nach ihrer Entstehungsgeschichte und nach den Haupttriffbildnern klassifiziert. Alle genannten Kriterien vermitteln bestimmte Eigenschaften, beispielsweise charakterisiert die Lagebezeichnung eine ökologische Situation. Besonders im Zusammenhang mit den für Korallenriffe gefahrvollen anthropogenen Einflüssen erscheint es angemessen, vor allem dem ökologischen Aspekt mehr Beachtung zu schenken, als das bisher der Fall war.

Lineare und zirkuläre Korallenriffe

Da hermatypische Korallen nur im warmen, klaren, lichtdurchfluteten Seewasser ihre volle Wuchsfreudigkeit erreichen, finden sich Riffe im tropischen Litoral überall dort, wo keine kalten aufsteigenden Strömungen oder einmündenden suspensionsreichen Flüsse das hydrologische Bild verändern. Diesen Küsten sind oft Hunderte von Kilometern lange Korallenriffgürtel vorgelagert. Entsprechend der langgestreckten, meist parallel zur Küste verlaufenden Form werden sie als lineare Korallenriffe zusammengefaßt. Den Gegensatz bilden Riffe, die einen mehr oder weniger großen fleckenartigen Umriß aufweisen. Man nennt sie zirkuläre Korallenriffe. In diesen beiden Hauptgruppen finden sich verschiedene Korallenrifftypen (s. Abb. 21) mit vielen Übergängen, die alle Entwicklungsstadien verkörpern. Zu ihnen gesellen sich unterschiedliche koralligene Strukturen – nicht eigentlich vom Meeresgrund emporgewachsene Riffe, sondern diffuse Korallengründe oder Depressionen im Meeresboden, wo Korallen dominieren. In Gebieten mit besonders üppig entwickelten Korallenriffkomplexen, wie im Großen Barriere-Riff oder im Roten Meer, finden wir mehrere Rifftypen.

Lineare Korallenriffe sind parallel zur Küste orientiert und ragen bis dicht unter die Wasseroberfläche auf. Sie sind dem Einfluß der von See heranreitenden und sich an ihnen brechenden Wellen ausgesetzt und weisen deshalb eine ausgeprägte Luvseite auf. Ein lineares Korallenriff wächst stets seewärts. Es lassen sich drei Hauptformen linearer Riffe unterscheiden: Saumriff, Bankriff und Barriereriff.

Das Saumriff ist in allen tropischen Meeren häufig. Unmittelbar vom Ufer ausgehend, säumt es die Küsten oft kilometerweit. Seine Höhe entspricht der Niedrigwassermarke. Außenhang und Riffdach werden oft von kleinen ausgekolkten Vertiefungen durchsetzt und in Gezeitenmeeren von flachen, schmalen, senkrecht auf das Ufer orientierten Rinnen durchzogen. Mit fortschreitendem Alter wird der Außenrand durch das besonders starke Wachstum der Steinkorallen im turbulenten Wasser immer

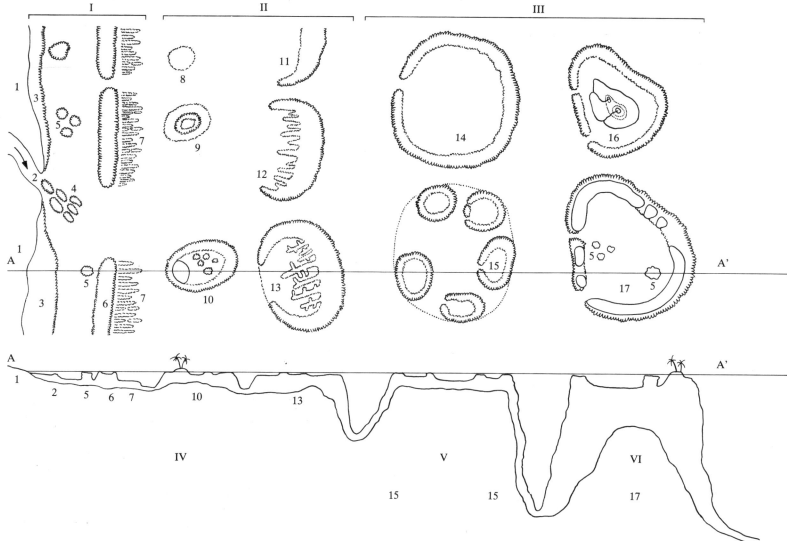

weiter seewärts vorgeschoben, und die Breite des Riffdaches kann mehrere hundert Meter erreichen. Da hinter dem Außenrand, im „Riffwatt", das Wasser vielfach sehr ruhig ist und häufig Sand aufgeschwemmt wird, nimmt der Korallenbestand landwärts ab. Das Riffwatt kann stellenweise trockenfallen. Die Tiefe des Außenhanges richtet sich nach der Neigung des Untergrundes und der Breite des Saumriffes und kann über 20 m betragen. Je steiler das Küstenprofil in die Tiefe abfällt, desto schmaler ist das Saumriff. Vor dem Ufer befindet sich oft als schmale Vertiefung ein Uferkanal.

Ein anderes lineares Riffgefüge tritt einige hundert Meter vom Ufer entfernt auf und wird durch eine 1–3 m tiefe und bis etwa 1000 m breite Lagune vom Ufer getrennt. Dieses früher als „Lagunensaumriff" bezeichnete Riff verkörpert einen eigenen Typ, das Bankriff. Charakteristisch für dasselbe ist seine flache Lagune und seine Lage mitten auf dem Küstenplateau. Der Außenhang reicht selten bis über 20 m Tiefe hinab. Durch anlaufende Wellen hervorgerufene Erosionsvorgänge und rückstauendes Wasser im Verein mit bewegtem Sand und Geröll haben am Außenhang dicht bei dicht Kerben in das Bankriff vorgetrieben, so daß Sporne und Rinnen miteinander wechseln. Vollständige und erweiterte Durchbrüche führten die Riffkanäle zur Trennung geschlossener Rifftrakte. Durch sie vollzieht sich ein großer Teil des Wasseraustausches zwischen offener See und Lagune.

21 Schematische Darstellung häufiger Korallenriffformen und ihrer Verteilung im Meer.
I. Litorales Riffgebiet; II. Neritisches Riffgebiet; III. Ozeanisches Riffgebiet; IV. Schelfsockel; V. Gebirgssockel; VI. Inselkern
1 Küste, 2 Bachmündung, 3 Saumriff, 4 Quaderriff, 5 Horstriff, 6 Bankriff, 7 Riffzungen, 8 Hügelriff, 9 Kranzriff, 10 Plattformriff, 11–13 Barriereriffe (11 Zahnriff, 12 Zackenriff, 13 Maschenriff), 14 Riesenfaro, 15 Tochterfaros, 16 Wallriff, 17 Atoll.
A–A' bezeichnet die Lage des Profilschnittes.

In Entstehungsgeschichte und Dimensionen den Bankriffen ähnlich sind Riegelriffe, doch liegen sie quer vor Buchten und sperren diese gegen die freie See ab. Die Bucht wird zu einem Bassin mit verhältnismäßig ruhigem Wasser. Ist die Bucht weitläufig, und fällt sie seewärts nur schwach ab, dehnt sich das Riegelriff breit aus und verwischt das geschlossene Bild des Bankriffes durch diffus zerstreute Riffteile.

Die imposantesten linearen Riffe sind die Barriereriffe. Sie wachsen von postglazial unter Wasser geratenen Gebirgsketten auf. Ihre Mächtigkeit beträgt im Großen Barriere-Riff jedoch nicht mehr als 22–27 m, im Roten Meer etwa 20 m. Die Außenhänge gehen in die Gebirgswände über und fallen steil in die Tiefsee ab. Sie sind noch in 50–70 m mit hermatypischen Korallen bewachsen, so daß die Grenze zwischen dem basisbildenden Urgestein und dem Riffkalk oft von Korallenkrusten überdeckt wird. Barriereriffe sind Küsten in größerer Entfernung vorgelagert. Ihre Längenausdehnung variiert. Vor dem Sudan erstreckt sich ein 330 km langes Barriereriff. Neukaledonien besitzt ein Barriereriff von über 700 km Länge. Im Nordosten von Australien zieht sich in 30–150 km Entfernung das Große Barriere-Riff über 2000 km hin. Es ist das größte Korallenriff der Erde. Alle ihre Lagunen sind breit und tief, die Lagune des Großen Barriere-Riffes erreicht fast die Ausmaße der Ostsee, im Mittel etwa 40 m, die des sudanesischen Barriereriffes sogar über 400 m Tiefe. In den Lagunen erheben sich örtlich zirkuläre Riffe und Inseln. Durch Riffpassagen wird ein Barriereriff in nebeneinander gelegene Einzelriffe zergliedert. Von Gezeiten und Winden hindurchgedrückte, turbulente Wassermassen lösen besonders bei den auf den Rändern siedelnden Korallen kräftiges Wachstum aus, das sich an den Flanken immer weiter nach hinten fortsetzt. Dadurch werden schließlich die Riffe schürzenförmig leewärts gebogen und — je nach ihrem Entwicklungsstadium — weitere unterschiedliche Formen gebildet. Die Breite der Riffdächer variiert gewöhnlich zwischen 100 m und 1000 m.

Zirkuläre Korallenriffe sind fleckenartig, rundlich, langoval oder ringförmig. Sie befinden sich in steter Umbildung. Charakteristisch für sie ist, daß sie rundum oder mindestens zu zwei Dritteln von Korallen umwachsen werden. Insgesamt bilden die zirkulären Riffe eine sehr heterogene Gruppe. Oftmals sind sie in ausgedehnten Lagunen und in geschützten Buchten gelegen. Vorherrschende Luftströmungen, z. B. Passatwinde, verursachen dann ein orientiertes Wachstum. Der Durchmesser beträgt einige Dezimeter bis über einhundert Kilometer. Man unterscheidet bei zirkulären Riffen mehrere Formen, von denen die Hügelriffe, Kranzriffe, Plattformriffe,

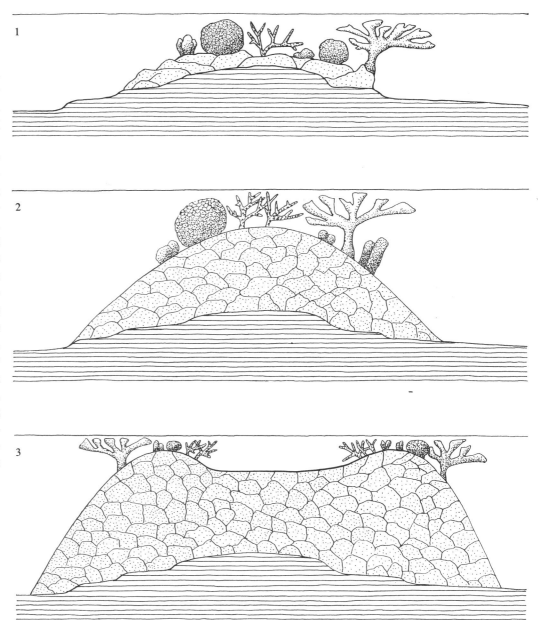

22 Entstehung eines Kranzriffes.
1 Auf einer günstigen Stelle des felsigen Meeresbodens siedeln sich Steinkorallen an, wachsen, vermehren sich und bilden schließlich ein Riff.
2 Gerät das Riff tiefer unter Wasser, wächst es weiter nach oben: Ein Hügelriff ist entstanden.
3 Innen, wo das bewegte Wasser nicht mehr hingelangt, sterben die Korallen ab, der Wasserstau drückt die Riffoberfläche ein, ein Kranzriff entsteht.

Horstriffe und Schüsselriffe im flachen, Wallriffe und Atolle im tiefen Wasser gelegen sind.

Hügelriff, Kranzriff und Plattformriff bilden eine Entwicklungskette. Hügelriffe gleichen Kuppeln, deren Zentrum dicht unter der Wasseroberfläche liegt. Ist das Hügelriff in bewegtem Wasser aufgewachsen, ist es oval und in typischer Weise zur Hauptrichtung der Wellen orientiert; der ihnen zugewandte Luvhang ist flacher und länger als der Leehang, weil dort ein üppigeres Korallenwachstum zu einer höheren Kalziumkarbonatproduktion und -ablagerung und damit zu einer größeren Ausdehnung des Riffs geführt hat. Liegt ein Hügelriff im ruhigen Wasser, weist es einen nahezu kreisrunden Grundriß auf. Merkwürdig ist die Entstehung der Hügelriffe insofern, als sie Sandgrund aufwachsen können. Unter den Korallenarten, die sowohl festes Substrat als auch Sandgrund besiedeln können, befinden sich einige weit verbreitete Arten, z. B. Porenkorallen. Auf ruhigen Sandgründen entwickeln sie Kolonien von 4–5 m Höhe und entsprechenden Durchmessern. Auf abgestorbenen Teilen dieser Riesenkolonien siedeln sich andere Korallenarten an, die von kräftigen Seen abgebrochen werden können. Sie sammeln sich unten als ringförmiger, teilweise noch lebender Schotterkranz, schütten und wuchern den massigen, zentralen Entstehungskern im Verlaufe der Jahrhunderte zu und verbacken zu einem Hügelriff, auf dem kontinuierlich erneut verschiedene Steinkorallenarten siedeln. Ebenso kann auch jede Unebenheit auf festem Substrat zu Anlagerungen und zur Bildung eines Hügelriffes führen.

Im weiteren Verlauf nehmen Umfang und Größe des Hügelriffes derart zu, daß das Zentrum in den Wasserbewegungsschatten der außen am Rande wachsenden Korallen gerät. Von einer ausreichenden Zufuhr frischen Meerwassers abgeschnitten, lagern sich nun Gerölle, Kiese und Sande in der Mitte ab. Dort geht das Korallenwachstum zurück, verläuft aber außen kranzförmig weiter. Ein solches Riff wird als Kranzriff bezeichnet. Da es noch unterhalb des Wasserspiegels gelegen und relativ klein ist, besitzt es keine eigenständige Ruhigwasser-Organismengesellschaft.

Im weiteren Entwicklungsverlauf entsteht das Plattformriff. Sind Hügel- und Kranzriff relativ kurzlebig und gleichsam Keim- oder Embryonalstadien derselben, besitzt das Plattformriff eine dauerhaftere Natur. Durch weitere Anlagerungen ist im Verlaufe einiger Jahrtausende ein Riffmassiv von mehreren hundert Metern bis einigen Kilometern Durchmesser entstanden. Seine Ränder haben längst die Wasseroberfläche erreicht. Vielfach haben Stürme Felsbrocken und Korallenstöcke auf den Rand geworfen, so daß eine Brokkenzone aus dem Meer ragt. In Lee kommt es im typischen Fall durch Anschwemmungen zur Inselbildung. Die zentrale Senke vertieft sich durch Einsackungen, die durch das Gewicht des bei Ebbe innen länger anstehenden Wassers verstärkt wird. Sie wird von Korallenstrukturen, Rinnensystemen und Sandflecken weitläufig durchzogen und ist bei Ebbe begehbar. In Gezeitengebieten, wo die Luvseite dem Einfluß kräftiger Brandung unterliegt, sind Kalkalgen die Hauptproduzenten der Riffmasse. Vor der Insel erstreckt sich oftmals ein ausgedehntes Riffplateau bis zu einem steil abfallenden Außenhang, der von verzweigten und massiven Korallenkolonien gebildet wird.

Eine atollähnliche Form besitzen die Faros der Malediven und Laccadiven. Auf einer riesigen, untermeerischen Bank entstanden mit dem postglazialen Anstieg des Meeresspiegels durch peripheres Wachstum gigantische ringförmige Korallenbauten von mehreren hundert Kilometern Durchmesser. Durch erodierende Einflüsse des Meeres zerrissen diese Gebilde bei leichter Absenkung des Untergrundes in einzelne Riffgebilde und Inseln. Die aus dem Riffverband herausgenagten großen Lücken gestatteten einen kontinuierlichen Wasseraustausch, und es entstanden ein zweites Mal allseitig umspülte, vor allem außen wachsende, ringförmige Riffe und Inseln.

Die Faros, auch „Schelfatolle" genannt, sind also keine echten Atolle, sondern stellen einen eigenen zirkulären Rifftyp dar, der sich aus riesigen Plattformriffen entwickelt hat.

Ganz anders verläuft die Entwicklungsreihe der Horst- und Schüsselriffe. Horstriffe sind Restmassive submariner, rundum durch das Meer erodierter Plateaus, Terrassen oder Riffe. Sie treten deshalb häufig in Reihen oder Gruppen auf. Diese im Schelfbereich gelegenen Kalkfelsen weisen ein dicht unter dem Wasserspiegel befindliches Dach und steile, zerklüftete Seitenwände auf, während die Steilwände durch Höhlen, Gänge und Blaslöcher zergliedert werden. Über dem Grund befindet sich eine durch Wasserbewegung und Geröll eingravierte Kehlung. Riffdach und Seitenwände werden unregelmäßig von Korallen bewachsen. Falls in geschützten Lagunen und Buchten gelegen und abgeschwächten Winden ausgesetzt, fehlen Horstriffen Differenzierungen in Luv- und Leeseiten.

Das Schüsselriff kann aus einem Horstriff hervorgehen, wenn es allmählich tiefer unter die Wasseroberfläche gerät und der am Rand verstärkte Korallenwuchs zu einer Erhöhung desselben führt. Die innere Vertiefung ähnelt einer Schüssel um so mehr, je höher der Rand ist. Durch die Kehlung an der Basis erhält das Schüsselriff gleichsam einen Mittelfuß.

Die im tiefen Wasser gelegenen Wallriffe und Atolle bilden eine dritte Entwicklungsreihe zirkulärer Riffe. Sie sind an Inselbildungen gebunden und treten meist gekoppelt mit untermeerischem Vulkanismus auf. Durch Herausheben von Vulkankegeln und Bergen über den Meeresspiegel hat er vor allem im Pazifischen Ozean zur Entstehung ganzer Archipele, wie der Karolinen, Marshallinseln, Tuamotus und Gesellschafts-Inseln geführt. Die Vulkaninseln werden zunächst von einem Saumriff umgeben. Da ihrem Auftauchen meist eine Phase des langsamen Absinkens folgt und später der nacheiszeitliche Anstieg des Meeresspiegels hinzukommt, gleichen die dichten Korallenbestände am Außenrand des Saumriffes den

23 Im flachen Wasser gelegener Saumriffrand im Golf von Aqaba mit dichtem Hangbewuchs verzweigter Steinkorallen, insbesondere Feuerkorallen (Millepora dichotoma) sowie Porenkorallen (Porites), Geweihkorallen (Acropora), Keulenkorallen (Pocillopora) und Griffelkorallen (Stylophora). (Nach Mergner und Schuhmacher, 1974)

Höhenverlust fortlaufend aus. Hinter dem Riffrücken aber tritt eine Stagnation ein, weil der Außenrand immer höher wächst und den Zugang frischen Meerwassers zum Achterriff einschränkt. Die damit verbundene zunehmende Sedimentation unterbindet schließlich ein Höherwachsen der rückwärtigen Riffpartien vollends. Auf diese Weise ist im Verlaufe weiterer Absenkung aus dem einstigen Saumriff ein Wallriff entstanden, das durch eine Lagune vom Inselkern getrennt wird. Sie ist oft weniger als 1 km breit, aber in ihrer Mitte haben Strömungen sie zu einem natürlichen tiefen Kanal ausgekolkt. Wo Flußläufe von den oft über 1 000 m hohen Bergen der Eilande in das Meer münden, ist das Riffwachstum durch die vielen eingeschwemmten Sedimente unterbrochen worden. Dort befinden sich tiefe Einschnitte in den Wallriffen, und Strömungen setzen von See in die Lagune. So kann sich auch der Innenhang des Riffes von neuem mit Korallen besiedeln, und es kann sich auch wieder ein Saumriff vor den Ufern der Insel bilden. Der Innenhang des Wallriffes geht nun, stark zergliedert und mit Korallen bewachsen, in die Lagune über, der Außenhang aber fällt nach einer häufig in 15–30 m Tiefe gelegenen Stufe steil in die Tiefsee ab.

Im weiteren Entwicklungsverlauf gerät der Inselkern vollends unter Wasser. Das Wallriff ist ständig höher gewachsen und ragt als ringförmiges Riff zum Wasserspiegel auf, das als Atoll bezeichnet wird. Über die Maßen prächtig und mit dichtem Korallenbewuchs ausgestattet sind die von einem schmalen Riffdach steil in die Tiefsee abfallenden Außenhänge. Steinkorallen und andere sessile Lebewesen gedeihen hier möglicherweise deshalb üppiger als auf anderen Riffen, weil jegliche Zufuhr terrigener Elemente, wie Süßwasser und Sedimentstoffe, fehlt.

Der vom offenen Meer umwogte äußere Riffring ist in Luv dem Einfluß der Wogen viel stärker ausgesetzt als auf der entgegengesetzten Leeseite. Dazwischen befindet sich das Gebiet, das man mit Halbluv bezeichnen könnte. Der steil und tief abfallende Meeresboden veranlaßt ein ungehindertes, richtungsstabiles, gerades Vorbeiziehen der Wellen an der Leeseite des Atolls. Bei flachem Grund, der Plattformriffe und Faros oft umgibt, setzen die Wellen durch Grundberührung um das Riff herum.

Je größer die versunkene Insel, desto größer ist der Durchmesser des Atolls, der manchmal über hundert Kilometer beträgt. Da bei Ebbe auch hier das Lagunenwasser nicht so schnell abfließen kann, kommt es zu einem Stau, dessen vieltonniges Gewicht sich proportional mit dem Durchmesser der Lagune erhöht. So wird ebenfalls der kavernenreiche Sedimentgrund eingedrückt und vertieft. Das gleiche Prinzip dürfte auch für die Lagunen anderer Rifftypen zutreffen. Abhängig vom Durchmesser des Atolls variiert deshalb die Tiefe der Lagunen zwischen 30 m und 80 m. In der Lagune sind zerstreut Hügel- und Kranzriffe anzutreffen, die dicht mit Korallen und Muscheln bewachsen sind. Anschwemmungen führen auf Teilen des Riffringes zu Inselbildungen, und das daraus entstehende Landschaftsbild entspricht dem maledivischen Wort „Atoll", das die in einem Ring angeordneten Inseln bezeichnet. Ein Riffring war dort bis zur Gründung der Republik ein Sultanat, ein „atolu", die örtlichen Herrscher die „atoluveri". Mitten im Ozean gelegene Atolle bieten schon aus der Ferne einen unvergeßlich schönen Anblick: Gischtend und donnernd bricht sich die gewaltige Dünung am Außenrand des Riffes. Dahinter erstreckt sich meilenweit ein helles Sand- und Geröllufer, dem ein schattenspendender, sich im Passatwind wiegender Kokospalmenhain aufsitzt. Dieser Atollring umschließt die ruhige Lagune, die inmitten des tosenden Ozeans einer friedlichen Oase gleicht.

Im Verlaufe der Erdgeschichte wurden viele Riffe aus dem Wasser gehoben, andere wurden mit Geröll und Schwemmsand, von kräftigen Wellen immer höher aufgeschichtet, überlagert. In beiden Fällen entstehen Koralleninseln. Mit Strömungen treiben Pflanzen, Algen oder Tierleichen an das Ufer, die vermodern und den kargen Sandboden düngen. Wellen tragen Samen trockenheits- und salzliebender Pflanzen an den Strand. Einige keimen, bilden einen ersten, spärlichen Bewuchs. Bald spenden Kokos- und Schraubenpalmen, *Messerschmidia*- und *Suriana*-Sträucher, später Casuarinen, *Pisonia* und Brotbäume Schatten. Ihr Laub bietet auf Holzstücken herangeschwemmten oder durch die Luft herangetriebenen Insekten Nahrung. Eidechsen fangen Insekten. Einsiedlerkrebse *(Coenobita)* und Landkrabben *(Ocypode)* bevölkern den Spülsaum. Vögel beginnen zu nisten. Menschen und Ratten sind die nächsten Ankömmlinge. Der reichliche Monsunregen versorgt alle mit Trinkwasser. Kokospalmen liefern Nahrung, Kleidung und Baumaterial. Fische, Muscheln und Langusten werden in Riff und Lagune erbeutet. Ein Koralleneiland mit vielfältigem Leben hat sich etabliert.

Weitere Klassifizierungsmerkmale und Rifftypen

Die Merkmale zur Klassifizierung eines Korallenriffs sind äußerlich sichtbar. Danach erfolgt ihre Benennung. Zur Kennzeichnung der jeweiligen ökologischen Situation dient die Hydrographie des Gebietes. Steinkorallen beantworten durch Süßwasser minimal veränderte Salzgehalte mit einer Abnahme des Wachstums. Hinzu kommt bei litoralen Riffen eine Zufuhr terrigener Stoffe durch Flüsse, ablaufendes Regenwasser und eine hohe Sedimentation — für Steinkorallen negative Faktoren. Zwar sind auch der Küste vorgelagerte Riffe

65 32

32 Roter Zackenbarsch (Cephalopholis aurantius) und einige Funkenfische (Anthias squamipinnis) auf der Hut vor Feinden. (Rotes Meer)

66/67 33 34 | 38 39
       35 | 40
       36 37 | 41 42

33 Hornkoralle, Eunicea laxispica, auf einem Felsvorsprung, wo sie die herangeführte Planktonnahrung am besten ausnutzen kann. (Jungferninseln, Westatlantik)

34 In 1 bis 3 m Tiefe leben bei lebhaftem Wasseraustausch üppige Korallenkolonien, wie grüne Griffelkorallen (Stylophora pistillata), braune Mikroporenkorallen (Montipora sp.) und violette Filigrankorallen (Distichopora violacea). (Rotes Meer)

35 Das leuchtende Rot der Hornkoralle Paramuricea clavata ist in 15–20 m Tiefe nicht mehr wirksam. (Frankreich, Mittelmeer)

36 Korallenwächter (Paracirrithes arcuatus), der ständig auf Korallenzweigen auf Beute lauert. (Gesellschafts-Inseln, Pazifik)

37 Dort, wo Korallen nicht wachsen, bedecken die meist roten Kalkalgen verschiedener Arten das Gestein. (Gesellschafts-Inseln, Pazifik)

38 Kleine und große Knopfkorallen (Montastrea annularis und M. cavernosa) treten im Westatlantik zwischen 5 und 40 m Tiefe häufig vergesellschaftet auf. (St. Croix, Virgin Islands)

39 Die zierlichen Filigrankorallen (Stylaster elegans) wachsen im Dunkeln und im Schutz kleiner Kavernen. (Mikronesien, Pazifik)

40 Eine Faltenkoralle (Mycetophyllia danaana) und eine Rillenkoralle (Agaricia agaricites) an einer Steilwand in 20 m Tiefe. (Jungferninseln, Westatlantik)

41 Zweig einer Hornkoralle (Eunicea sp.) mit ausgestreckten Polypen. (Curaçao, Karibisches Meer)

42 Zwei Männchen der scheuen Tränentropfen-Falterfische (Chaetodon unimaculatus) haben soeben das Drohduell, bei dem jeder den Augenfleck des anderen anvisiert, beendet. Der Unterlegene hat denselben verkleinert und entfernt sich nach rückwärts von seinem Rivalen. (Gesellschafts-Inseln, Pazifik)

68 43 |

43 Im schützenden Versteck der Lederkorallen — oben eine Sarcophyton, unten eine Lithophyton — halten sich oft Haarsterne auf, die oft erst nachts aktiv werden. (Rotes Meer)

44 Der Einsiedlerkrebs (Dardanus sp.) hat seinem Schneckengehäuse zusätzlich eine Aktinie aufgepflanzt, die ihm mit ihren nesselnden Tentakeln Feinde vom Leibe hält, gleichzeitig aber seine Nahrungsabfälle ausnutzt – eine echte Symbiose. (Rotes Meer)

45 Klares Wasser, mäßig geneigte Hänge und ein ständig leicht verwirbeltes Wasser bilden bei 10 m Tiefe gute Voraussetzungen für eine vielseitige Assoziation. Hier haben sich Geweihkorallen (Acropora squarrosa), Feuerkorallen (Millepora dichotoma), Skalpellkorallen (Galaxea fascicularis) und Nadelkorallen (Seriatopora hystrix) rings um eine Riesenmuschel (Tridacna maxima) angesiedelt. (Rotes Meer)

46 Venus- oder Seefächer (Gorgonia sp.) treten in zwei Färbungen auf, gelb und purpurviolett. Sie sind biegsam und zäh und wachsen häufig in der Brandung. (Jungferninseln, Westatlantik)

47 In größerer Tiefe pazifischer Riffe siedeln oft Porenkorallen (Porites), Mikroporenkorallen (Montipora) und Keulenkorallen (Pocillopora) in dichten Assoziationen. (Tuamotu-Archipel, Pazifik)

48 Vom Rand der Höhlendecke hängt die zierliche rote Hornkoralle (Melithaea sp.), deren weiße Polypen mit dem dunklen Hintergrund kontrastieren. (Rotes Meer)

49 Der Haarstern Dichrometra sp. hat in der abendlichen Aktivitätsphase seinen Stammsitz zum Planktonfang eingenommen. (Rotes Meer)

gut entwickelt, doch wer das fern im Ozean gelegene Riff kennt, weiß den Unterschied zwischen jenen gut entwickelten und diesen überaus üppigen wohl einzuschätzen. Die Qualität des Umgebungswassers ist also ausschlaggebend für den qualitativ wie quantitativ differenzierten Korallenbewuchs. Damit ist es gerechtfertigt, der Rifftypenbezeichnung die Lagebezeichnung zuzuordnen.

Die vor Küsten gelegenen Riffe werden litorale Korallenriffe genannt. Hierzu gehören die vor Kontinenten und Großinseln auf einem Schelf gelegenen Riffe, die von terrigenen Sedimenten erreicht werden können, wie Saum-, Bank- und Horstriffe. – Das im offenen Ozean gelegene neritide Korallenriff wird zwar von terrigenen Sedimenten nicht mehr erreicht, steht aber weiterhin unter dem Einfluß mit dem Süßwasser ins Meer gelangender gelöster terrigener Stoffe, z. B. Huminsäuren. Hierher gehören die der Küste nicht allzu weit entrückten Barriere- und Plattformriffe und die Inseln umgürtenden Wallriffe. – Die ozeanischen Riffe steigen weitab von allen terrestrischen Formationen mitten im Meer als Faros oder Atolle auf. Terrestrische Elemente erreichen sie nur noch in solchen Spuren, wie sie überall im Ozean verbreitet sind. Sie entbehren eines Schelfsockels als Untergrund. Zu beachten ist, daß ein Riff teils der einen, teils der anderen Einflußsphäre unterliegen kann. Beispielsweise kann ein Wallriff innen an eine neritide Lagune grenzen, während der steil in die Tiefsee abfallende Außenhang von ozeanischem Wasser umspült wird. Ähnlich ist die Situation auch an manchen Barriereriffen und anderen Riffen, die dem Schelfrand aufsitzen. Da das Wasser ein unruhig strömendes Medium ist, sind auch die Übergänge fließend.

Nicht immer werden Korallenriffe kontinuierlich von Korallen aufgebaut. Unter Wasser geratene Kalksteinterrassen und -plateaus werden nicht selten dergestalt erodiert, daß erhabene Reststrukturen als Riffe übrigbleiben. Diese erst nach ihrer Bildung mit Korallen bewachsenen Kalksteinbasen können folglich als sekundäre Riffe von den von Korallen direkt aufgebauten primären Korallenriffen unterschieden werden.

Nähere Kennzeichnung der Riffe kann auch durch Hauptriffbildner gegeben sein. So kann man von *Porites*-Riffen oder *Acropora*-Riffen sprechen, wenn der Anteil dieser Gattungen am Riffaufbau besonders hoch ist. Im Mittelmeer wurden vor Griechenland in 18 m Tiefe 1–10 m lange und bis 8 m hohe Korallenbänke entdeckt, die von der Rasenkoralle, *Cladocora cespitosa*, gebildet worden sind. Auf ihnen haben sich Schwämme, Röhrenwürmer, Hydrozoen und die zu den Moostierchen gehörenden Neptunsschleier (*Retepora*) angesiedelt. Auch Nacktschnecken sind dort häufig. Ständig halten sich Mönchsfische (*Chromis*), Zackenbarsche und Seebrassen in der Nähe dieser *Cladocora*-Bänke auf, denen man eine ökologische Eigenständigkeit kaum absprechen kann. – Eine außergewöhnliche Korallengesellschaft ist im Nordatlantik entlang des europäischen Kontinentalschelfrandes in 60–2000 m Tiefe anzutreffen und zwischen 130 und 400 m besonders häufig. Vorzugsweise in Gebieten mit Tiefenströmungen formiert die parasymbiotische strauchförmige *Lophelia pertusa* (Linné) ausgedehnte Hecken. Wenn sie auch keine Riffe formt, bildet sie doch einen eigenen Lebensraum, und mit ihr vereinigen sich viele andere Organismen zu einer charakteristischen Lebensgemeinschaft. In anderen Meeresteilen wurden *Lophelia*-Bänke unter ähnlichen Umständen beobachtet. Ebenso können Riffbildner lokal die Kalkproduktion der Scleractinia übertreffen, so daß *Marginopora*-Riffe oder, bei einem etwa gleichen Anteil beider, ein *Marginopora*-Scleractinia-Riff entstehen kann.

Entlang der Felsküsten des Mittelmeeres findet man etwa meterstarke, konsolenartige, von Kalkalgen produzierte Wülste. – Echte Kalkalgenriffe (s. S. 44) sind in allen Ozeanen, vor allem vor von harter See bedrängten Inseln, anzutreffen, so im Atlantik vor dem 350 km vor Brasilien ge-

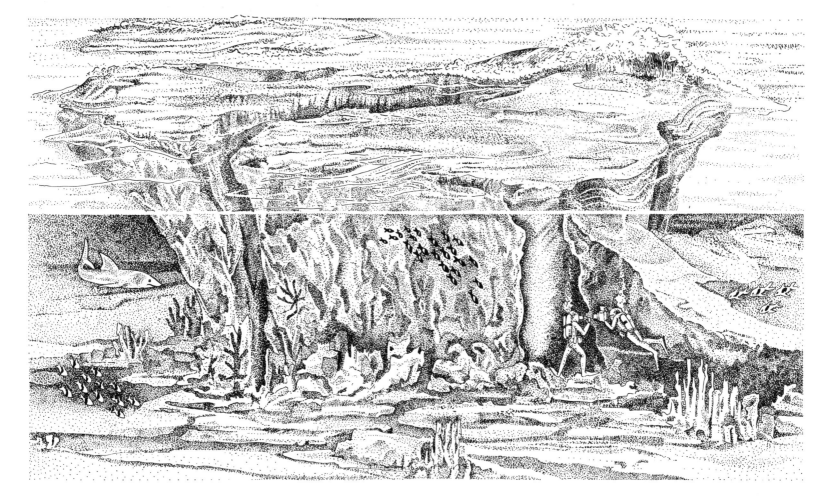

24 *Skizze von einem Schüssel- oder Becherriff der Bermudas, das größtenteils von Kalkalgen gebildet worden ist. (Nach Moore aus Shinn, 1971)*

legenen Eiland Fernando da Noronha, vor den Kapverdischen Inseln und vor den Virgin Islands. Im Bereich der Passatwinde scheiden besonders Vertreter der Gattungen *Porolithon, Goniolithon, Lithothamnion* und *Melobesia* an den Luvrändern der Riffe des Pazifiks dicke, harte, sehr widerstandsfähige Kalkkrusten ab. Sie überziehen abgestorbene Korallen und zementieren Korallengeröll zusammen. Vor der Küste von Venezuela haben Kalkalgen sinterartige Strandterrassen geformt. — Vor der australischen Westküste existiert das größte rezente Stromatoliten-Riff in Form versteinerter Rundblöcke, Säulen und Rücken. Blaualgen wuchern massenhaft in einer hypersalinen Bucht. Zwischen ihren Filamenten verfangen sich Kalksand und Muschelschalen, die durch Ausfällung von Kalziumkarbonat zu Stromatoliten erstarren. Da sie mit höchstens 0,5 mm pro Jahr extrem langsam wachsen, sind sie sicher Tausende von Jahren alt. — Stromatolitenriffe wurden schon vor über 600 Millionen Jahren gebildet. Sie stellen die ältesten biogenen Rifformationen der Erde dar und waren damals häufig und wesentlich größer als heute.

Moostierchen (s. S. 46) spielen in einigen Riffen, z. B. in den Bermudas, als Riffbildner eine nicht zu unterschätzende Rolle. In Brackgewässern entfaltet die weit verbreitete, euryöke *Membranipora reticulum* L. eine solche Üppigkeit, daß sie kleine Riffe bildet. In der Bucht von Kertsch im Schwarzen Meer und in den Lagunen von Comacchio in der Adria formieren sie Kolonien bis zu 2 m Durchmesser — eher Riffchen als Riffe freilich, besonders im Hinblick auf die imposanten fossilen Bryozoen-Riffe, die Stammesahnen bereits vor Jahrmillionen errichtet haben.

Wurmschnecken sind Außenseiter, die nur in der Jugend gewundene Gehäuse abscheiden und ein freibewegliches Leben führen. Später verkümmert ihre Kriechsohle, die Gehäuse werden zu unregelmäßig gewundenen Kalkröhren verlängert und mit Kalkgebilden der nächsten Umgebung fest verkittet. Einzeln verfestigen sie das Korallenriffgefüge. Treten sie massenhaft auf, bilden sie, z. B. vor brasilianischen Küstenstrichen und Inseln, Vermetiden-Riffe. *Vermetus nigricans* hat innerhalb von 3000 Jahren vor der Inselwelt Floridas eine 35 km lange Riffbarriere errichtet. Inkrustationen von *Dendropoma* wurden von der israelischen Mittelmeerküste und aus dem Golf von Aqaba beschrieben.

Auch in Röhren lebende Ringelwürmer sind bei massenhaftem Vorkommen in der Lage, kleine Riffe zu errichten, so die Serpuliden in der Baffin-Bay. In den Bermudas existieren Serpuliden-Riffe bis 30 m Durchmesser.

Die aufrecht stehenden chitinösen Wohnröhren der Sabellariide *Phragmatopoma lapidosa* vereinigen sich mit den mit Sandkörnern beklebten Wohnröhren von *Sabellaria floridensis* und *S. vulgaris* zu 1 m hohen Riffen. Sie befinden sich im flachsten Wasser unmittelbar vor dem Strand, liegen während der Ebbe frei und begleiten die Atlantikküste Floridas stellenweise meilenweit. Die Röhren der nur wenige Zentimeter langen Würmchen verkalken im unteren Teil und verfestigen sich so. Vor der nordatlantischen Küste bildet *Sabellaria spinulosa*, die „Sandkoralle", ähnliche Riffe. Sie verkalkt jedoch nicht, und die Riffe besitzen nur eine kurze Lebensdauer. Vor der Nordseeinsel Norderney entwickelten 75 Millionen Einzeltiere im Verlaufe von zwei Jahren ein 8 m breites, 60 m langes und 60 cm hohes Sabellarien-Riff. Dann gingen sie zugrunde. Ähnliche Beobachtungen wurden auch aus Duckpool von der englischen Küste gemeldet.

Alle biogenen Riffe, gleich welcher Natur, stellen höchst komplexe Gebilde dar. An ihrem Aufbau sind meist viele verschiedene Lebewesen beteiligt. In großen Rifftrakten kommen fast stets mehrere Rifftypen zusammen vor. Die Klassifizierung nur eines Rifftyps ergäbe in solchen Fällen ein recht schiefes Bild. Doch gerade die Komplexität macht es notwendig, daß wir uns eine kausal begründete Übersicht von den Korallenriffen der Erde schaffen.

Vielfältige Riffstrukturen

Aus der großen Zahl der Faktoren, die den Riffaufbau beeinflussen, gehen eine Fülle verschiedener Riffstrukturen hervor. Neben den beschriebenen Rifftypen existieren Korallensiedlungssubstrate, die entweder sehr abweichende Rifformen oder keine Riffe im Sinne einer Erhebung vom Meeresboden bilden. Eine dieser sonderbaren Rifformen ist das Quaderriff. Es tritt dort auf, wo ein Fluß in der regenreichen Nacheiszeit breit gefächert über eine Kalksteinterrasse ins Meer abfloß und in das Plateau verschiedene, seewärts leicht divergierende Rinnen erodiert hat. Durch einen geringen weiteren Anstieg des Meeresspiegels gerieten die meist nur wenige Meter breiten Kalkrücken unter Wasser. Die anlaufende See preßte ihre strudelnden Wassermassen durch das Rinnensystem, erweiterte und vertiefte es. An einigen Stellen durchbrachen verwirbelte Geröllmassen die Kalkrücken seitlich und zergliederten sie in einzelne quaderförmige Felsrücken. Später wurde das Quaderriff von Korallen besiedelt. Es ist zwar zur Gruppe sekundärer, litoraler Korallenriffe zu zählen, kann aber weder den linearen noch den zirkulären Riffen zugeordnet werden.

Bestimmte Regionen des tropischen Schelfs zeigen keinen Riffcharakter und besitzen doch dichten Korallenbewuchs. Unebene, durch Vorsprünge, Erhebungen und Kolke zergliederte Felsstrukturen in 5—30 m Tiefe führen bei kontinuierlich zugeführtem plankton- und sauerstoffreichem, gut verwirbeltem Wasser zur Ent-

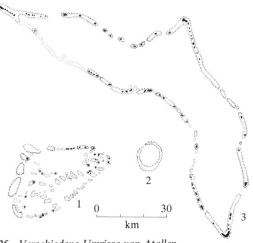

25 Verschiedene Umrisse von Atollen
1 Süd-Mahlosmadulu, Malediven, 2 Nord-Minerva, 3 Kwajalein, Marshall-Inseln

stehung dicht besiedelter Korallengründe, die, je nach Art und Stärke der Hydrodynamik, verschiedenen Korallengesellschaften ein geeignetes Siedlungssubstrat bieten. — Unterseeische Terrassenränder werden bevorzugt von Steinkorallen bewachsen; denn hier entstehen ebenfalls intensive Verwirbelungen, die keine Sedimentation gestatten. Korallenterrassen sind vor allem für Hebungs- und Senkungsküsten typisch.

Nicht selten ist der Korallencañon. Er ist entweder aus einer abgesunkenen Flußmündung oder aus dem Rest eines Riffkanals hervorgegangen. Die von der offenen See herangeführten Wassermassen werden an seinen Rändern nach unten abgelenkt und verwirbelt. Bei stärkerem Wellengang wird außerdem ein Wasserschwall nach dem anderen durch seine schluchtartige Enge gepreßt. Günstige Wasserbewegungen, vielfältig zergliederte Seitenwände und Sedimentationsarmut gestatten auch hier wohlentwickelten Korallenbeständen ein optimales Wachstum.

Oftmals entwickeln einzelne, großwüchsige Korallenarten auffallende Gebilde. Es sind stets Arten, die kompakte, feste, Jahrhunderte überdauernde Kolonien formen, vor allem Porenkorallen. In 10 m Tiefe gelegen, kann die Kolonie eine hohe, schlanke Korallenzinne bilden, wenn sie bis zur Wasseroberfläche emporwächst. Ihr unte-

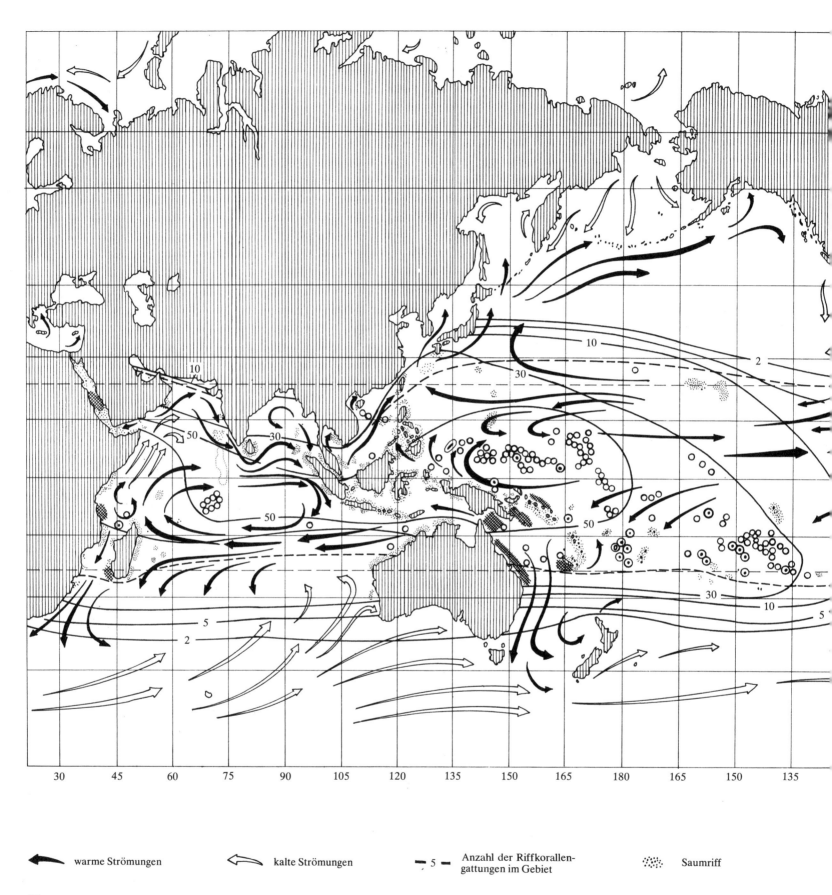

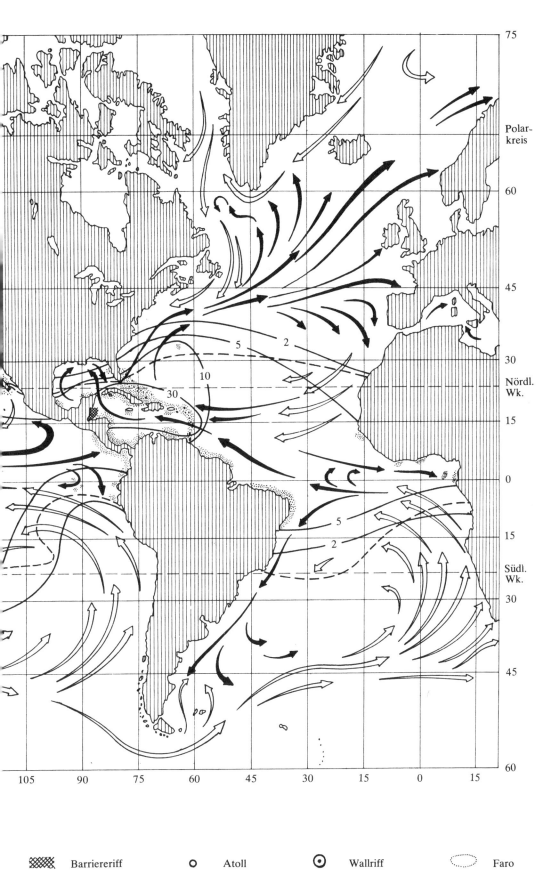

26 *Geographische Verbreitung der rezenten Riffkorallen und Korallenriffe.*
Die heutige geographische Verbreitung der hermatypischen Korallen folgt im wesentlichen der warmen Meeresströmung und den 20°C-Winterisothermen. Die Zahlen beziehen sich auf die Anzahl der im Gebiet vertretenen Steinkorallengattungen.
– – – – *20°C-Winterisothermen*

▨▨▨ Barriereriff   o Atoll   ⊙ Wallriff   ⌒ Faro

rer Teil ist überwiegend abgestorben und wird von anderen sessilen Lebewesen besiedelt. Die oberen Meter aber leben und weisen deutlich den Urheber dieser Riffstruktur aus. – Sehr ähnlich den Korallenzinnen sind die Korallenbommies des flacheren Wassers. Sie sind von unregelmäßig kugeliger Form, meist breiter als hoch und bis 6 m groß. Vielfach werden auch sie von *Porites*-Kolonien gebildet.

Viele Köpfe – viele Theorien

Als sich in der Endphase des „Zeitalters der Entdeckungen" die Menschen für die Einzelheiten neu aufgefundener Länder und Meere zu interessieren begannen, um einen möglichst großen Nutzen aus ihnen zu ziehen, wurden auch Naturwissenschaftler in große Schiffsreisen einbezogen. Johann Reinhold Forster und sein Sohn Georg Forster begleiteten den Engländer James Cook, Chamisso den Deutschrussen Otto von Kotzebue, Darwin Kapitän FitzRoy. Obwohl die Aufgaben dieser Reisen zu einem großen Teil auf politisch-ökonomische Ziele, die Vergrößerung der Macht des Mutterlandes, gerichtet waren und die Naturwissenschaftler von den Nautikern mehr als leidiger Ballast denn als nützlicher Bestandteil der Expeditionen empfunden wurden, waren die Forscher so von der Fülle neuer Eindrücke gefangen, daß sie alle Unbilden des Meeres, alle Entbehrungen und Krankheiten einer Schiffsreise durchstanden, um der Menschheit neue Beiträge zur Vervollständigung des Weltbildes zu liefern. Bei allen, die die Tropen befuhren, nahm die Fragestellung nach der Entstehung der Korallenriffe einen bedeutenden Teil ihrer Überlegungen ein.

Uns muten zwar die Äußerungen G. Forsters etwas skurril an, doch darf man nicht vergessen, daß er sie vor 200 Jahren schrieb: „Die Entstehung dieser Korallen-Felsen giebt uns ein nicht minder bewunderungswürdiges Beispiel von der Allmacht des Schöpfers, der so oft große wichtige Endzwecke durch die geringsten Mittel zu erreichen weiß. Die Koralle ist, bekanntermaßen, das Gebäude eines kleinen Wurms, der sein Haus, in eben dem fortschreitenden Maaße als er selbst wächset, vergrößert. Kaum bemerkt man an diesem kleinen Thierchen Empfindungen genug, um es in dieser Absicht von den Pflanzen unterscheiden zu können: Gleichwohl bauet es, aus einer unergründlichsten Tiefe der See, ein Felsenwerk, bis an die Oberfläche des Meeres, in die Höhe, um unzähligen Menschen einen festen Boden zum Wohnplatz zu verschaffen ... Die Würmer, welche das Riff erbauen, scheinen den Trieb zu haben, ihre Behausung vor der Macht des Windes und des ungestümen Meeres zu sichern. Daher legen sie ihre Korallenfelsen in heiße Erdstriche, wo der Wind mehrentheils immer aus derselben Gegend weht, dergestalt an, daß sie gleichsam eine kreisförmige Mauer bilden und einen See vom übrigen Meer absondern, wo keine häufige Bewegung stattfindet und der polypenartige Wurm eine ruhige Wohnung erhält."

Nachdem Georg Forster die Bedeutung der Steinkorallen als Riffkonstrukteure erkannt hatte, meinte Alexander von Humboldt (1806), daß Atolle auf dem Rand alter Krater entstehen, was aber nur dann zutreffen kann, wenn der Kraterrand dicht unter der Wasseroberfläche gelegen ist. Eine solche Situation wäre bestenfalls rein zufällig denkbar. Eschscholz und Chamisso formulierten treffender, massive Korallen würden die Brandung bevorzugen, Riffränder deshalb außen besonders schnell wachsen und so einen Ring bilden.

Charles Darwin begründete 1837 vor dem gestrengen Gremium der Geologischen Gesellschaft zu London seine berühmt gewordene Senkungstheorie (Subsidence Theory) zur Entstehung der Korallenriffe. Da Korallen nur im durchlichteten Bereich im oberflächennahen, lebhaft bewegten Wasser so kräftig zu wachsen vermögen, daß ihre enorme Skelettproduktion zur Riffbildung führt, entsteht auf einem langsam absinkenden Felslitoral zunächst unmittelbar an der Küste das Saumriff. Mit dem weiteren kontinuierlichen Absinken von Land und Meeresgrund entstehen Barriere- oder Wallriffe, beim gänzlichen Verschwinden von Inselkernen unter die Wasseroberfläche schließlich Atolle (s. S. 63). Viele Jahrzehnte nach der Darstellung seiner Riffentstehungstheorie stieß man im Bikini-Atoll bei Bohrungen in über 800 m Tiefe noch immer auf Korallengestein und erreichte im Eniwetok-Atoll erst bei 1400 m die vermutete Basaltgruppe. Damit ist die Richtigkeit der Senkungstheorie Darwins in zwei Fällen direkt nachgewiesen. Wir dürfen aber sicher sein, daß andere Korallenriffe ebenso entstanden sind und nur der hohe Aufwand bisher verhindert hat, weitere Beweise zu erbringen.

Die Senkungstheorie erklärt somit die Entstehung von mehreren großen Klassen der Korallenriffe. Hinsichtlich ihrer ökologischen Begründung ist sie empirisch richtig, kausal freilich unvollständig. Ihre „geologische Hälfte" wurde jedoch mit der Vervollkommnung unserer Kenntnisse revisionsbedürftig. Zu Zeiten Darwins waren nämlich die glazialen Einwirkungen auf das Meer gerade eben zur Diskussion gestellt worden und noch wenig anerkannt. Er erwähnt sie ein einziges Mal im Hinblick auf kleinere Küstenoszillationen, indem er fragt, „ob diejenigen Geologen nicht Recht haben, welche annehmen, daß das Niveau des Oceans säculären Änderungen in Folge astronomischer Ursachen unterworfen ist" (1899). Er zieht aber nicht in Betracht, daß der Meeresspiegel durch die Bindung immenser Wassermassen im Kontinentaleis während der einzelnen Eiszeiten bis 200 m tiefer lag als heute. Erst während der postglazialen Abschmelzprozesse stieg dieser allmählich wieder an.

Die Korallen folgten mit üppigem Wachstum dem Anstieg des Meeresspiegels nach und bildeten so die heutigen Riffe. Diese Eiszeit-Theorie (glacial control theory) wurde von Daly (1915) entwickelt, und obwohl im großen und ganzen sicher richtig, erfuhr auch sie manche Präzisierung, Abwandlung und Erweiterung, die mit dem Anwachsen detaillierter Kenntnisse

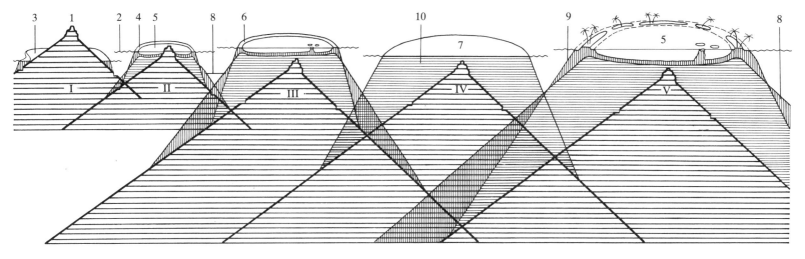

27 Entstehung von Saumriff, Wallriff und Atoll nach der Kompensationstheorie
Phase I: Rings um eine felsige ozeanische Tropeninsel ist ein Saumriff entstanden. – Phase II: Bei Absinken der Insel und Ansteigen des Meeresspiegels wächst sich das Saumriff nach außen und oben zu einem Wallriff aus. – Phase III: Die antagonistischen Bewegungsabläufe von Meeresspiegelanstieg und Inselabsenkung führen zum völligen Untergang der Insel, wobei die Korallen durch ihr beständiges Wachstum nach oben den Höhenverlust kompensieren und ein Atoll entsteht. – Phase IV: Die glaziale Bindung gewaltiger Wassermassen an das Kontinentaleis führt zu einem abermaligen Absinken des Meeresspiegels, in dessen Gefolge das Atoll von der Wasserbewegung abrasiert und planiert wird. – Phase V: Postglaziale Abschmelzungsprozesse führen zu einem neuerlichen Anstieg des Meeresspiegels, den die den Stumpf besiedelnden Korallen durch ihr Wachstum nach oben kontinuierlich kompensieren, wodurch ein rezentes Atoll bei beträchtlichem Massenzuwachs entstanden ist.
1 Insel bzw. Inselkern aus Urgestein, 2 Wasseroberfläche, 3 Saumriff, 4 Wallriff, 5 Lagune, 6 Atoll, 7 Plattform des Atollstumpfes, 8 Korallenschutthang, 9 locker verbackener Korallenkalk und lebender Korallenbewuchs, 10 älterer Korallenkalk

über die Korallenriffe und weiterer Rifftypen notwendig geworden waren.

Schon Darwin schrieb, wenn das Meer über weite Strecken zu seicht ist, bilden sich unregelmäßige Riffe, die nicht immer klassifiziert werden können. Neben einer gewissen, darin zum Ausdruck kommenden Unsicherheit deutet er gleichzeitig die Notwendigkeit der Weiterführung der Klassifizierung der Riffe an. So können einer submarinen Bank aufgewachsene Plattformriffe zu atollähnlichen Gebilden werden, wenn bei Ebbe das auf dem Riffrücken angestaute Wasser als schweres Gewicht wirkt und den von den Korallen aufgebauten lockeren Untergrund eindrückt. Die stabileren und stets nachwachsenden Ränder erheben sich demzufolge alsbald wie ein ringförmiger Wall um einen flachen Lagunenboden. Hass (s. S. 14) bezeichnete diese Erklärung von der Entstehung der „Pseudoatolle", wie sie auch genannt werden, als Einsackungstheorie (central subsidence).

Große Schwierigkeiten bereiteten Darwin auch „die untergetauchten Bänke in Westindien", die „beträchtliche Zweifel betreffs ihrer Classification veranlassen" (1899, p. 206). Kühlmann entwickelte 1970 für das westindische Riffgebiet und die dort weit verbreiteten Bankriffe die Hemmungs- und Verzögerungstheorie (theory of obstructive and retarded growth). Die Entstehung letzterer ist von besonders starken glazialen Einflüssen abhängig. Der Meeresspiegel lag infolge der Bindung großer Wassermengen an die Inlandeismassen, die auf dem nordamerikanischen Subkontinent bis Iowa hinabreichten, zu den verschiedenen Eiszeiten um 70 m bis 200 m tiefer als heute, die Temperaturen betrugen im Jahresmittel 8 °C weniger. Riffbildenden Korallen war damit jede Existenzgrundlage für lange Zeit genommen. Erst einige tausend Jahre nach dem Ende der letzten Eiszeit hatten sich die mittelamerikanischen Meere soweit erwärmt, daß hermatypische Korallen, aus dem Süden vordringend, wieder die Ufer der Kleinen und Großen Antillen sowie geeignete Kontinentküsten besiedeln konnten. Die gute Siedlungsmöglichkeiten bietenden Ränder der postglazialen Abrasionsplateaus lagen durch den mit dem Schmelzwasserzufluß einhergehenden Anstieg des Meeresspiegels inzwischen tief unter Wasser und konnten von den lichtabhängigen hermatypischen Korallen nicht mehr bewachsen werden. Diese siedelten nun im gut durchleuchteten Flachwasser und bildeten zunächst Saumriffe. Danach folgten die Korallen an den Riffrändern durch kontinuierliches Wachstum nach oben dem weiteren Anstieg des Meeresspiegels. Gleichzeitig schob sich eine flache Lagune zwischen Land und Riff. So entstanden – stark gehemmt und verzögert – die mitten auf dem Küstenplateau gelegenen Bankriffe.

Bankriffe können jedoch auch passiv durch Abrasionsvorgänge entstehen. Die Kalksteinküsten Westindiens zeigen häufig Terrassencharakter, dessen Entstehung auf die Oszillationen von Meer und Land zurückzuführen ist. Gerät eine abgesunkene Terrasse unter den Einfluß lebhaft bewegten Wassers, wird ihr Rand sogleich von Kalkalgen, Korallen und anderen kalkabscheidenden Organismen besiedelt, die ihn mit einer lebenden, sehr widerstandsfähigen Kruste überziehen. Lockere Brocken und Sand aber werden von den Wellen auf das Plateau geworfen und zerkleinert. Die durch den ständigen Nachschub neuer Wassermassen über dem Plateau erzeugte Strömung erodiert zusammen mit Geröll und Sand eine dem Verlauf der Terrasse folgende Vertiefung in die Felsoberfläche, die allmählich vergrößert wird. Die feste widerstandsfähige Kante aber bleibt als erhabene Bank bestehen. So wurde ein Bankriff aus einer Küstenterrasse herausgraviert, das nicht primär von Korallen gebildet, aber sekundär von ihnen besiedelt wird.

Wie wir sahen, weisen die Korallenriffe weit mehr Typen auf, als Darwin damals übersehen konnte. Die vielfältigen einzelnen Rifftypen entstanden in starker Abhängigkeit von der Geologie des jeweiligen Gebietes auf durchaus verschiedene Weise. Dem Grundgedanken der Darwinschen Senkungstheorie – das im flachen, bewegten Wasser liegende Optimum für riffbildende Korallen und ihr beständiges Bestreben und Wachsen zur Wasseroberfläche, wenn sie tiefer unter Wasser geraten – kommt jedoch immer wieder ein bedeutendes Gewicht zu, wenn auch im einzelnen Modifikationen und Ergänzungen notwendig geworden sind.

Rekapitulieren und generalisieren wir: Weil die riffbildenden Scleractinia nur im Zusammenleben mit massenhaft in ihrem lebenden Gewebe vorkommenden einzelligen Algensymbionten der Art *Symbiodinium microadriaticum* eine so hohe Wachstumsrate und damit Kalkproduktion erreichen, daß sie Riffe zu bilden vermögen, sind sie an die photische Zone des Flachwassers gebunden; denn ihre Symbionten benötigen das Licht zur Assimilation wie jede andere farbstofftragende Pflanze.

Gelangen die hermatypischen Korallen – entweder durch Absinken des Substrates, durch Ansteigen des Meeresspiegels oder durch das Zusammenwirken beider Prozesse – zunehmend unter Wasser, können sie bei den in Riffgebieten gewöhnlich herrschenden optimalen Bedingungen das „Höhendefizit" mit Hilfe ihres kräftigen Wachstums kompensieren. Das ist das Kernstück zum Verständnis der Korallenriffbildung. Da alle Korallenriff-Entstehungstheorien auf diesen Erkenntnissen fußen, wurden sie zum 100. Todestag Darwins und ihm zu Ehren 1982 von Kühlmann in der „Kompensations-Theorie" vereint. Der Terminus wird sowohl dem geologischen Vorgang des allmählich zunehmenden Unterwassergeratens der Riffe als auch dem biologischen Prozeß des gleichzeitigen, ausgleichenden Nachobenwachsens der Korallen gerecht.

Woher – wohin im Weltmeer?

Alle Lebewesen nutzen die Möglichkeiten zur Eroberung neuer Lebensräume, auch die sessilen – die festgewachsenen Tiere im Wasser, die Pflanzen auf dem Lande. Sie verbreiten sich durch Sporen und Samen, die vom Wind verweht oder von Tieren verschleppt werden. Schwebelarven von Schwämmen, Moostierchen, Röhrenwürmern und Korallen werden im Wasser verdriftet. Woher kamen die Steinkorallen, wohin gelangten sie? Antwort auf diese Fragen geben uns die großen Strömungen der Weltozeane.

Im frühen Tertiär, als die riesige Tethys den tropischen Gürtel der Erde umgab, waren die Korallenarten etwa gleichmäßig verbreitet. Erst im mittleren und späten Tertiär wurden sie durch die Nord- und Südamerika verbindende Landbrücke und durch die zwischen Nordafrika und Asien entstandene Landverbindung in die atlantische und indopazifische Region getrennt.

Seitdem entwickelten sich zwei unterschiedliche Faunengebiete, von denen das

81 50

50 Dieser Haarstern besitzt feine, an den Enden abgerundete Arme, die er im Dämmerlicht mittlerer Tiefen auch am Tage kreisförmig ausbreitet. (Rotes Meer)

82/83 51 | 52

51 Peitschenartig biegen sich die Rutenzweige dieser Hornkoralle (Pseudoplexaura crucis) in der Dünung. (Jungferninseln, Westatlantik)

52 Rote und weißliche verästelte Weichkorallen der Gattungen Dendronephthya und Lithophyton siedeln oft auf Felsvorsprüngen steiler Wände. (Rotes Meer)

84 53 54
55

53 Die weißen, groben Stacheln dieses Seeigels (Echinothrix calamaris) bilden einen kontrastreichen Gegensatz zu den feinen, dunklen. (Rotes Meer)

54 Die stark verdickten Stacheln des Griffelseeigels (Fam. Cidaridae) sind bei alten Tieren stets mit Krustenalgen und Moostierchen dicht überzogen, so daß sie ihrer Umgebung gut angepaßt sind. (Rotes Meer)

55 Ein gefräßiger Räuber ist der Noppenseestern (Protoreaster lincki), der alles frißt, was langsam genug ist, um in die Gewalt seiner Saugfüßchen zu geraten: Mollusken, Würmer, Krabben, andere Stachelhäuter und auch Hohltiere. (Ostafrika, Indik)

56 Der Seemop (Thelenota ananas) ist eine riesige Seewalze, die bis zu 1 m lang wird. Sie tritt vereinzelt auf den in größerer Tiefe liegenden Sandflächen zwischen den Riffen auf. (Gesellschafts-Inseln, Pazifik)

57 Die großen Stachelaustern (Spondylus varius) besiedeln vorwiegend steile, im ruhigen Lagunenbereich gelegene Riffwände. Ihre dicht bewachsenen Schalen sind geöffnet, so daß der bunte Mantel der Tiere deutlich sichtbar ist. (Gesellschafts-Inseln, Pazifik)

58 Im nährstoffreichen Lagunenwasser siedeln die kleinen Riesenmuscheln (Tridacna crocea) in so großen Mengen, daß sie den auf den Atollen lebenden Menschen als Fischköder und Nahrung dienen. (Tuamotu-Archipel, Pazifik)

59 Der kleine nachtaktive Langschwanzkrebs (Enoplometopus occidentalis) bewohnt Hohlräume des porösen Riffkalks. (Hawaii, Pazifik)

60 Der Spiralfiederwurm (Spirobranchus giganteus) tritt in den verschiedensten Farben auf – weiß, gelb, rot, blau oder gescheckt. (Rotes Meer)

61 Lederkorallen der Gattung Dendronephthya sind meist ziemlich stachelig, weil die großen, harten Kalkskelettnadeln teilweise nach außen ragen. (Rotes Meer)

62 Nacktkiemer sind Schnecken ohne Gehäuse, die vielfach, wie auch diese Chromodoris quadricolor, eine farbenprächtige Zeichnung – vielleicht ein Warnkleid – aufweisen. (Rotes Meer)

atlantische später unter den Einfluß der Eiszeit geriet, das indopazifische diesem weitgehend entging. Viele tertiäre Korallenarten sind noch heute im Indopazifik weit verbreitet, im Atlantik hingegen ausgestorben. Von *Acropora* existieren in der indopazifischen Region über 200 Arten, in der Karibik hingegen nur drei, von *Porites* stehen über 30 indopazifischen Arten sechs karibische gegenüber. Das Zustandekommen des recht einheitlichen biogeographischen Bildes der riesigen, von West nach Ost etwa 25 000 km messenden indopazifischen Korallenriffregion hat zwei Ursachen: 1. Die Beständigkeit des Lebensraumes, dessen Umweltbedingungen sich über lange Zeiträume nicht wesentlich veränderten, erforderte keine neuen Anpassungsmechanismen. Damit entfiel ein wesentlicher Auslösereiz zur Entstehung neuer Arten. 2. Die Steinkorallenlarven vermögen über Wochen, in einigen Fällen bis zu zwei Monaten, planktisch zu leben. So können sie von Meeresströmungen Tausende Meilen verdriftet werden, ehe sie sich festsetzen und Kolonien entwickeln. Auf diese Weise wurde das ausgedehnte Gebiet relativ gleichmäßig besiedelt.

Eine Rückbesiedlung der postglazial stark unterkühlten atlantischen Riffregion mit hermatypen Scleractinia erfolgte erst nach der allmählichen Erwärmung der Wassermassen von Süden her durch Verdriftung der Larven nach Norden. Doch die ihre trüben und suspensionsreichen Wassermassen in den Atlantik ergießenden Ströme, Amazonas und Orinoco, unterbrachen vor der Küste Südamerikas auf einer Länge von rund 3 000 km das Siedlungsgebiet der Steinkorallen. So entstand südlich die eigenständige brasilianische Korallenprovinz, deren reduzierte Korallenfauna überwiegend endemische Arten aufweist. Hier herrschten veränderte Umweltfaktoren, die zur Entstehung genetisch veränderter, neuer Arten geführt haben. Der weit im Norden gelegene Bermuda-Archipel wiederum weist nur Arten auf, die auch in der Karibik vorkommen und deren Larven mit dem Golfstrom nach dort verdriftet worden sind. Er stellt also kein eigenständiges, sondern ein verarmtes Korallengebiet dar.

Im westindischen Litoral sind heute 90 % der Hornkorallen, 80 % der Rundkrabben und somit fast 300 Arten, 80 % der Seegurken sowie sämtliche Haarsterne endemisch. Von den Papageifischen ist die Gattung *Sparisoma* mit 18 Arten endemisch. Der Reichtum der vielen Endemismen stellte sich nach anfangs veränderten, dann optimalen Lebensbedingungen ein.

Andererseits ist die Trennung des atlantischen vom indopazifischen Gebiet noch zu kurzzeitig, um faunistisch alle verwandtschaftlichen Beziehungen auszulöschen. So kommen von 26 in Westindien beheimateten Riffkorallen 21 Gattungen auch im Indopazifik vor. Die Arten sind jedoch nicht mehr miteinander identisch. Das Fehlen der artenreichen Gattung *Acropora* in den Randgebieten beider Riffregionen – im Ostpazifik, vor Hawaii, den Marquesas, Westaustralien, den Bermudas und der brasilianischen Küste – ist eine Gemeinsamkeit, die als ökologisches Resultat zu werten ist. Die Geweihkorallenarten besitzen als echtes Entwicklungsprodukt des tropischen Litorals ein so stenökes Temperaturbedürfnis, daß ihnen die Randgebiete schlicht zu kalt sind. Die etwa 500 hermatypischen Steinkorallenarten des Indopazifiks sind Ausdruck der enormen Entwicklungsmöglichkeiten, die das gegenüber dem atlantischen zwanzigmal größere, glazial wenig gestörte Meeresgebiet den Korallen geboten hat. In beiden Regionen haben die von Ost nach West verlaufenden Hauptströmungen zu einer maximalen, durch Larvenverdriftung entstandenen Artenkonzentration im Westteil des Pazifiks, des Indiks und des Atlantiks geführt. Auch umhertreibende Bimssteinstücke, auf denen sich kleine Korallenkolonien angesiedelt haben, haben sicher bei der Verbreitung derselben mitgewirkt. Im abgeschlossenen Roten Meer, das hinsichtlich des erhöhten Salzgehaltes und der gedämpften Hydrodynamik eigenständige ökologische Bedingungen aufweist, konnten sich ebenfalls endemische Arten entwickeln.

Natürlich haben die faunistischen Unterschiede auch gravierende Wirkungen auf die rezenten Riffe ausgeübt. So zeigen die atlantischen Riffe gegenüber den indopazifischen trotz etwa gleicher Wachstumspotenzen kleinere Formen und vermögen auch dem Angriff der Wogen nicht so viel Widerstand entgegenzusetzen – ersteres wegen ihrer glazial verzögerten Entwicklung, letzteres wegen der verringerten Zahl der Riffbildner, insbesondere wegen der reduzierten Artenzahl zementierender Kalkalgen in der Brandungszone. Damit verknüpft, ist auch der Deckungsgrad der Riffkorallen unterschiedlich. Beträgt er in der Karibik um 60 %, beläuft er sich in den meisten indopazifischen Riffen auf 80–90 %. Da die Korallen mancherorts dicht bei dicht und die Arten entsprechend ihren Größen in „Stockwerken" übereinanderwachsen, ist man versucht, derartige Deckungsgrade sogar mit über 100 % zu veranschlagen.

Nicht alle Riffsubstrate werden von Steinkorallen gleichermaßen genutzt. In der indopazifischen Riffregion existieren mit Vertretern der Gattungen *Psammocora, Montipora, Favia, Goniastrea, Prionastrea, Leptastrea, Echinopora, Podabacia, Cyphastrea, Porites, Pachyseris, Pavona, Leptoseris, Coscinarea, Hydnophora* und anderen viele Arten, die krustig oder scheibenförmig wachsen und auch Steilwände besiedeln. In der atlantischen Region sind es wenige Arten der Gattungen *Madracis, Siderastrea, Agaricia* und *Leptoseris*.

Unterschiedliche Besiedlungen werden anderweitig, z. B. im Korallenbewuchs des Riffrückens, augenfällig. In der karibischen Region dominiert dort die Elchhornkoralle, *Acropora palmata*, gemeinsam mit der Feuerkoralle, *Millepora complanata*. Ein der Elchhornkoralle entsprechender Typ existiert in den indopazifischen Riffgebieten nicht. Auch *Millepora* ist gewöhnlich nicht in der Häufung wie im Westatlantik anzutreffen. Dafür wachsen im Indopazifik in dem ständig bewegten Wasser des Riffrückens strauchartige Geweihkorallen, die der karibischen *Acropora prolifera* konvergent sind, doch kommt letztere nur im Stillwasserbereich vor. Stellenweise ziehen sich speziesuniforme Assoziationen von *Montipora* in 2–20 m Tiefe über Außenhang und Riffrücken hin. Die Ränder ihrer dünnen, zerbrechlichen Platten und Schalen leuchten hell in der Dämmerung größerer Tiefen und sind besonders auffällige Erscheinungen. Die überaus fragilen Acroporen und Montiporen bei kräftiger Wasserbewegung, ohne Schaden zu nehmen, wachsen zu sehen, ruft stets Verwunderung hervor.

Auch im Aktivitätsrhythmus (s. S. 106) sind Unterschiede festzustellen. Zeigt sich in der westindischen Provinz nur die Kandelaberkoralle, *Dendrogyra cylindrus*, obligatorisch, *Montastrea* und *Porites* gelegentlich tagaktiv, gibt es im Indopazifik mit *Porites, Galaxea, Goniopora, Favia* und anderen eine ganze Reihe tagaktiver Steinkorallen. Ob der Grund in einer härteren Nahrungskonkurrenz zu suchen ist, muß dahingestellt bleiben. Vielleicht reicht die Nachtaktivität zur Deckung des Planktonbedarfes nicht aus.

Ein markanter Unterschied wird durch die Octocorallia-Bestände geprägt. In den indopazifischen Riffen – ausgenommen in den im Zentral- und Ostpazifik gelegenen – sind Lederkorallen in großen, wohlentwickelten Beständen eine häufige Erscheinung. In den atlantischen Riffen gibt es zwar auch Lederkorallen, jedoch nur vereinzelt und spärlich. Dafür wiegen sich hier zahllose große, braune, violette und gelbe Hornkorallenbüsche graziös in der Dünung. Sie sind im Indopazifik, zumindest im Flachwasserbereich, stark reduziert.

Im tropischen Westatlantik ist die Artenzahl bestimmter Tiergruppen geringer als im Indopazifik. So existieren in den indopazifischen Riffen etwa 5 000 verschiedene Schnecken und Muscheln, in den atlantischen 1 200. Ungefähr 2 000 Fischarten stehen nur zirka 600 atlantische gegenüber. 140 Arten der Schmetterlingsfische (Chaetodontidae) leben im Indopazifik, im Atlantik nur 12, an Kaiserfischen (Pomacanthidae) beherbergt der Indopazifik 65 Arten, der Atlantik 9. In den mittelamerikanischen Meeren sind die Gattungen *Dascyllus, Amphiprion* und *Premnas* nicht vertreten, und es ist sicher richtig, wenn Eibl-Eibesfeldt meint, daß die glazialen Auskältungen dort die Fischwelt ebenfalls stark dezimiert haben. Je enger die Fische an Korallenriffe gebunden waren, desto sicherer starben sie mit ihnen den Kältetod. Etwaige eiszeitliche Temperaturherabsetzungen aber waren im Indopazifik so minimal, daß sie keine gravierende Wirkung auf die Organismenbestände hatten.

Buntes Leben
in lebenden Riffen

Korallenriffe werden unter Ausnutzung von Energie- und Stoffzufuhr als einziger Lebensraum der Erde von der ihnen eigenen Organismengemeinschaft erzeugt, vergrößert und erneuert. Oder anders gesagt: Die Korallen-Biozönose ist weitgehend autochthon, da sie ihren Biotop, das Korallenriff, selbst erschafft und erhält. Sie bietet damit einer Fülle anderer Organismen eine Existenz. Alle haben sich im Verlaufe der Entwicklung so aufeinander abgestimmt, daß normalerweise keine Art von einer anderen ausgerottet wird. Man hat diesen Zustand treffend als „biologisches Gleichgewicht" gekennzeichnet.

Das überwältigend reiche Gefüge der einzelnen Lebensformen im Detail zu schildern, ist aus zwei Gründen nicht möglich: 1. wissen wir über die meisten Bewohner der Korallenriffe noch zu wenig, um generalisieren zu können, und 2. würde selbst das, was wir wissen, zu umfangreich sein, um hier im einzelnen dargestellt zu werden. So mögen Beispiele genügen, um Charakteristisches deutlich zu machen.

Bei allem ist jedoch zu beachten: So sehr sich auch das Korallenriff durch sein autochthones Reproduktionsvermögen von anderen Ökosystemen unterscheidet, vermag es doch ebensowenig losgelöst von den allumfassenden Umweltfaktoren unserer Erde, dem Licht- und Energiespender Sonne, der Sauerstoffbasis Luft und dem Lebensquell Wasser mit seinen gelösten Stoffen, zu existieren. Verändert sich einer dieser Faktoren auch nur geringfügig, dann bricht das ökologische Gefüge Korallenriff zusammen.

Lebensraum Korallenriff

Korallenriffe entstehen dort, wo hermatypische Steinkorallen in den Tropenmeeren günstige Lebensbedingungen finden: auf Felsgrund in klarem, bewegtem Wasser. Luv- und Leeseite sind bei Küstenriffen deutlich ausgeprägt. Ozeanische Korallenriffe zeigen sie in differenzierter Weise ebenfalls: Ein Atoll besitzt in seiner Lagune ein Stillwassergebiet.

Entsprechend seiner Exposition teilt man ein Riff in das den Wogen ausgesetzte Außenriff und in das geschützt gelegene Achterriff oder Rückriff ein. Das Außenriff besteht aus dem durch Aufwuchs von Kalkalgen und Korallen meist leicht erhöhten Riffrücken, dem sich seewärts anschließenden Außenrand, dem sich von dort in die Tiefe fortsetzenden Luv- oder Außenhang und dem Vorriff. Reicht der Außenhang in größere Tiefen und damit in ruhiges Wasser hinab, läßt er sich entsprechend dem verschiedenartigen Bewuchs in eine Wellenzone, eine Wirbelzone und eine Strömungszone differenzieren. Das Achterriff hingegen weist nur einen zergliederten Riffrand und einen kleinen Leehang, auch Achter- oder Rückhang genannt, auf. Die einige bis Hunderte von Metern breite, zwischen Außen- und Achterriff gelegene, horizontale Fläche wird als Riffdach oder Rifftafel, -plateau oder -fläche bezeichnet. Randpartien und Riffrücken befinden sich in Höhe des mittleren, das Riffdach in Höhe des niedrigen Wasserstandes.

Diese Riffabschnitte sind vielfältig strukturiert. Die unter dem Einfluß schwerer See stehenden Luvhänge werden oft durch vertikal zum Ufer orientierte Gräben zerteilt, die im Verein mit Geröll und Sand in den Kalkfels graviert worden sind. Zusammen mit den stehengebliebenen Rücken, die vom Riffdach aus sporn- oder zungenartig in das Meer vorragen, werden sie als Sporn-Rinnen-System bezeichnet. Ist das Riffdach so schmal, daß die Brandung mit Wucht darüber hinwegbraust und nach achtern kräftig ausfließt, kann auch dort ein Sporn-Rinnen-System auftreten. Wasserbewegung und Sand können in einen nicht zu tief gelegenen Riffuß außerdem mehrere Meter tiefe Kehlungen schmirgeln. Höhlen sind vor allem dort in den Felshang gewaschen, wo sich früher der Meeresspiegel befand. Überall wird der poröse Kalkfels von Spalten und Gängen durchzogen. Der Eingang zu arm- bis mannesstarken Hohlgängen liegt nicht selten frontal zur offenen See wenige Meter unterhalb der Wasserlinie, während der Ausgang auf dem Riffdach mündet. Die anrollenden Wellen pressen Wasser mit hoher Energie durch diese Blaslöcher, das dann in gewaltigen Fontänen in die Luft aufsteigt. Auf Absätzen und Terrassen haben sich mit Geröll angefüllte Gesteinsmühlen gebildet. Vorsprünge, Nischen, Kuppeln und Simse führen zu allen Formen der Zergliederung einer Felsoberfläche, die von den Organismen in der unterschiedlichsten Weise besiedelt und bewohnt wird. Je nach der Exposition zur Wasserbewegung wird sie von Turbulenzen liebenden oder ein ruhiges Milieu bevorzugenden Lebewesen eingenommen und je nach den Lichtverhältnissen von Helle oder Dunkel liebenden Arten bewohnt. Eine stark zergliederte Oberfläche wird stets von einer vielfältigen Organismengesellschaft besetzt sein. Ist sie aber uniform, herrscht nicht selten eine Art vor. Auch andere vorherrschende Umweltfaktoren, wie starke Brandung oder Sedimentation, können zu einer einförmigen Besiedlung führen, da über Anpassungen an extreme Lebensbedingungen nur verhältnismäßig wenige Organismen verfügen.

Wer lebt im Korallenriff?

Auf die Frage, welche Organismen ein Korallenriff in so erstaunlich vielfältiger Weise bevölkern, gibt es eine ebenso umfassende wie einfache Antwort: Fast alle Stämme der Pflanzenwelt und alle Stämme des Tierreichs sind hier vertreten. Über wichtige kalkabscheidende Lebewesen wurde bereits berichtet (s. S. 44), doch leben noch viele andere im Riff.

Bakterien sind im Wasser ebenso zahlreich wie auf dem Lande. Das gleiche gilt für pflanzliche und tierische einzellige Organismen. Sie besitzen bedeutende ökologische Funktionen, doch sind sie alle mikroskopisch klein und unauffällig. Die vielzelligen Algen bilden auffällige Matten, Büschel, Lappen, Beeren und zähe Stengel mit blattartigen Assimilationsorganen.

Unter den vielzelligen Tieren existiert ein ganzes Heer mikroskopisch kleiner Wesen, zum Beispiel winzige Rädertierchen und Gastrotrichen, Kinorhynchen und Kamptozoen, die nicht größer als einzellige Ciliaten sind. Unter den Krebsen, Platt- und Rundwürmern gibt es ebenfalls mit bloßem Auge kaum erkennbare Formen. Größer hingegen sind die vielen anderen wurmartigen Tiere, die Rund- und Strudelwürmer, die Schnur-, Borsten- und Spritzwürmer, die jedoch keine engeren verwandtschaftlichen Beziehungen zueinander besitzen. Doch leben auch sie versteckt, so daß man sich frei bewegende Vertreter dieser Gruppen nicht allzu häufig zu sehen bekommt. Eine nicht in Korallenriffen lebende Schnurwurmart wird 27 m lang *(Lineus longissimus)* und gehört somit zu den längsten Tieren.

Die Krebse sind mit einer schier unübersehbaren Artenfülle im Korallenriff vertreten. Viele sind winzig, und wenn Tausende helle Pünktchen oder Stäbchen im Wasser hüpfen und treiben oder über den Grund krabbeln, sind es Wasserflöhe, Hüpferlinge oder Muschelkrebse. Höhere Krebse sind meist gut sichtbar. Die Spaltfußkrebschen ähneln grazilen Garnelen, doch bestehen ihre Schwimmfüßchen aus jeweils zwei beborsteten Ästen. Kellerasseln sind uns als terrestrische Formen vertraut. Im Meer sind viele Asseln parasitär geworden. Sie haben sich nicht selten an den Köpfen und Körpern von Fischen festgesetzt. Durch heftiges Zwicken machen sich hin und wieder Scherenasseln bemerkbar. Es sind 1–2 cm lange, walzenförmige Krebschen mit recht gleichmäßigen Körpersegmenten, kurzen Beinen und einem kleinen Scherenpaar. Flohkrebse mit seitlich abgeflachten Ringelkörpern von überwiegend 5–20 mm Länge findet man meist an Tangen und Algen. Am auffälligsten sind die zehnfüßigen Krebse, wie die wohlschmeckenden Langusten und Bärenkrebse. Feingliedriger sind die Garnelen. Obwohl in dieser Gruppe schwimmende Arten zahlreicher sind, überwiegen in Korallenriffen die benthischen Formen. Einsiedlerkrebse sind im Korallenriff so häufig, daß kaum ein geeignetes Schneckengehäuse unbewohnt ist. Bei der geringsten Beunruhigung ziehen sie sich sofort in ihre Wohnstatt zurück. Von allen auffälligen Krebsen sind die Krabben mit etwa 4 500 Arten am zahlreichsten vertreten. Ihre Größen schwanken zwischen einigen Millimetern und einigen Dezimetern. Landkrabben kehren nur noch zur Fortpflanzung in das Wasser zurück.

Einige Weichtiere leben in den Riffen, die uns nicht so vertraut sind wie Schnecken und Muscheln. Am Fels der Brandungszonen haben sich ovale Panzerplattenträger, die Käferschnecken, festgesogen. Auch starke Brandung vermag sie nicht loszureißen. Verlieren sie doch einmal den Halt, rollen sie sich zusammen und werden von den Wellen über den Fels getrieben, ohne Schaden zu nehmen. Nacktkiemer sind gehäuselose Schnecken. Ihre Kiemen hängen frei im Wasser. Viele haben sie jedoch zurückgebildet und atmen durch die Haut. Farbenpracht und -zusammenstellung sind bei ihnen grenzenlos. Nur sind die hochspezialisierten und manchmal recht kleinen Wesen an ihre Umgebung oft so gut angepaßt, daß man sie nur schwer erkennt. Kopffüßer in Gestalt der Kalmare, Sepien, Kraken und Schiffsboote berühren uns oft unheimlich: Gegenüber den mit Saugnäpfen ausgerüsteten Fangarmen fühlt sich der Mensch wehrlos, die kräftigen Kiefer gleichen gefährlichen Hakenschnäbeln, und zu den teilweise riesenhaften Augen von 40 cm Durchmesser bei 20–30 m Körperlänge gesellen sich überdies gar schreckliche Schauergeschichten. Im Riff sind jedoch ausschließlich kleinere Arten vertreten, mit denen Taucher wegen ihrer schnell wechselnden Farbtrachten und lebhaften Bewegungsreaktionen gern spielen. Doch ist Vorsicht geboten, da der Biß einiger Arten hochgiftig ist.

Könnte man die Krebse mit den Insekten auf dem Lande vergleichen, so mögen die Fische an Vögel erinnern. Tatsächlich sind sie die auffälligsten Wesen im Korallenriff, wo sie auf relativ engem Raum in einer nirgends größeren Vielfalt vertreten sind. Fische sind am Tage im oberen Riffteil immer zu sehen. Soweit es das Licht zuläßt, kann man ihre Farbenpracht bewundern, wenn sie langsam durch das Wasser rudern oder blitzartig dahinschießen.

Wie wohnt man im Korallenriff?

Nobelpreisträger Konrad Lorenz führte aus, daß das Korallenriff hinsichtlich der Vielfalt seiner Lebewesen von keinem Lebensraum der Erde übertroffen wird und kein anderer so vielfältige ökologische Probleme aufwirft (1976). Was aber hat dazu

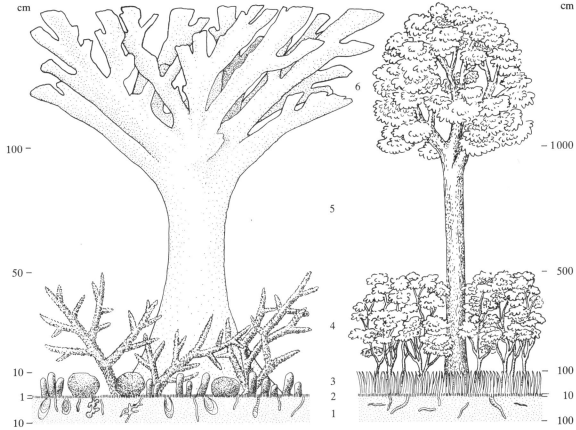

28 Korallenriff und Regenwald nutzen den Lebensraum optimal, indem sie Straten mit vielen ökologischen Nischen bilden.
1 Kalkfels-/Bodenschicht,
2 Krusten-/Moosschicht,
3 Kleinkorallen-/Krautschicht,
4 Strauchschicht,
5 Stammschicht,
6 Kronenschicht

geführt, daß Vertreter aus sämtlichen Stämmen des Tierreiches und fast aller Pflanzenstämme aus dem so überaus reichen, für Taucher unsichtbaren Mikrobereich bis hin zu den Großformen, wie sie bei einzeln lebenden wie koloniebildenden Tieren auftreten, in Tausenden und aber Tausenden verschiedenen Arten auf so engem Raum über Jahrmillionen existieren können, ohne daß dieses Ökosystem ins Wanken geraten ist? Die Korallen-Zooxanthellen-Symbiose ist als biologische Potenz die wichtigste Voraussetzung für den Prozeß seiner Regeneration (s. S. 24), für seine Langlebigkeit und Grundlage für die Existenz der Myriaden von Riffbewohnern. Doch wäre sie für die Vielfältigkeit der Organismen wirkungslos geblieben, hätten sich die Lebewesen in ihrem Verhalten nicht so aufeinander abgestimmt, daß eine Art die Gegenwart der anderen toleriert. So ist das Verhalten gleichzeitig Anpassung an die unbelebte wie belebte Umwelt. Anpassung erfordert aber auch, daß keine Art haargenau dieselben Lebensansprüche wie die andere stellt; anderenfalls müßte die unterlegene der dominierenden weichen.

Das Korallenriff in seiner dreidimensionalen Ausdehnung, mit waagerechten, schiefen, senkrechten bis überhängenden Substraten, seinen Ebenen, Schluchten, Terrassen, Kavernen und Höhlen, Konsolen und Rissen, mit Sonne, Schatten und Finsternis, mit Luv und Lee, mit von oben nach unten kontinuierlichem Schwund von Licht und Wasserbewegung bietet den Organismen des Meeres ein einmalig vielfältiges Angebot an Wohn- und Lebensstätten. Ein Heer sessiler Organismen hat die Herausforderung angenommen und es besiedelt.

Zu üppigem Korallenbewuchs gesellen sich Unmengen an Kalkalgen, Moostierchenkolonien und Hydrokorallen. Hier wird — wie in einem Wald — in Etagen gewachsen: Die Großen überragen die Kleinen. Die Wuchsschichten oder Biostraten des Korallenriffs entsprechen etwa denen des Waldes im Verhältnis 1:10.

1. In der Bodenschicht des Waldes leben hauptsächlich Wurmartige, Larven und Kerfe. Im Riff bohren Pilze, Algen, Schwämme, Muscheln und Ringelwürmer in der Gesteinsschicht des Substrates.

2. Darauf folgt im Wald die Moosschicht. Im Riff hat sich eine bis etwa 1 cm hohe, von Kalkalgen, Schwämmen, Moostierchen und Steinkorallen gebildete Krustenschicht gebildet.

3. Der Krautschicht des Waldes entspricht etwa das nächst höhere Stratum im Riff, die Kleinkorallenschicht. Diese rekrutiert sich aus einer Vielzahl verschiedener Scleractinia, außerdem zart verzweigter Moostierchen, zierlicher Hydrokorallen und büschelförmiger Algen von 1–10 cm Wuchshöhe.

4. Der Strauchschicht des Waldes steht ebenfalls die Strauchschicht des Riffes

gegenüber. Sie setzt sich aus größeren, verzweigten Korallen, hauptsächlich aus Geweih-, Griffel- und Kolbenkorallen, zusammen. Wie im Wald bilden sie oft ein dichtes, „undurchdringliches Unterholz".

5. Der Krautschicht entragen die Stämme der Bäume ebenso wie die der großen Korallen und bilden die Stammschicht. Wie in den Baumstämmen verschiedene Holzschädlinge, bohren in den Stämmen der Korallen Schwämme, Muscheln und Ringelwürmer.
6. Alles wird überragt von der Kronenschicht, im Wald von Baumkronen, im Riff von Korallenkronen — großen Schirmen der Geweihkorallen oder dem oberen, lebenden Teil mächtiger Porenkorallensäulen.

Meist sind weder in Wäldern noch in Korallenriffen die Straten so vollständig vorhanden, wie hier beschrieben. Bei aller zufälligen Übereinstimmung wird aber hier wie dort durch den Etagenwuchs dasselbe erreicht: eine hohe Ausnutzung der Siedlungsfläche sowie ein hohes Angebot ökologischer Nischen und vieler Lebensmöglichkeiten für eine gesteigerte Arten- und Individuenzahl. Die sessilen Organismen haben die vielgestaltige Riffoberfläche je nach Ansprüchen unter sich optimal aufgeteilt. Sie zergliedern das Substrat durch ihre Wuchsformen zusätzlich um ein Vielfaches und bieten so den anderen Lebewesen ein erweitertes Angebot an Existenzraum. Wollte man die Krebse im Riff entfernt mit den Käfern des Landes vergleichen, so dürften die Fische den Taucher an die Vögel erinnern. Tatsächlich sind sie dort die auffälligsten Wesen.

Bei allem aber engt die Raumkonkurrenz das Ausbreitungsbestreben der Organismen, die keinen Ortswechsel vornehmen können, erheblich ein. Ihre Ansiedlung hängt stets von der Erstbesiedlung ab. Ist durch Abrasion und Absterben einer Korallenkolonie eine „Planstelle" für eine Neubesiedlung frei geworden und keine siedlungsbereite Korallenplanula zugegen, wird sie meist von Algen eingenommen. Eine Rückeroberung dauert mehrere Jahre bis Jahrzehnte, wird aber gewöhnlich von spezialisierteren Lebewesen, wie den Scleractinia, doch erreicht, so daß die „Opportunisten" schließlich von den „Spezialisten" verdrängt werden. Bei dauerhafter Veränderung des Biotops durch anthropogene Einflüsse wird eine Rekolonisation jedoch unmöglich.

Andererseits gelingt es Korallenwürgern, wie Algen, Schwämmen oder Lederkorallen, nicht selten, die Steinkorallen von Licht und Wasseraustausch abzuschneiden und sie zu überwuchern. Die auslösenden Momente hierfür sind recht unterschiedlich. In Reviere, die von Riffbarschen intensiv verteidigt werden, können algenweidende Fische nicht vordringen. Dadurch vermehren sich die Algen so stark, daß sie die Steinkorallen ersticken. In die Kaneohe-Bucht von Hawaii wurden vor einigen Jahren so viele stickstoff- und phosphorhaltige Stadtabwässer eingeleitet, daß sich Algen massenhaft entwickelten und die Korallen abtöteten. Vor Guam überkrustete ein Schwamm der Gattung *Terpios* kilometerweit den zuvor von Dornenkronen-Seesternen (s. S. 125) abgeweideten Steinkorallenbewuchs. In Korallenriffen, die durch Baumaßnahmen oder Sprengungen einer hohen Sedimentbelastung ausgesetzt werden, entwickeln sich oft in großen Mengen die gegen Schwebstoffe resistenteren Lederkorallen. Sie pumpen sich durch Wasseraufnahme auf und ersticken die Steinkorallen.

Steinkorallen ringen auch untereinander um das Siedlungssubstrat. Manche sind mit weit herausreckbaren Polypen, andere wieder mit peitschenartigen Tentakeln, viele mit langen, aus den Gastralräumen hervorstreckbaren Mesenterialfilamenten, alle mit starken Nesselbatterien ausgerüstet. Damit halten sie den Raum rings um ihre Kolonien frei und drängen schwächere Scleractinien zurück. Da die Mesenterialfilamente Fermente sezernieren, werden Konkurrenten, die von ihnen erreicht werden, angedaut und sterben ab. Die Art mit den längeren Filamenten besiegt gewöhnlich die Art, die nur kürzere besitzt. Dadurch besteht eine gewisse „Hackordnung" unter den Steinkorallen (Schuhmacher, 1976). Im Vorteil sind Arten, die zum Aufwachsen nur eine kleine Basis benötigen, sich aber darüber breit entfalten. Das ist sicher ein Grund, daß verzweigte Korallen oft ausgedehnte kräftige Populationen und tischartige, weit ausladende Kolonien zeigen.

Die Fülle qualitativ verschiedener Umweltbedingungen und die vielen konkurrierenden Arten haben die Rifforganismen gezwungen, immer neue Spezialisierungen auszubilden, um sich gegenseitig dulden zu können. Auf diese Weise haben die Arten ständig neue ökologische Nischen erobert und Lebensmöglichkeiten gefunden, bis das Korallenriff die heutige enorme Artenmannigfaltigkeit aufwies. Der Begriff „ökologische Nische" beschränkt sich hierbei nicht auf den räumlichen Aspekt, sondern er umfaßt ebenfalls die anderen lebenswichtigen Funktionen — Bewegung, Nahrung, Fortpflanzung, Schutz — in ihrer abgestimmten Verzahnung erfolgreich adaptierten Verhaltens. Hinzu kommt, daß trotz allen harmonischen Ineinandergefügtseins steigende Artenzahl einen stärkeren Konkurrenzdruck erzeugt. Manche Arten lösen das Existenzproblem, indem sie in neue Arten mit veränderten Verhaltensweisen aufspalten. Dadurch wieder existenzfähig, erhöhen sie aber gleichzeitig den Konkurrenzdruck in der gesamten Lebensgemeinschaft — Anlaß für andere zu erneuter Radiation. Das Korallenriff ist gleichsam ein „Beschleuniger für Artenvielfalt", in dem sowohl biologische als auch physikochemische Faktoren als Kontrollmechanismen wirken. Dieser Prozeß ist kaum meßbar und zieht sich über Jahrmillionen hin. Die Feststellung Hennigs, die Artenzahl einer Organismengruppe sei ihrem Alter proportional, findet in der Ökologie ein Analogon: Die Artenzahl liegt in einer alten Biozönose höher als in einer jungen — Korallenriffe zählen zu den ältesten Ökosystemen der Erde.

Während die sessilen Organismen auf dem Substrat leben, bevölkern die vagilen sowohl den Grund als das darüber anstehende Wasser. Sie teilen sich also in zwei Gruppen, in die auf dem Grund lebenden beweglichen Benthosorganismen, kurz Vagibenther[1] genannt, und die sich im freien Wasser aufhaltenden Organismen, die Plankter oder Planktonten, in ihrer Gesamtheit als Plankton[2] bezeichnet. Zwischen beiden Gruppen korrespondieren viele Arten, die bald am Grund, bald im freien Wasser vorkommen.

Viele Vagibenther sind an das Leben auf oder im Grund gebunden. Im Hartsubstrat leben bohrende Organismen: Blaualgen, Schwämme, Ringelwürmer, Spritzwürmer, Weichtiere und Stachelhäuter. Viele tierische Bohrer verfügen in den von ihnen angelegten Wohnhöhlen oder -gängen über eine gewisse Eigenbewegung. Blaualgenfäden durchziehen den Kalkstein zentimetertief mit einem feinen, oft dichten Netz. Es wird geschätzt, daß diese winzigen Algen örtlich über 80% des Kalkgesteins mit ausgeschiedenen Säuren auflösen. Auch bohrende Pilzmyzelien sind in Riffgestein festgestellt worden.

Unterhalb 20 m Tiefe ist das Licht so schwach, daß bohrende Algen zurückgehen. An ihre Stelle treten Bohrschwämme (Clionidae). Sie besitzen Ätzzellen, die Fortsätze auf das Gestein strecken, kollabieren und einen ätzenden Stoff freisetzen. Sofort durch neue ersetzt, die die Ätzarbeit fortsetzen, entsteht ein bis $0{,}2^{-6}$ m breites Spaltensystem und schließlich ein winziger, losgelöster Kalkbrocken von $30–50^{-6}$ m Durchmesser. Dieser wird durch eine vom Bohrschwamm erzeugte Wasserströmung abtransportiert. *Cliona lampa* vermag in 100 Tagen in 1 m² Rifffläche 6–7 kg Kalkstein zu zerstören (Neumann, 1966). Da von dem Bohrmaterial nur 2–3% in Lösung gehen, ist ein großer Teil des am Riffuß abgelagerten Schluffs aus der Tätigkeit der Bohrschwämme hervorgegangen. In den vor Jamaika gelegenen Riffen treten sie ab 25 m Tiefe als stärkster erodierender Faktor auf.

[1] *lat. vagil = beweglich, gr. benthos = Tiefe*
[2] *gr. planktós = umhergetrieben*

Ähnlich scheinen bohrende Spritzwürmer (Sipunculida) ihren Weg ins Kalkgestein zu finden. Auch sie lösen Kalkkristalle stückweise und räumen sie mechanisch beiseite. Wie manche Ringelwürmer ihre U-förmigen Röhren im Kalkgestein anlegen, ist bisher nicht ermittelt worden.

Im Riffkalk befinden sich zahlreiche, von Muscheln angelegte, grobe Wohnlöcher. Die häufige Seedattel *(Lithophaga)* bohrt chemisch. Drüsen auf den Siphonen und Mantelrändern sondern starke Säuren ab, mit deren Hilfe sich die Tiere in das Kalkgestein ätzen. Die Wohnlöcher entsprechen dem Durchmesser der langovalen Schalen, wobei das vordere Ende der Öffnung zugekehrt ist. Aus ihr wird der Siphon gestreckt, jenes schlauchartige Gebilde, durch das mit Hilfe von Cilien frisches, plankton- und sauerstoffreiches Wasser eingestrudelt wird, um Ernährung und Atmung zu sichern. – Auf andere Weise legen Bohrmuscheln (Pholadidae) ihre Wohnlöcher an. Das untere, dickere Schalenende ist mit Zähnen bewehrt. Es wird durch den muskulösen Fuß fortgesetzt in eine Richtung gedreht. Obwohl die Bewegung sehr langsam erfolgt, entsteht doch synchron zu Wachstum und Zeit das Wohnloch. Unter anderen bohrenden Muscheln findet sich auch die Riesenmuschelart *Tridacna crocea*, die in pazifischen Riffen bohrt.

In der Brandungszone der Riffe erinnern Felspartien mit vielen großen, runden Löchern an Schweizer Käse. Die Urheber sind buckelige Seeigel, deren Stacheln zum Teil ins Freie ragen. Paßgerecht haben sie ihre Wohnhöhlen angelegt. Keine noch so starke Brandung vermag sie herauszuzerren, zumal sie sich mit Saugfüßen fest anheften und die Stacheln in das Gestein stemmen, um sich zu verkeilen. Organische Partikelnahrung wird eingeschwemmt. Die Stacheln schützen sie vor Feinden. Wie die Wohnlöcher angelegt werden, ist nicht sicher bekannt. Da sie auch in Sandstein, Gneis, Lava, Schiefer und Granit bohren, darf man vermuten, daß die Gravur mit Hilfe ihrer sehr harten Zähne und Stacheln mechanisch erfolgt. Bohrende Seeigel sind Felsenseeigel *(Echinometra, Echinus, Arbacia)*, Griffelseeigel *(Cidaris)* und Lanzenseeigel *(Heterocentrotus)*. Letztere verfügen über kräftige drei- und vierkantige Stacheln, deren Spitzen gebogene und gezähnte Schneiden aufweisen und gute Raspel- und Bohrwerkzeuge darstellen. Die längsten Stacheln sitzen ihrem Kalkpanzer dort auf, wo sie den größten Durchmesser haben. Die Wohnhöhle besitzt deshalb in halber Höhe ihre größte Ausdehnung, die darüber gelegene Öffnung aber ist kleiner. Damit kann der Seeigel seine Wohnung nie wieder verlassen. Von zwei sympatrischen *Echinometra*-Arten Hawaiis lebt *E. oblonga* im bewegten, *E. mathai* im ruhigen Wasser. Eine existenzbedrohende Konkurrenz wird so ausgeschlossen.

Alles in allem bilden die bohrend im Riffkalk lebenden Organismen eine wirkungsvolle Komponente zur Aufbereitung der Felsmassen. In den Korallenriffen um Low Island im Großen Barriere-Riff wurden neben Pilzen, Algen, Spritz- und vielen Seeringelwürmern als Bohrorganismen 12 Muschel-, 1 Krebs-, 2 Schwamm- und 2 Seeigelarten angetroffen (Otter, 1937). Im Kalk der Bermuda-Riffe wurden 24 endolithische Arten festgestellt: 8 Schwämme, 7 Muscheln, 2 Ringelwürmer, 2 Spritzwürmer, 2 Seepocken, 1 Schnecke und 1 Seeigel (Bromley, 1978). Obwohl durch das Bohren ein großer Teil der Riffsubstanz verlorengeht, wird der Verlust durch das Wachstum Kalkskelette bildender Lebewesen, insbesondere durch das der Steinkorallen, kompensiert.

Im Gegensatz zu den bohrenden, streng ortsgebundenen Organismen sind in Löchern und Höhlen des Riffs Tausende von Tieren freibeweglich. In Unterwasserhöhlen ist stets eine Gesellschaft lichtscheuer Lebewesen versammelt. Die sessilen Organismen zeigen hier deutliche Zonierungen: Rund um den Eingang gruppieren sich Schwämme, Hydrozoen, Gorgonien, Seescheiden und Algen, die eine gewisse Lichtstärke und Wasserbewegung bevorzugen. Im dunklen Inneren hingegen konzentrieren sich ruhiges Wasser und starken

Schatten liebende Arten. Einige Vagibenther halten sich an den Höhlenwänden auf. Hierzu gehören die räuberischen Schnurwürmer (Nemertini), die Nacktkiemer und die Rotfeuerfische. Aber auch im Freiwasser schwebende Organismen sind in Höhlen häufig, z. B. Schwärme winziger, durchsichtiger Spaltfußkrebschen, kleiner Kupfer- *(Pemphris)* und Kardinalfische (Apogonidae). Höhlen werden auch gern von ruhebedürftigen Fischen aufgesucht. Da Ruhephasen tagesperiodisch auftreten, sind sie nur zu bestimmten Zeiten in Höhlen, mittags Süßlippen *(Gaterin gaterinus)*, Husarenfische (Holocentridae), Großaugen (Priacanthidae) und Zackenbarsche (Serranidae), nachts Schmetterlingsfische und Verwandte (Chaetodontidae, Pomacanthidae). Viele Fische zeigen hier den ihnen eigenen Licht-Rücken-Reflex: Da sie beim Schwimmen ihren Rücken dem Licht, den Bauch gewöhnlich dem Dunkel von Grund oder Tiefe zuwenden, schwimmen sie nahe der Höhlendecke mit dem Bauch nach oben, weil diese dunkler ist als das vom Eingang her ausgeleuchtete Innere.

Viele Tiere ziehen als Einzelgänger die im porösen Riffgestein häufigen kleinen, schutzbietenden Kavernen, Gänge und Risse den großen Höhlen vor. Es sind hauptsächlich Fische, Krebse, Weichtiere, Wurmartige und einige Aktinien. Die Langusten drohen mit ihren starken, dornenbewehrten Antennen, die Muränen mit ihren Dolchzähnen aus den Wohnhöhlen hervor. Grundeln (Gobiidae) und Schleimfische (Blenniidae) verschwinden bei Störungen völlig in ihren engen Behausungen.

Manche Arten halten in leeren Schneckengehäusen und Muschelschalen Einzug, der winzige Schleimfisch, *Plagiotremus townsendi*, sogar in Gehäusen von Wurmschnecken und Röhrenwürmern. In leeren Schneckengehäusen verbergen auch Einsiedlerkrebse ihren weichhäutigen Hinterleib. Wird ihnen ihr Haus zu eng, müssen sie sich ein größeres suchen. Da es jedoch leere Schneckengehäuse nicht wie „Sand am Meer" gibt, kommt es zu Rivalitäten. Kämpfe um größere Gehäuse kann man bei Landeinsiedlerkrebsen *(Coenobita)* gut beobachten, die oft in hellen Scharen den hinter den Riffen gelegenen Strand bevölkern. Geschickt klettern sie über Stock und Stein am Ufer und oftmals sogar in Sträuchern. Sie suchen das Meer nur noch zur Eiablage auf. Als Bewohner von Koralleninseln muß der Palmendieb *(Birgus latro* L.) erwähnt werden. Er ist etwa 30 cm groß. Nur in seiner Jugend benötigt er noch ein Schneckengehäuse als Wohnung. Das Abdomen adulter Tiere ist durch feste Spangen geschützt. Er bewohnt Höhlen im Korallenfels und unter Bäumen und liebt fettreiche Nahrung, wie verendete Tiere, Kokos- und Pandanusnüsse. Wegen seiner Schmackhaftigkeit wird ihm arg nachgestellt, so daß er vielerorts bereits ausgerottet ist.

Einige Fischarten, wie die Brunnenbauer (Opistognathidae) und die oft feenhaft zarten, pastellfarbenen Schläfergrundeln (Eleotridae), legen Wohnröhren im Sand an. Die Brunnenbauer kleiden sie geschickt mit aufeinandergepaßtem Korallenbruch aus. – Korallenwelse *(Plotosus anguillaris)* leben dicht gedrängt unter massiven Korallenstöcken in selbstgegrabenen Sandhöhlen. Nachrutschenden Sand transportieren sie mit den Mäulern nach draußen. Sie sind sehr scheu, und man bekommt sie nur selten zu Gesicht.

Einige Organismen, wie die Aktinien und Kraken, verfügen über sehr plastische Körper. Sie verstehen es, ihre Körper hautdünn in enge Risse und Ritzen „einfließen" zu lassen, wenn sie ein Versteck aufsuchen. Während die Aktinien dasselbe nur selten wieder verlassen, unternimmt der Krake nachts Ausflüge in die Umgebung. – Unter Steinen leben Schlangensterne, zwischen Geröll oft kleine Kegel- *(Conus)*, Kauri- *(Cypraea)* und Stachelschnecken *(Murex)*. Große Tritonshörner *(Charonia)*, Flügelschnecken *(Strombus, Lambis)*, Kreisel- *(Trochus)* und Helmschnecken *(Cassis)* kriechen über den Fels. Wie deren Gehäuse sind auch beachtliche, mit dem Fels fest verbundene Muscheln, wie Stachelaustern *(Spondylus)*, Archenmuscheln *(Arca)*, Perlmuscheln *(Pinctada)* und Riesenmuscheln

97 63

63 Ringförmige Inseln entstehen auch durch Stagnation, Absterben der Korallen und Einsackungen im Innern großer Fleckenriffe, bei denen nur die Außenränder weiterwachsen, wie diese Faros zeigen. (Malediven, Indik)

98/99 64 | 66
65 | 67

64 Saumriffe setzen sich direkt vom Ufer aus in das Wasser fort. (Großes Barriere-Riff von Australien)

65 Die mitten auf den Küstenplateaus gelegenen Bankriffe sind in der mittelamerikanischen Inselwelt weit verbreitet. (Jungferninseln, Westatlantik)

66 Ein echtes Atoll, aus dem hier ein Ausschnitt gezeigt wird, entsteht durch Absinken einer von einem Korallenriff umgebenen Felsinsel. Auf dem dicht unter der Meeresoberfläche gelegenen Riffdach werden Sand- und Schuttmassen bis zur Bildung begrünter Inseln abgelagert. (Tuamotu-Archipel, Pazifik)

67 Über Hunderte Kilometer erstrecken sich fernab vom Land riesenhafte Barriereriffe vor der ostaustralischen Küste. (Großes Barriere-Riff)

100 68 |
69

68 Wie viele Inseln Polynesiens wird auch die kleine Insel Maiao von einem Wallriff umgeben. Sinkt die Insel unter den Meeresspiegel ab, entsteht ein Atoll. Täglich bilden sich über den Inseln im Ozean große Thermikwolken. (Gesellschafts-Inseln, Pazifik)

69 Auf einem großen Plattformriff hat sich die kleine Insel Low Island formiert. (Großes Barriere-Riff von Australien)

70 Gehobener Korallenkalk bildet häufig Terrassen am Ufer des Meeres. (Gesellschafts-Inseln, Pazifik)

71 Massenauftreten von Kalkröhrenwürmern können selbst in nördlichen Meeresgebieten zu kleinen Riffbildungen führen. Hier hat Ficopomatus enigmaticus einen dicken Wohnröhrenring um einen Pfahl gebildet. (Flußmündung an der bulgarischen Küste des Schwarzen Meeres)

72 Stromatoliten-Riffe waren vor vielen Millionen Jahren weit verbreitet. Heute finden wir nur noch vereinzelt kleine, lebende, unter denen das Stromatoliten-Riff in der hypersalinen Shark Bay Westaustraliens das imposanteste ist.

73 Die Mangrovesträucher (Rhizophora sp.) sind mit ihren Stelzwurzeln variierenden Wasserständen angepaßt. (Gesellschafts-Inseln, Pazifik)

74 Auf salzhaltigen Böden gedeihen Pflanzen mit sukkulenten Blättern als Wasserspeicher, wie diese an den tropischen Küsten weltweit verbreitete Sesuvium portulacastrum, besonders häufig. (Jungferninseln, Westatlantik)

75 Im Gegensatz zu den meisten anderen Meeresvögeln nistet der Weißkappen-Noddy (Anous minutus) auf Bäumen. (Großes Barriere-Riff von Australien)

76 Weißkopf-Lachmöwen (Larus novaehollandiae) ruhen hier in der Mittagssonne auf dem Strandfels. (Großes Barriere-Riff von Australien)

77 Ein larvaler und noch winziger Palmendieb im Glaucothoë-Stadium trägt ein Schneckengehäuse zum Schutz seines zarten Hinterleibes. So klettert er an Land. (Marshallinseln, Pazifik)

78 Der riesenhafte Palmendieb (Birgus latro) gehört zu den auf dem Lande lebenden Einsiedlerkrebsen und ernährt sich von dem fetten Fleisch der Kokosnüsse. (Marshallinseln, Pazifik)

79 Der Landeinsiedler (Coenobita perlatus) kehrt nur noch zur Eiablage in das Flachwasser zurück. (Hawaii, Pazifik)

80 Landkrabben sind oft viele Kilometer von der See entfernt, nur zur Fortpflanzung ziehen sie in großen Scharen zurück ins Meer. (Kuba, Karibisches Meer)

81 Vom hohen Ufer der Vulkaninsel Moorea schweift der Blick über die Lagune zum Wallriff, an dem sich die ozeanische Dünung bricht. (Gesellschafts-Inseln, Pazifik)

mit Algen dicht bewachsen. — Daß Revierabgrenzungen streng eingehalten werden, beweisen neben Benthosfischen und -krebsen auch Kegelschnecken und sicher noch viele andere „niedere" Lebewesen. Haarsterne zeigen auf den Außenhängen des Roten Meeres insofern eine deutliche Zonierung, als nur jeweils bestimmte Arten im Flachwasser, in mittleren Tiefen und im tiefen Wasser vorkommen.

Am Fels der Brandungszone haben sich ovale, leicht buckelige Panzerplattenträger, die Käferschnecken (Placophora), festgesogen. Auch stärkste Brandung vermag sie nicht loszureißen, zumal die Haftung von Klebdrüsen des breiten Saugnapffußes unterstützt wird. Verlieren sie doch einmal den Halt, rollen sie sich wie eine Assel zusammen und werden gleich einem Ball von den Wellen über den Fels getrieben, ohne Schaden zu nehmen. Auch viele Napfschnecken (Patellacea), die die Schalenränder dem Untergrund ihres Ruheplatzes anpassen, und ungestielte Seepocken sitzen fest auf dem Fels. Manche Tiere zeigen einen ausgesprochenen Wandertrieb. Langusten versammeln sich in der Karibik — ähnlich den Zugvögeln — zu bestimmten Jahreszeiten in großen Scharen zu meilenweiten Wanderungen. Auch viele Seesterne und Seegurken *(Cucumaria)* wandern, während viele Seeigel ortstreu sind.

Nicht selten ziehen sich vor dem Rifffuß oder am Rande des Achterriffes ausgedehnte Sandflächen hin. Der Kalksand wird im Bereich der Oberflächenwellen ständig bewegt, gewendet und verfrachtet, wie Rippelmarken bekunden. In diesem stark reibenden Milieu leben nur wenige Tiere. Die Sandflächen machen deshalb einen verödeten, wüstenhaften Eindruck. Im ruhigen Wasser ändert sich das Bild. Kleine Hügel und Täler künden von Ringelwürmern, spezialisierten Seewalzen und Pogonophoren, die darunter in U-förmigen Röhren leben. In trichterförmigen Tälern sammeln sich nachgerutschte Nahrungspartikeln, die von den Tieren aufgenommen werden. Aus dem Hügel, in den das Hinterende mündet, steigen von Zeit zu Zeit Kotwolken auf. Sie erinnern an Vulkanausbrüche en miniature. Bleistiftstarke Röhrenaale (Heterocongridae) besitzen Wohnröhren, aus denen sie nur mit dem Vorderteil des Körpers herausschauen. Sie sind die einzigen Fische, die fast ganz zu sessilen Lebewesen geworden sind. Krabben legen oft verzweigte Gänge an, die komplizierter sind als ein Fuchsbau. Andere graben sich zur Tarnung in den Sand. Das gleiche Verhalten zeigen auch Plattfische und Rochen, die mit geschickten Bewegungen ihrer Flossen ihren Körper mit Sand überschütten. Im Sand leben außerdem Schnecken und Muscheln in großer Zahl. Frei auf Sand liegen größere Kissen- und Kammseesterne sowie in Scharen Seegurken *(Holothuria)*. Große Schnecken kriechen über den Grund. Sandfarbene Meerbarben (Mullidae) ziehen darüber hin.

Einige große, wie Lappen und Pinsel geformte Grünalgen entsenden zarte, wurzelartige Organe in den lockeren Sand, verkleben Sandkörner an diesen Rhizoiden und verankern sich so. Seegräser bilden ausgedehnte unterseeische Wiesen. Sie alle brechen die Wasserbewegung und schützen den lockeren Grund vor einer ständigen Umwälzung. Deshalb bieten diese Bestände auch wesentlich mehr Organismen eine Existenzgrundlage. Auf den Algen und Seegräsern siedeln überdies mikroskopisch kleine Organismen in großer Zahl, so daß vor allem Jungfischen Nahrung wie Zuflucht zur Verfügung stehen.

Alle im Korallenriff lebenden Fische sind in unterschiedlichem Maße vom Substrat abhängig. Träge Bodenfische, wie Plattköpfe *(Platycephalus)*, Steinfische *(Synanceja)*, Seeskorpione *(Scorpaena)* und die eigentümlichen Fledermausfische *(Ongcocephalus)* sind durch plumpe Formen ausgewiesen. Sehr lebhaft hingegen sind die robusten, kurzen, untersetzten Korallenbarsche (Pomacentridae) und die kleineren, länglichen Lippfische (Labridae), die in jedem Riff zu Tausenden in mehreren Arten vertreten sind. Die Schmetterlingsfische (Chaetodontidae) und Kaiserfische (Pomacanthidae) sind schmal und hochrückig.

Sie halten sich stets in Substratnähe auf, um bei Gefahr sofort in Löchern und Spalten zu verschwinden. Zackenbarsche verharren tagsüber fast reglos an geschützten Stellen. Viele Haie ruhen nicht selten in Verstecken auf dem Grund. Frei bewegen sich große Papageifische (Scaridae), der gigantische Buckelfisch *(Cheilinus)*, Nashornfische *(Naso)*, Barrakudas (Sphyraenidae) und die in Schwärmen ziehenden Seebader oder Doktorfische (Acanthuridae). Zeitweise stoßen die blau und rot gestreiften Füsilierfische *(Caesio)* weit ins freie Wasser am Außenhang vor. Alle kehren jedoch zum Abend in das Riff zurück.

Die Regel, daß der Arten- und Individuenreichtum um so größer ist, je zergliederter das Substrat ist, trifft auch auf Fische zu. In einem ostafrikanischen Riffgebiet wurden mit gleichen Mengen Dynamit auf einem verhältnismäßig öden Riffdach 3, auf dem mit Höhlen, Vorsprüngen, Rissen und einem reichen Korallenbestand ausgerüsteten Außenhang 101 Fische gefangen. Fische mit ähnlichen Lebensweisen haben den Lebensraum Korallenriff unter sich aufgeteilt, wie an Korallenbarschen aus dem Roten Meer gezeigt werden konnte. Dort treten im landwärts gelegenen Lagunenkanal *Amphiprion bicinctus, Dascyllus aruanus, D. marginatus* und *Pomacentrus trichurus* auf. Den Innenhang bewohnen *Pomacentrus sulfureus, Abudefduf melanopus* und *A. melas*. Auf dem Riffdach leben *Pomacentrus albicaudatus, P. tripunctatus, Abudefduf lacrymatus, A. leucosoma* und *A. annulatus*. Den oberen Teil des Außenhanges haben insbesondere *Abudefduf saxatilis, A. sexfasciatus* und *A. leucogaster* für sich erobert, den unteren *Abudefduf azysron, Chromis dimidiatus, C. caeruleus, C. ternatensis* und zerstreut *Dascyllus trimaculatus*.

Auch das zergliedertste Substrat würde der extrem reichen Korallenriff-Tierwelt nicht genügend Wohnraum bieten, wenn diese nicht in Anpassung an die „Wohnungsnot" ein „Schichtsystem" ausgebildet hätte, das als Tagesrhythmik bezeichnet wird. Es umfaßt die innerhalb eines Tageszyklus unterschiedlich verteilten Aktivitäts- und Ruhephasen. Nachts steigen aus größeren Tiefen verstärkt Plankter in das Oberflächenwasser auf. Eine große Anzahl Planktonverzehrer verläßt jetzt seine Verstecke, in deren Schutz sie die helle Tageszeit verbracht hatten und beginnt mit dem Futterfang (s. S. 123). Es sind überwiegend wirbellose Tiere, wie Haarsterne und Gorgonenhäupter, vor allem aber die vielen, vielen nachtaktiven Korallenpolypen, die jetzt unzählige Tentakeln in die Dunkelheit recken. Kardinal- und Husarenfische lösen tagaktive Planktonschnapper ab. Man hat beobachtet, daß sie sich, selbst wenn sie gleichzeitig der Nahrungsaufnahme nachgehen würden, einander keine Konkurrenz bieten, da sie gleichsam in verschiedenen Etagen speisen. So fangen die Kardinalfische, *Apogon lachneri* und *A. maculatus*, ihre Planktonorganismen nur 25 cm, *A. townsendi* 1 m und *Phaeotery conklini* 2-3 m über dem Boden (Luckhurst u. Luckhurst, 1978). Vor Palau beobachtete man sechs Seewalzenarten. Drei davon essen rund um die Uhr, die drei anderen nur abends und nachts. Die im gleichen Habitat lebende Königswalze *(Stichopus)* hingegen ißt nur während der hellen Tageszeit. Seeigel verstecken sich tagsüber in Felslöchern und ziehen erst in der Abenddämmerung auf die Weiden. Zu den Tieren, denen man fast ausschließlich nachts begegnet, gehören auch viele Krebse und Mollusken, wie Krabben, Langusten, Garnelen, Kalmare, Kraken, Kegel- und Nacktschnecken.

Der Schichtwechsel zwischen der tag- und nachtaktiven „Besatzung" eines Korallenriffes findet in der in den Tropen nur kurzen Morgen- und Abenddämmerung statt. Während dieser Minuten ist das Riff wie leergefegt — ein befremdlicher Anblick. Dann, da die einen schon ermüdet, die anderen noch nicht wach sind, machen Großräuber am leichtesten Beute: Haie, Barrakudas, Rotfeuerfische, Muränen und Wrackbarsche jagen in dieser für viele gefährlichsten Viertelstunde im Riff. Mit der schnell höher steigenden Sonne verschwinden sie wieder. Die vielen kleinen Fische kommen aus ihren Verstecken und beleben

29 Charakteristische Verteilung der Fische in einem indopazifischen Korallenriff
1 Füsilierfische, Pterocaesio diagramma, 2 Funkenfische, Anthias squamipinnis, 3 Buckelkopf, Bolbometopon muricatus, 4 Manta, Manta birostris, 5 Wimpelfisch, Heniochus monoceros, 6 6-Binden-Abudefduf, Abudefduf sexfasciatus, 7 Meeräschenschwarm, Valemugil seheli, 8 Grundel, Ctenogobius nebulosus, 9 Riffscholle, Bothus pantherinus, 10 Wobbegong, Orectolobus wardi, 11 Meerjunker, Thalassoma melanochir, 12 Gelbstreifenbarsch, Lutjanus kasmira, 13 Falterfisch, Chaetodon trifasciatus, 14 Riffbarsch, Cephalopholis pachycentron, 15 Doktorfisch, Acanthurus lineatus, 16 Meerjunker, Thalassoma lunare, 17 Falterfisch, Chaetodon lunula, 18 Falterfisch, Chaetodon auriga, 19 Dunkler Papageifisch, Callyodon niger, 20 3-Punkt-Korallenbarsch, Pomacentrus tripunctatus, 21 Rotfeuerfisch, Pterois volitans, 22 Kardinalfisch, Ostorhinchus apogonides, 23 Soldatenfisch, Holocentrus diadema, 24 Kuhfisch, Lactoria cornuta, 25 Wrackbarsch, Epinephelus salonotus, 26 Meerjunker, Coris caudimacula, 27 Kugelfisch, Canthigaster valentini, 28 Igelfisch, Lophodiodon calori, 29 Mönchsfisch, Chromis simulans, 30 Süßlippe, Gaterin gaterinus, 31 Schnepfenfisch, Gomphosus caeruleus, 32 Kaiserfisch, Pygoplites diacanthus, 33 Zebrafisch, Zebrasoma veliferum, 34 Drückerfisch, Melichthys viduz, 35 Halfterfisch, Zanclus cornutus, 36 Meerbarben, Upeneus sulphureus, 37 Kieferfisch, Gnathypops rosenbergi, 38 Meerjunker, Stehojulis axillaris, 39 Doktorfisch, Acanthurus triostegus, 40 Eidechsenfisch, Synodus variegatus, 41 Steinfisch, Synanceichthys verrucosus, 42 Papageifisch, Callyodon africanus, 43 Preußenfisch, Dascyllus aruanus, 44 Punktierter Roche, Taeniura lymna, 45 Falterfisch, Chaetodon lineolatus, 46 Korallenwächter, Paracirrhites forsteri, 47 Falterfisch, Chaetodon falcula, 48 Lippfisch, Halichoëres centriquadrus, 49 Engelsfisch, Pomacanthops filamentosus, 50 Hai, Carcharhinus spallanzi, 51 Einhornfisch, Naso unicornis, 52 Kupferschnapper, Lutjanus bohar, 53 Schleuderkiefer, Epibulus insidiator, 54 Kaiserfisch, Pomacanthodes imperator, 55 Muräne, Lycodontis undulatus, 56 Wrackbarsch, Epinephelus tukula, 57 Ammenhai, Ginglymostoma brevicaudatum, 58 Röhrenaale, Xarifania spec.

107

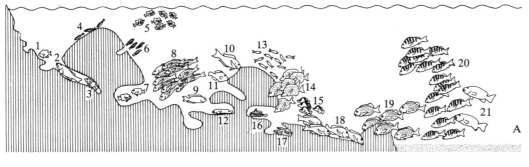
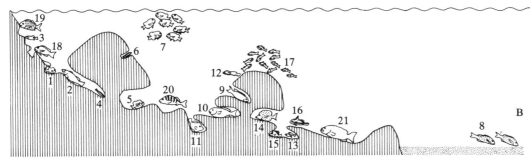

30 Tages- (A) und Nachtaspekt (B) der Fischwelt in einem südkalifornischen Riff
1 Korallenbarsch, *Eupomacentrus rectifraenum*, 2 Riffbarsch, *Epinephelus labriformis*, 3 Husarenfisch, *Holocentrus suborbitalis*, 4 Meerjunker, *Thalassoma lucasanum*, 5 Abudefduf, *Abudefduf troschelii*, 6 Nachahmer, *Runula azalea*, 7 Soldatenfisch, *Myripristis occidentalis*, 8 Schlankschnapper, *Microlepidotus inornatus*, 9 Hochrücken-Lippfisch, *Bodianus diplotaenia*, 10 Papageifisch, *Scarus californiensis*, 11 Drückerfisch, *Balistes verrea*, 12 Seifenfisch, *Rypticus bicolor*, 13 Mönchsfisch, *Chromis atrilobata*, 14 Seebader, *Prionurus punctatus*. 15 Wimpelfisch, *Heniochus nigrirostris*, 16 Ritterfisch, *Pareques viola*, 17 Kardinalfisch, *Apogon retrosella*, 18 Schnapper, *Lutjanus argentiventris*, 19 Schweinsfisch, *Anisotremus interruptus*, 20 Grunzer, *Haemulon sexfasciatum*, 21 Wrackbarsch, *Mycteroperca rosacea*. (Nach Hobson, 1965)

alsbald mit ihren bunten Farben und vielfältigen Formen die Szenerie, während die Nachtschwärmer schon im Gewirr der Korallen und Kavernen verschwunden sind.

Auf nächtlichen Tauchausflügen aber finden wir die tagaktiven Tiere in tiefem Schlaf in Höhlen, unter Felsen und Korallen. Fische, die man am Tag in Schwärmen sieht, haben sich vereinzelt und versteckt. So sieht man im Verborgenen hier und dort vereinzelt Füsiliere. Halfterfische lehnen am Felsen, Papageifische haben sich in enge Verstecke zurückgezogen, Schmetterlingsfische und Korallenbarsche mit aufgestellten Flossen im Fels verklemmt. Wir können ganz dicht an die Fische heranschwimmen, leuchten ihnen mit Scheinwerfern in die lidlosen, stets offenen Augen. Sie rühren sich nicht, zeigen kaum eine verträumt scheinende Regung. Manche Papageifische stecken in einem selbstgefertigten Schlafsack, einer durchsichtigen, zarten Schleimhülle. In Schlafstimmung scheiden unter den Kiemendeckeln befindliche Drüsen Schleim ab, der mit dem Atemwasser durch die Kiemenplatten nach außen tritt und schließlich den ganzen Fisch umgibt. Vorn und hinten bleibt eine Öffnung, um die Versorgung mit Frischwasser zu gewährleisten. Die Schleimhülle verhindert, daß Elektroimpulse und Riechstoffe von ihnen ins Wasser abgegeben werden. Dadurch bleiben sie für ihre Feinde, die mit Elektrorezeptoren ausgestatteten Haie und die über einen äußerst feinen Geruchssinn verfügenden Muränen, unentdeckt.

In den Riffen haben sich natürlich auch Wohnspezialisten entwickelt, die Steinkorallen als Wohn- und Lebensstätte nutzen. Der Grad ihrer Bindung ist ebenso unterschiedlich wie der Grad der Schädigung des Wirtes, der in den meisten Fällen gar nicht ersichtlich wird, andererseits aber auch die Grenze zum Parasitismus überschreiten kann. Korallenstöcke bieten mit Bedornung und Winkeln vielen Tieren einen zuverlässigen Schutz, der durch die Nesselbatterien der Polypen noch verstärkt wird. Die Nesselbatterien halten andererseits die Zahl korallenbewohnender Tiere in Grenzen; denn nur verhältnismäßig wenige konnten sich gegen die Nesselgifte immunisieren. Ständig auf Steinkorallen leben Hartbodenläufer, -kletterer und -kriecher, wie die oft nur pfenniggroßen Haar- und Schlangensterne, der auf ihnen weidende Griffelseeigel, *Eucidaris metularis*, eine große Anzahl Borstenwürmer, Pistolenkrebse (*Alpheus* und andere), ausgezeichnet getarnte Garnelen aus etwa 20 Gattungen, lebhaft gefärbte oder auch getarnte Korallenkrabben, glanzglatte Porzellankrabben (Porcellanidae), einige Mollusken und Fische. Tieren mit dicken, harten Außenskeletten schaden die Nesselkapseln nicht. Deshalb sind Krabben und Garnelen zwischen Korallenzweigen häufig. In den Kolonien der Griffelkoralle, *Pocillopora damicornis*, zählte man 55 verschiedene zehnfüßige Krebse. Krabben sind geschickte Kletterer. Die am zahlreichsten vertretenen *Trapezia*- und *Tetralia*-Arten leben auf verzweigten Kolonien — Geweih-, Griffel-, Keulen- und Nadelkorallen. Obwohl die Tiere streng an Korallen gebunden sind, konnte man bei *Trapezia ferruginea* im Schutz der Dunkelheit auch Wanderungen von einer Kolonie zu einer anderen beobachten.

Viele Tiere leben im unteren Teil verzweigter Korallenkolonien, der in der Regel abgestorben ist und über keine Nesselbatterien mehr verfügt. In einer Unmenge Schlupfwinkel, in denen sich Detritus gefangen und abgesetzt hat, wird reichlich Nahrung geboten. 1441 Borstenwürmer

(Polychaeta) in 103 Arten hat man in einer einzigen abgestorbenen Griffelkorallenkolonie festgestellt. Häufig waren außerdem Scherenasseln, Flohkrebse und Asseln. Vereinzelt fanden sich Spritzwürmer, zehnfüßige Krebse und Schlangensterne. Auch junge Muränen und Zackenbarsche finden hier Unterschlupf.

In lebenden Korallenstöcken suchen besonders Korallenbarsche der Gattungen *Dascyllus*, *Pomacentrus*, *Chromis*, *Abudefduf* und *Glyphidodon* sowie die leuchtend roten Funkenfische *(Anthias)* Schutz. *Dascyllus*-Arten sind an verzweigte Korallen in der Reihenfolge *D. marginatus*, *D. aruanus* und *D. trimaculatus* mit abnehmender Intensität gebunden. Je nach Größe der Kolonie kommen 5 bis 30 Fische in einem Stock vor. Am Tage stehen sie Plankton schnappend über ihrer Wohnkoralle, jedoch stets in so geringer Entfernung, daß sie sich bei Gefahr sofort zurückziehen können. Nähert sich dem Schwarm langsam ein Taucher, so rücken sie in dem Maße an ihre Wohnkoralle heran, wie die Entfernung zwischen dem Störfaktor und ihnen abnimmt. Wird die Fluchtdistanz unterschritten, sind alle *Dascyllus* im Geäst verschwunden, jeder an einem bestimmten, nur ihm zustehenden Platz. In ähnlicher Weise verhalten sich auch die ortstreuen Funkenfische, die oft zu Hunderten in einem Schwarm auftreten. Sie stieben so lebhaft um die Korallenblöcke, daß sie an einen Funkenregen erinnern. Bei Gefahr drückt sich jeder Fisch geschwind in eine der zahlreichen Risse oder Löcher, die die Kolonie aufweisen muß, soll sie ihnen als Wohnung dienen.

Die Anemonenfische *(Amphiprion)* haben die Fähigkeit herausgebildet, sich bei Gefahr zwischen die sonst tödlich nesselnden Tentakeln der Aktinien *Radianthus* und *Discosoma* zurückzuziehen (Foto 125). Auch sie stehen über ihren „Wohnanemonen" und schnappen nach Plankton. — Der Dreifleck-Korallenbarsch, *Dascyllus trimaculatus*, steht hinsichtlich seines Verhaltens zwischen den *Dascyllus*- und *Amphiprion*-Vertretern. Als Jungfisch sucht er zwischen Aktinientakeln, geschlechtsreif zwischen Steinkorallen Schutz. Ist er auf dem Wege, ein „Konvergenz-Anemonenfisch" zu werden?

Auffällig sind Korallenwächter (Cirrithidae), finger- bis spannlange Fischchen von keulenförmiger Gestalt und lebhafter Zeichnung. Sie ruhen bis auf die vorstehenden, aufmerksam hin- und herrollenden Augen reglos auf einem Korallenast. Kommt man ihnen zu nahe, ziehen sie sich ins Korallengeäst zurück oder wechseln auf den benachbarten Korallenstock über. Stärker an Wohnkorallen gebunden sind einige Grundeln (Gobiidae) der Gattung *Paragobiodon*. In eng verzweigten Kolonien von *Madracis mirabilis* fand man 19 Fischarten, überwiegend Grundeln und Zwergzackenbarsche (Grammistidae).

Viele winzige Hüpferlinge (Copepoda) sind spezialisierte Korallenbewohner und wurden erst während der letzten Jahre entdeckt und beschrieben. Schnecken sind ebenfalls unter den „korallenliebenden" Tieren anzutreffen, und entsprechend heißt eine Familie, deren Vertreter auf Stein-, Leder-, Horn- und Dornenkorallen beschränkt ist, Coralliophilidae[1]. Weiter leben auf den Scleractinien Architectonicidae, Epitoniidae, die Muricide *Drupa*, die Trochide *Calliostoma* sowie einige Eierschnekken (Ovulidae) und Nacktkiemer (Nudibranchia).

Andere Tiere sind Steinkorallenkolonien fest aufgewachsen. Hauptsächlich sind es Muscheln der Gattung *Electroma* auf Geweihkorallen, die Auster, *Ostrea sandvichiensis*, auf Griffelkorallen und *Barbatia decussata* auf Porenkorallen. Sie besiedeln nur Korallen von genügender Höhe und entgehen so driftenden Sedimenten. Die Gießkannenmuscheln (Clavagellidae) haben stark reduzierte Schalen. Sie sind durch eine sekundäre Kalkhülle ersetzt worden, die bei einigen Arten zwischen den Korallen verankert ist. Ihre Vorderfläche wird durch eine mit Löchern versehene Platte abgeschlossen. Die Wurmschnecken (Ver-

[1] lat. gr.: korallenliebend

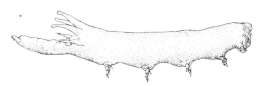

31 Krebse in Korallen.
Die kleine Krabbe, Pseudocryptochirus crescentus (oben) läßt sich von Steinkorallen umwachsen und führt so ein geschütztes Dasein (nach Jarth u. Hopkins, 1968), während der Hüpferling, Xarifia lamellispinosa Panzer und Beine für seine parasitische Lebensweise in Korallenpolypen nicht mehr benötigt und diese zurückgebildet hat. (Nach Patton, 1976)

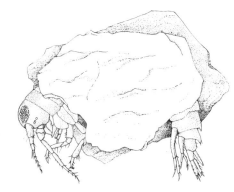

32 Der Sand zwischen den Riffen von Barbados wird von dem kleinen Flohkrebs, Tiron bellairsi, bewohnt, der jederseits ein Plättchen aus Korallensand mit seinen Beinkrallen wie Schutzschilde am Körper hält. (Nach Just, 1981)

metidae) sind nicht wirtsspezifisch und sitzen verschiedenen Korallenarten, auch totem Hartbodensubstrat auf. Gelegentlich lassen sie sich umwachsen. – Auf Steinkorallen werden verkalkte Wohnröhren, deren Bewohner tot sind, sofort wieder von anderen Lebewesen erobert. Leere Röhren des Spiralfiederwurmes, *Spirobranchus giganteus*, besetzt der Einsiedlerkrebs, *Paguritta harmsi*, der darin ein sessiles Leben führt und sich so eine neue ökologische Nische erobert hat.

Eine noch engere Bindung an lebende Steinkorallen zeigen Organismen, die in ihnen leben. Entweder sie bohren oder lassen sich umwachsen. Letzteres schädigt die Korallen weniger. Es sind überwiegend Muscheln, darunter die Seedattel. Die im Golf von Aqaba vorkommende winzige *Fungiacava elatensis* lebt, wie der Name verrät, in kleinen Wohnhöhlen in Pilzkorallen. Durch Umwachsungen werden charakteristische Skelettwucherungen ausgebildet, die, analog ähnlichen Gebilden an Pflanzen, als „Korallengallen" bezeichnet werden. Die den Klappmuscheln verwandte *Pedum spondyloideum* heftet sich juvenil mit Byssusfäden an Steinkorallen fest und läßt sich im Verlauf der Zeit umwachsen. Das Loch nach außen bleibt groß genug, um die zarte, bunt irisierende Schale etwa zentimeterweit auseinanderzuklappen.

Schnecken der Gattungen *Magilus* und *Leptoconchus* leben eingebettet in Scleractiniaskeletten. Sie verlängern ihre Schalen röhrenförmig in dem Maße, wie die Wirtskoralle wächst. – Auch Röhrenwürmer lassen sich umwachsen. Einige sind anscheinend wirtsspezifisch. In der Blauen Koralle verursacht ein Borstenwurm, wahrscheinlich eine *Leucodora*-Art, winzige Gänge und Öffnungen. Tubicole Anneliden bewohnen *Mycedium*, *Porites* und andere Steinkorallen. – Häufig sieht man im ruhigen, flachen Wasser auf Poren- und Feuerkorallen 1–2 cm große leuchtend weiße, gelbe, rote, blaue oder zweifarbig gemusterte, spiralig gewundene Tentakelkränze – die Vorderenden von Spiralwürmern der kosmopolitischen Gattung *Spirobranchus*. Bei der geringsten Störung ziehen sie sich blitzartig in ihre Wohnröhren zurück und verschließen sie mit einem deckelförmigen Fortsatz.

Von den Krebsen lassen sich manche sessil lebenden Seepocken ganz oder teilweise von Korallen umwachsen. Wie bei *Pyrgoma* beobachtet worden ist, läßt sich die Larve nieder, ohne von den Nesselbatterien der Polypen angegriffen zu werden, zerstört das lebende Gewebe und erreicht in zwei Tagen das Skelett, auf dem sie sich kopfabwärts anheftet. Danach beginnt die Umwandlung in die Seepockenform und das Umwachsen bis auf eine kleine Öffnung an der Spitze des Gehäusekegels. Insgesamt leben zirka ein Dutzend Seepockengattungen mit verschiedenen Arten eingewachsen in Steinkorallen, Feuerkorallen und Kalkalgen. Doch lassen sich auch Vertreter freibeweglicher Krebsgruppen von Korallen umwachsen, wie die Garnele *Paratypton siebenrocki* und eine Anzahl Krabben der Gattungen *Troglocarcinus*, *Cryptochirus* und *Hapalocarcinus*. *Troglocarcinus*, spezialisiert auf Pilzkorallen, läßt sich von wulstförmig verdickten Septen des Skelettes umschließen. *Cryptochirus*, zylindrisch umgeformt, etwa 1 cm lang, haust in massiven Steinkorallen in röhrenförmigen Wohnhöhlen. Mit ihrem Kopfbrustschild kann er die Öffnung verschließen.

Hapalocarcinus lebt auf Griffel-, Keulen- und Nadelkorallen, wo die Weibchen auffällige körbchen- oder taschenartige Gallen an Astenden erzeugen, in die sie eingeschlossen sind. Die Männchen leben frei und sind so winzig, daß sie durch kleine Öffnungen zu den Weibchen schlüpfen können, um sie zu begatten.

Ebenso wie Steinkorallen bieten auch zahlreiche andere sessile Organismen des Riffs einer Fülle weiterer Tierarten Wohnmöglichkeiten, die ebenfalls voll genutzt werden. In verzweigten Kolonien von Hydrozoen, Horn- und Lederkorallen findet man beispielsweise die Kalkröhren von den etwa 0,5–3 cm großen Wurmmollusken (Solenogastres). Teils haben sie die Wohnkolonie mehrfach umwunden und unlösbar umwachsen, teils sind sie in der Lage, mit Hilfe ihres Hautmuskelschlauches oder einer bauchseits gelegenen Flimmerfurche zu kriechen. Einige besitzen, wie die Schnecken, eine hornartige Raspelzunge. Leider ist es hier unmöglich, die interessanten Beziehungen zwischen Wirt und „Mieter" ausführlicher zu schildern. Auf einige häufige und charakteristische Symbiosebeispiele werden wir jedoch noch an gegebener Stelle zurückkommen (s. S. 143).

Wiederholt diskutiert wurde der Terminus „Korallenfisch". Sinnvoll erscheint seine Anwendung auf Fische, die während ihres ganzen Lebens oder in bestimmten Entwicklungsphasen obligatorisch in Korallen wohnen. Danach könnten Arten, wie zum Beispiel *Paragobiodon*, *Anthias*, *Dascyllus* und *Cirrhites*, als Korallenfische bezeichnet werden. Analoges gilt für andere, nur auf Korallen vorkommende Organismen – Korallenkrabben, Korallenpolychaeten, Korallenschnecken. Alle anderen an Riffe gebundenen Organismen sollten als Korallenriff-Fische, Korallenriff-Garnelen usw. angesprochen werden. Dieser Begriff ist wesentlich weiter gefaßt. Beide Termini sind überdies nur in ökologischem Zusammenhang verständlich.

Wie bewegt man sich im Riff?

Entsprechend ihrem Bewegungsvermögen sind grundsätzlich sessile oder festsitzende, hemisessile oder sich kaum bewegende und vagile oder bewegliche Organismen zu unterscheiden. In einem Korallenriff überwiegen die Benther (s. S. 95), gleichviel, ob sie sessil, hemisessil oder vagil sind. Sessile sind uns vor allem in Gestalt der Korallen schon wiederholt begegnet. Auch eingewachsene und festgewachsene einzeln lebende Tiere, wie manche Muscheln, Schnecken, Krabben, Seepocken (Cirripedia) und ihre Verwandten, die gestielten Entenmuscheln *(Lepas)*, gehören hierher. Bis auf Algen und in gewissem Sinne auch Schwämme sind alle mit einem innervierten

Muskelsystem ausgerüstet und auf verschiedenste Weise beweglich, um Schutzreaktionen durchführen und der Nahrungsaufnahme nachkommen zu können.

Hemisessile Organismen leben nur scheinbar unbeweglich auf oder im Substrat. Die Seescheide, *Didemnium molle*, und verwandte Arten verändern ihren Standort innerhalb von Tagen nur millimeterweise. Es könnte sein, daß sie dem sich im Verlaufe des Jahres auch in den Tropen leicht verändernden Lichteinfall folgen, da auch sie symbiotisch mit Algen zusammenleben. — Aktinien schieben sich mit wellenförmigen Bewegungen ihrer Unterseite langsam über den Hartboden. Einige lösen sich vom Untergrund, kontrahieren zu einem kugelförmigen Gebilde und lassen sich von der Wasserbewegung rollen. Die kleine, im Roten Meer beheimatete Seerose, *Boloceroides mcmurrichi*, pumpt sich voll Wasser, spreizt die Tentakeln und läßt sich, schwerelos geworden, auftreiben. Durch rhythmisches Schlagen ihrer Fangarme kann sie große Strecken zurücklegen. Kriechende Muscheln recken ihre Siphone aus dem Sand. Doch erst wenn ihnen der Aufenthaltsort nicht mehr zusagt, schieben sie den muskulösen, zungen- oder wurmförmigen Fuß aus der Schalenklappe in den Sand vor, verdicken ihn am Ende durch Anstauen des Blutes und ziehen den Körper mit den Schalen nach. Auf diese Weise pflügen sie sich langsam durch den Boden. Sessile Muscheln hingegen verankern sich mit den aus der Fußdrüse ausgeschiedenen, zähen Byssusfäden fest am Hartsubstrat, oder sie heften die untere Schalenhälfte auf Fels oder Holz fest wie die Austern, deren Fuß völlig verkümmerte.

Vagile Tiere leben auf dem Grund oder im freien Wasser. Vagibenther zeigen eine Fülle unterschiedlicher Fortbewegungsformen. — Schnecken und Plattwürmer, Seeigel, Seesterne und Seegurken sind Kriecher. Sie gleiten, eng an den Untergrund geschmiegt, dahin, wobei sie verschiedene Fortbewegungsarten einsetzen, z. B. die Schnecken über den Fuß laufende Kontraktionswellen, die Plattwürmer synchron bewegtes Flimmerepithel. Seesterne, Seeigel und Seewalzen weisen eine in der Tierwelt einmalige Fortbewegungsweise auf: das Ambulacralsystem. In ihrem Inneren befindet sich ein verzweigter Wasserschlauch, der sich aus einem zentralen Ringkanal radiär verzweigt fortsetzt. Von den Radiärkanälen setzen sich Hunderte in Reihen angeordneter Saugfüßchen durch kleine Löcher im Kalkskelett nach außen fort. Wird Wasser in sie hineingedrückt, beulen sich die Saugscheiben nach außen durch, die Füßchen lösen sich vom Untergrund, werden koordiniert in der Bewegungsrichtung vorangesetzt und ziehen den Seestern nach. Beim Erschlaffen saugen sie sich wieder fest. Arten mit konischen, sich nicht ansaugenden Füßchen, wie der Kammstern (*Astropecten*), leben auf Sandgrund im Riff und in der Lagune. — Eine Unmenge Krabbler sind durch Borstenwürmer vertreten, die ihre Körper mit Hilfe der Stummelfüßchen etwas vom Boden abheben, gleichzeitig aber auch schlängelnde Bewegungen ausführen. Schlängelnd bewegen sie sich auch hin und wieder schwimmend durch das freie Wasser. Unzählige gerade eben noch sichtbare bis fingernagelgroße Krebse, wie Muschelkrebse, Flohkrebse und Asseln, bewegen sich ebenfalls krabbelnd über den Grund. Die zwickenden Scherenasseln (Tanaidacea) krabbeln in selbstgesponnenen Wohnröhren, die zwischen Algen verankert sind. Häufiger als im Riff sind sie in der oft angrenzenden Mangrove. — Zu den Läufern zählen die bodenbewohnenden Krebse — Krabben, Langusten, Maulwurfskrebse (Thalassinidea), Bärenkrebse (Scyllaridae) und viele Garnelen. Kräftige Beinpaare heben den Körper über den Boden und führen schnelle, koordinierte Laufbewegungen aus. Die Pfeilkrabbe (*Stenorhynchus*), die mit ihrem kleinen Leib, dem langen Nasenfortsatz und den dünnen Beinen eine absonderliche Gestalt besitzt, ist ein rechter „Stelzenläufer". Auch spezialisierte Fische, wie Fledermausfische (Ongcocephalidae) und Knurrhähne (Triglidae), deren Brustflossen zu langen kräftigen Strahlen umgebildet worden sind, die sie wie Beine bewegen, laufen über den Grund. Das gleiche gilt für Schlangensterne, die auf der Flucht mit ihren durch Kalkplatten versteiften Armen die kleine Körperscheibe ausstemmen und auf den sich schnell schlängelnden Armen „laufen". Alle Kriecher, Krabbler und Läufer klettern meist sehr geschickt.

Grabende Arten, Fossoren[1] genannt, sind in großer Zahl in den in einem Riffgebiet stets vorhandenen Sandflächen zu finden. Es sind Spritz-, Ringel- und Eichelwürmer, Krebse, Schnecken, Muscheln, Seeigel und selbst Fische. Sie haben sich dieser Lebensweise angepaßt und tragen vielfach entsprechende Merkmale zur Schau: Der Eichelwurm besitzt einen glatten, abgerundeten, festen Kopf, mit dem er leicht in Feinsand und Silt eindringen kann. Muskelkontraktionen und Schwellbewegungen treiben das Tier vorwärts, während ein Flimmerepithel lose Sandpartikeln nach hinten und zum Mund befördert. Grabende Seeigel haben längliche, stark abgeplattete Körper mit kurzen, dichten, biegsamen Stacheln, mit denen das Tier wellenförmige Bewegungen ausführt, die es durch den Sand schieben. Der Sanddollar (*Melitta*) ist vollends scheibenförmig geworden und bietet wenig Widerstand. Manche Krebse besitzen schaufelartig verbreiterte Extremitäten, Grabkrabben (Hippidae) als lanzettförmiges Grabwerkzeug gestaltete Schwanzplatten, Röhrenaale einen Bohrschwanz. Nabelschnecken lassen ihren Fuß an- und abschwellen und zwängen sich auf diese Weise durch den Weichgrund, aus dem nur das Atemrohr wie ein Schnorchel hervorschaut. Die Arten sind oft an bestimmte Korngrößen des Grundes angepaßt.

Die Tiere des Pelagials sind zu differenzieren in Organismen, die trotz gewisser Eigenbewegungen der Wasserbewegung unterliegen, also schweben und treiben. Sie sind Planktonten im engeren Sinne. Die zweite Gruppe besteht aus den Schwimmern oder Nektonten, deren Eigenbewegung die

[1] lat. *fossor* = Gräber

des Wassers beherrscht, und die als Nekton[1] zusammengefaßt werden.

Zum Plankton zählen Myriaden mikroskopisch kleiner Schwebeorganismen — Geißelalgen, Lochschaler und Strahlentierchen, Hüpferlinge, Wasserflöhe und Spaltfußkrebschen sowie viele Larven sessiler Lebewesen. Hierher gehören auch die Staatsquallen, Medusen, Rippenquallen und Feuerwalzen, die erhebliche Größe erreichen können. Wodurch schweben Planktonten? Ihr spezifisches Gewicht ist stets ein wenig größer als das des Wassers. Das Absinken wird jedoch durch verschiedene physikalische „Tricks" stark herabgemindert oder gänzlich kompensiert. Skelette, wie die der Panzer- und Kieselalgen, sind zart und leicht gebaut. Oft vergrößern Körperfortsätze die Oberfläche. Sie erhöhen die Reibung so weit, daß die Sinkgeschwindigkeit fast Null ist. Auch Fetttröpfchen, als Reservestoffe im Körperinnern gespeichert, oder reiche Gallertgewebe, salzarme Körperflüssigkeiten sowie Gasbläschen können den Auftrieb erhöhen. Hydrodynamik und eigene Bewegungen verhindern vollends das Absinken. Bewegliche Planktonten, wie Hüpferlinge (Copepoda) und Wasserflöhe (Cladocera), vermögen sogar Vertikalwanderungen auszuführen. Sie steigen nachts in dichten Wolken zur Wasseroberfläche auf und lassen sich morgens wieder sinken.

Das Nekton wird vor allem durch Fische und Kopffüßer vertreten. Entsprechend ihrer Größe, Körperform, ihrem Aufenthalts- und Bewegungsraum und ihrem Nahrungserwerb haben die in Korallenriffen lebenden Fische eine Vielzahl unterschiedlicher Schwimmtechniken entwickelt. Nur bei relativ wenigen Arten, wie bei den torpedo- bis spindelförmigen Barrakudas *(Sphyraena)*, Trompeten- *(Aulostoma)* und Flötenfischen *(Fistularia)* und den in Scharen ziehenden Füsilieren *(Caesio)* finden wir die bei Hochsee- und Langstreckenschwimmern vorherrschende schnelle, gradlinige schwanzgetriebene Fortbewegung. Mit den Schwanzflossen bewegen sich zwar auch noch viele andere Fische, wie Lippfische, Schmetterlings- und Kaiserfische, Süßlippen, Grunzer (Haemulidae), Korallen- und Wrackbarsche voran, jedoch gesellen sich bei ihnen noch von Rücken-, After-, Bauch- und Brustflossen ausgeführte Bewegungselemente hinzu, die — wie bei einem Flugzeug Leitwerke, Querruder und Landeklappen – ihre Wendigkeit erheblich vergrößern.

Betonte Brustflossenruderer sind die Chirurg- und Papageifische. Kugel- und Kofferfische wirbeln mit Brust-, Bauch- und Afterflossen. Sie sind zwar langsam und wenig ausdauernd, doch wendig wie Hubschrauber und geschickte Rückwärtsmanövrierer. Gegensinnige Seitwärtsschläge der Rücken- und Afterflossen führen Drückerfische aus. Muränen, Sand- und Riffhaie, aber auch winzige, vor ihren Wohnlöchern stehende Grundeln *(Nemateleotris)* bewegen sich mit kräftigem Schlängeln schnell und geschickt im Riff.

Plattfische und Stechrochen sind Gleiter. Sie erzeugen mit ihrem undulierenden Flossensaum einen Vortrieb und gleiten dann weiter. Adlerrochen und die über 6 m Spannweite erreichenden Mantas schlagen ihre seitwärts weit und spitz ausgezogenen Flossen auf und ab, so daß ihre Bewegungsweise einem Vogelflug ähnelt. Auch Haie gleiten. Ihnen verleihen der hydrodynamische Körper und die mit einem hydrodynamischen Profil ausgerüsteten, wie Tragflächen seitwärts ausgestellten Brustflossen einen günstigen Gleitwinkel. Sie kompensieren so den höheren Kraftaufwand, den sie gegenüber den mit Schwimmblasen ausgerüsteten Fischen zum Schwimmen und Schweben benötigen.

Zu den langsamsten Schwimmern dürften die zwischen Gorgonien und Seegräsern vorkommenden Seepferdchen zählen, die sich fliehend zwar strecken und mit Hilfe der Rücken- und Brustflossen auch etwas schneller vorankommen, aber ungestört in aufrechter Haltung nur millimeterweise Ortsveränderungen vornehmen. Hierzu drücken sie das eingeatmete Wasser durch

---

[1] *gr. nektos = schwimmend*

---

113 82

82 Husarenfische (Adioryx sp.) sind nachtaktiv. Am Tage beziehen sie dunkle Spalten und Höhlen als Aufenthaltsorte. (Gesellschafts-Inseln, Pazifik)

114/115 83 84 | 87
85 86

83 Der Ruheplatz der Süßlippen (Gaterin gaterinus) befindet sich unter Überhängen oder Korallenschirmen. (Rotes Meer)

84 Aus einer engen Schlucht, rings von den sowohl blattartig als auch stummelig verzweigt wachsenden kleinen Porenkorallen (Synaraea irregularis) umgeben, taucht ein Pfauenkaiserfisch (Pygoplites diacanthus) auf. (Gesellschafts-Inseln, Pazifik)

85 Der Pazifik-Wimpelfisch (Heniochus chrysostomus) hält sich meist in der Nähe von Verstecken auf, in die er beim Auftauchen eines Feindfaktors fliehen kann. (Gesellschafts-Inseln, Pazifik)

86 Die Feldwebelfische (Abudefduf sexfasciatus), die kurz nach Sonnenaufgang dem Planktonfang im freien Wasser über dem Riff nachgehen, halten sich am Tage im Schutz von Löchern oder in deren Nähe auf. (Rotes Meer)

87 Die Anzahl der Gelbschwanz-Korallenbarsche (Dascyllus flavicaudus) richtet sich nach der Größe der Wohnkoralle, einer Keulenkoralle (Pocillopora verrucosa). (Gesellschafts-Inseln, Pazifik)

116 88 |

88 Alle Steinkorallen haben ihre Bewohner. Die abgebildeten Krebse, Mollusken und Ringelwürmer hausten alle in dem verzweigten Stock der Griffelkoralle (Stylophora pistillata). (Rotes Meer)

89 Der bohrende Seeigel (Echinometra lucunter) legt sich passende Höhlungen im Fels an, die ihn vor der Brandung schützen. (Jungferninseln, Westatlantik)

90 Ganze in den Riffkalk eingebackene Korallen mit gut erhaltenen Detailstrukturen, hier die Hirnkoralle (Diploria strigosa), sind nicht übermäßig häufig, da die Skelette meist in der Wasserbewegung zerrieben werden. (Kuba, Windward Passage)

91 Die Larven spezialisierter Seepocken haben sich auf einer Geweihkoralle (Acropora prolifera) festgesetzt, sodann auf deren lebendes Gewebe einen solchen Reiz ausgeübt, daß sie von einer für den Planktonfang vorteilhaft erhöhten „Korallengalle" umwachsen wurden. (Südflorida, Florida-Straße)

92 Der Schwarzband-Korallenbarsch (Plectroglyphidodon dickii) lebt einzeln zwischen Korallen. (Gesellschafts-Inseln, Pazifik)

93 Die Diagonalpunkt-Falterfische (Chaetodon pelewensis) fühlen sich zwischen Korallenblättern, wo sie auch der Nahrungssuche nachgehen, vollkommen sicher. (Tuamotu-Archipel, Pazifik)

die auf- und abbewegten Kiemendeckel und erhalten dadurch einen minimalen Vortrieb. Mit Hilfe des Rückstoßprinzips schnellt auch der Fledermausfisch davon, wenn er sich bedroht fühlt. Statt durch Kiemendeckel drückt er das Atemwasser durch Düsenlöcher, die sich hinter den armartig ausgestellten Brustflossen befinden. Vereinzelt tauchen Gruppen nektischer Kopffüßer, Sepien oder Kalmare im Riffgebiet auf. Gewöhnlich mit ihrem Flossensaum verhalten schwimmend, stieben sie bei Annäherung eines Feindes blitzartig davon – ebenfalls durch Rückstoß wie kleine Raketen. Ein flossengetriebenes, kurzes Vorwärtsschnellen zeigen Grundfische, wie Seeskorpione, Rotfeuerfische, Steinfische, Plattfische, Grundeln oder Schleimfische.

Fast alle in dem stark gegliederten Lebensraum Korallenriff existierenden Fische zeigen sehr bewegliche Augen. Mit ihnen verfolgen sie jede kleinste Veränderung und jede Bewegung in ihrer Umgebung. Wie man experimentell nachgewiesen hat, besitzen sie auch ein sehr gutes Ortsgedächtnis und – im Vergleich zu den Hochseeschwarmfischen, z.B. dem starräugigen Hering – einen verhältnismäßig hohen Intelligenzgrad. Da sie bei der Unübersichtlichkeit ihres Wohngebietes und der Fülle darin lebender Tiere sehr verschiedenartige Umweltreize wahrzunehmen und auf diese schnell zu reagieren haben, erscheint ihre Entwicklung als Ergebnis der Einwirkung der Umwelt plausibel.

Wie ißt man im Korallenriff?

Die Ernährung bildet die Basis für Betriebsstoffwechsel, Wachstum und Fortpflanzung. Sie ist ebenso vielfältig wie die Organismenwelt selbst, und nirgends gestalten sich die Beziehungen der Lebewesen untereinander so eng wie auf dieser Ebene: Eines verzehrt das andere. Doch statt tödlicher Konkurrenz ist der Komplex im Korallenriff ausgewogen, weil jede Art ein anderes Ernährungsverhalten zeigt.

Im Meer sind, wenn überwiegend auch nur in Spuren, alle chemischen Elemente gelöst. Pflanzen – einzellige Algen, die in oft kuriosen Formen massenhaft das Plankton bereichern und sogar das Wasser verfärben, vielzellige grüne, braune oder rote Algen als festgewachsene Watten, Büschel, gallertartige Bälle, häutige Lappen, lederartige Riemen, pralle Beeren und kräftige Stengel mit blattförmigen Anhängen oder nur als schwarzblaue Krusten sowie die verschiedenen Seegrasarten – assimilieren mit Hilfe der Sonnenenergie anorganische Stoffe. Phosphor ist im Meer in so geringen Mengen gelöst, daß er die Phytoplanktonproduktion begrenzt. In Riffgebieten wird außerdem Stickstoff in größerer Menge verbraucht, weil außer frei lebenden Algen die Zooxanthellen der Korallen, Plattwürmer und Mollusken Nitrate als Nährsalze aufnehmen. Wenn auch durch Benthosorganismen täglich ein Myriadenheer planktischer Gameten, Sporen, Eier, Spermatozoen und Larven freigesetzt wird, ist doch das Wasser meist nur nachts durch das Aufsteigen der Schwebeorganismen aus der Tiefe leicht getrübt. Durch deren Absinken bei Taglicht sowie durch die intensive Fang- und Filtertätigkeit der vielen Planktonverzehrer ist nach Sonnenaufgang das Wasser über dem Riff wieder klar, so daß der Assimilationsprozeß nicht behindert wird.

Neben anorganischen Salzen enthält das Meerwasser gelöste organische Verbindungen, von denen manche für die Ernährung von Organismen geeignet sind. Auf deren osmotische Aufnahme wurde bereits hingewiesen (s. S. 24).

Eine weitere Nahrungsquelle im Riff ist die reiche Bakterienflora. Sie wird neben Korallen mit Sicherheit von Strudlern und Filtrierern – Schwämmen, Moostierchen, Muscheln und Manteltieren – genutzt. Vor allem aber leben mikroskopisch kleine Lebewesen von ihnen. Einzellige Rhizopoden umfließen mit ihren Plasmafüßchen die Bakterien, um sie alsbald zu verdauen. Wimpertierchen und Rädertierchen strudeln sie mit ständig schlagenden Cilien in ihre Mundfelder. Driften nachts Planktonwol-

33 Das Tierleben um einen Korallenstock zeigt die verschiedenen Ernährungsweisen. I. Korallenesser: 1 Igelfisch (Diodon), 2 Papageifisch (Callyodon). — II. Planktonverzehrer: 3 Haarstern (Comatula), 4 Preußenfisch (Dascyllus), 5 Funkenfisch (Anthias), 6 Bohrschnecke (Leptoconcha), 7 Bohrschwamm (Cliona), 8 Bohrmuschel (Lithodomus), 9 Bohrkrebs (Cryptochirus), 10 Rankenfüßer (Pyrgoma), 11 Röhrenwurm (Serpula), 12 Manteltiere (Botryllus), 13 Moostierchen (Bryozoa), 14 Gespensterkrebs (Caprella), 15 Lederkoralle (Lobophytum), 16 Seerose (Actiniaria), 17 Schwämme (Demospongiae), 18 Riesenmuschel (Tridacna). — III. Kleintier- und Detritusesser: 19 Grundel (Gobiidae), 20 Korallenkrabbe (Trapezia), 21 Falterfisch (Chaetodon), 22 Pinzettfisch (Chelmon), 23 Knallkrebs (Alpheus), 24 Dornenwange (Caracanthus), 25 Borstenwurm (Nerëidae), 26 Schlangenstern (Ophiuroidea), 27 Seegurke (Cucumaria), 28 Schnecke (Gastropoda), 29 Seeigel (Echinometra). — IV. Räuber: 30 Flohkrebs (Amphipoda), 31 Kegelschnecke (Conus), 32 Kissenseestern (Pentaceraster), 33 Plattwurm (Polycladida), 34 Nacktkiemer (Nudibranchia), 35 Muräne (Gymnothorax), 36 Zackenbarsch (Epinephelus)
(Nach Gerlach, 1964, verändert)

ken in das Riff, werden die meisten sessilen und hemisessilen Tiere aktiv. Krustenanemonen, Stein-, Horn-, Leder- und Hydrokorallen recken ihre Tentakeln in die Strömung. Alle sind Planktonfänger. Sobald ein Zooplankter die Fangarme berührt, wird er durch Nesselgiftinjektionen gelähmt und in den Magenraum befördert (s. S. 23). Planktonverzehrer, die keine Nesselzellen besitzen, erwerben ihre Nahrung anders. Filtrierer und Netzfänger seihen mit fein zerteilten oder gefiederten Armen und Tentakeln unterschiedlich großer Maschenweiten Schwebeorganismen aus dem Wasser. Die buschförmig verzweigten Fangarme der Kletterseegurken (*Cucumaria, Bohadschia*) und der schlauchartigen, über 2 m langen Wurmseewalzen (*Synapta*) sondern ein klebriges Sekret ab, an dem Plankton festhaftet. In fast regelmäßigen Abständen falten sie einen Fangarm nach dem anderen langsam zusammen, stecken ihn in den Mund und streifen die Nahrung ab. — Haarsterne und Gorgonenhäupter kriechen und rollen nachts zu ihren meist erhöht gelegenen Fangplätzen. Die Haarsterne spreizen die fiederteiligen Arme schräg seitwärts. Längs deren Mittelachsen verläuft je eine Nahrungsrinne, auf der mit Hilfe fortlaufend schlagender Cilien gefangene Plankter wie auf einem Förderband zum Mund transportiert werden. Die Gorgonenhäupter breiten ihre reich verzweigten, bis 70 cm großen Fangarme zu Fangnetzen aus. Viele bewegliche Häkchen und Cirren bilden das Maschenwerk. Verfängt sich in ihnen Geschwebe, halten sie es fest. Ist der Fangapparat gefüllt, werden die Arme nacheinander eingebogen und die Nahrungstierchen im Mund abgestreift. — Im stillen, durchsonnten Lagunenwasser liegen braungelbe Medusen der Gattung *Cassiopeia* mit dem Schirmrücken auf dem Sandgrund. Auch sie beherbergen in großen Mengen einzellige Symbiosealgen, denen sie so eine optimale Gelegenheit zur Assimilation bieten. Außerdem fangen die hemisessil gewordenen Quallen in den nach oben gestreckten Tentakeln absinkende Planktonorganismen. Röhrenwürmer (Serpulimorpha) strecken feine, fiederteilige Tentakelkronen zum Geschwebefang ins Wasser. — Sessile Krebse fangen ihre Nahrung als Filtrierer. Die großen Antennen des verlassene Röhren bewohnenden Einsiedlerkrebses *Paguritta harmsi*, morphologisch an die Fühler mancher Spinnermännchen erinnernd, dienen zum Planktonfang.

Leimfadenleger leben sessil am oder im Boden und entsenden lange, klebrige Tentakeln, Schleimfäden oder -netze. So strecken Borstenwürmer der Familie Terebellidae, z. B. *Eupolymnia nebulosa*, fadenförmige Kopftentakeln über den Grund aus. Herandriftende und niedersinkende Nahrungspartikeln haften fest und werden beim Einziehen der Leimfäden dem Mund zugeführt. Die weißlichen Fangfäden von *Reterebella queenslandica* sind fast 1 m lang. — Die in Kalkröhren lebenden Wurmschnecken (*Vermetus*) stoßen ruckartig bis 40 cm lange Schleimfäden aus, wenn Bewegungen von Planktontierchen im Umkreis bis 20 cm das Wasser erschüttern. Bleiben Plankter an ihnen kleben, zieht die Schnecke mit der Raspelzunge die Fäden ein und die Beute in den Mund. — Es gibt zum Beispiel auf Seeigelstacheln, unter den Schirmen großer Lederkorallen (*Sarcophyton*) oder auf dem Grund kriechende Rippenquallen (Ctenophora), die nachts bis 1,5 m lange, dünne, klebrige Tentakeln in das strömende Wasser entsenden. Verfängt sich ein Geschwebetierchen an den Klebzellen, wird der Tentakel eingezogen und die Beute am Mund abgestreift.

Seepocken (Cirripedia), freisitzend oder von Korallen oder Kalkalgen umwachsene *Tetraclita* und *Kochlorine*, strecken rhythmisch fiederteilige Fangarme aus der Öffnung und filtern Geschwebe aus dem Wasser. Da sie dabei eine geringe Strömung erzeugen, leiten sie zu einer anderen Art der Aufnahme planktischer Nahrung über, zu den Strudlern.

Strudler sind nicht auf passiv herandriftendes Plankton angewiesen, sondern erzeugen einen gerichteten Wasserstrom, dem sie Nahrungsorganismen entnehmen und der sie gleichzeitig mit frischem, sauerstoffreichem Atemwasser versorgt. Schwämme beherbergen in ihrem Körperinneren unzählige mikroskopische Geißelkammern, die über Poren mit dem Außenwasser verbunden sind. Die Geißeln erzeugen einen nicht abreißenden Zustrom von außen nach innen. Feines Plankton wird zurückgehalten und verdaut, das Wasser durch eine zentrale Öffnung wieder abgeführt. Ein Schwamm mit 20 fingerförmigen Auswüchsen von 10 cm Länge und 2 cm Durchmesser filtert an einem Tag 1575 l Wasser. Diese hohe Leistung demonstriert, welche enorme Bedeutung Schwämme für die Klarheit und Reinheit des Wassers in einem Korallenriff haben. — Die an Felswänden oder zwischen Korallen festgewachsenen Muscheln — Stachelaustern (*Spondylus*), Perl- (*Pteria margaritifera*), Archen- (*Arca*) und Riesenmuscheln (*Tridacna*) — strudeln mit ihrem Flimmerepithel durch Einfuhröffnungen Plankton zum Mund und gleichzeitig frisches Wasser um ihre Kiemenblätter. — Festsitzende, sackartige Seescheiden flimmern einen Wasserstrom durch den vielfach durchbrochenen Kiemenkorb, mit dem sie Planktonorganismen herausfiltern. — Bei den winzigen Moostierchen befördern Tentakelwimpern feinstes Nanoplankton — Bakterien und Einzeller — ins Körperinnere. — Die in Korallengallen lebenden kleinen Krabben, *Hapalocarcinus marsupialis*, *Cryptochirus coralliodytes*, *Troglocarcinus fagei* und verwandte Arten, erzeugen mit Extremitäten und Mundgliedmaßen einen Wasserstrom, der ihnen Nahrung zuführt. Auch die in eng verzweigten Korallen häufigen Porzellankrabben (Porcellanidae) sind Strudler. Sie spannen an ihren Mundgliedmaßen befindliche Fiederborsten löffelförmig aus und drücken durch Zusammenfalten dieser fortlaufend Wasserströme durch die Netzmaschen. Mundwerkzeuge kämmen die hängengebliebenen Planktonten aus. Der Einsiedler, *Carcinus verrilli*, erzeugt durch regelmäßigen Antennenschlag eine zum Mund hinführende Strömung, aus der er Nahrungsteilchen aufnimmt.

Gelegentlich schwimmen pelagische Riesenfische in Riffgebiete ein, die wir als Reusenfischer bezeichnen wollen. So beobachtet man an Riffhängen hin und wieder Mantas. Wie die großen Walarten sind auch diese tonnenschweren und größten aller Rochen Planktonverzehrer. Indem sie sich aktiv fortbewegen, nehmen sie Plankton passiv auf. Ihr weiter Rachen ist fast ständig geöffnet. Er wird von zwei breiten Kopfflossen flankiert, die das Plankton in das Maul dirigieren. In einen engmaschigen Reusenapparat wird es ausgefiltert.

Viele kleine Fische sind aktive Planktonverzehrer. Sie visieren die schwebenden Lebewesen einzeln an und schnappen sie aus dem Wasser heraus. Zu ihnen gehören mehrere Korallenbarsche, Funkenfische, Schmetterlingsfische, Füsiliere und andere. Eine Sonderstellung nehmen die hemisessilen Röhrenaale ein. Sie schauen hochaufgerichtet aus ihren Wohnröhren heraus und schnappen zielsicher nach eßbarem Geschwebe.

Die Weidegänger in Korallenriffen fressen und nagen die dem Grund aufgewachsenen Organismen ab. Einige sind spezialisiert, die zähen Seegräser abzubeißen. Zu diesen Krautessern gehören die Diadem-Seeigel *(Diadema)* mit ihren starken und scharfen Gebissen. In den nahe von Seegraswiesen gelegenen Korallen und Riffen suchen Diadem-Seeigel während des Tages in oft großen Ansammlungen Schutz. Nachts weiden sie im Seegras, so daß rings um Riffe 2—10 m breite Zonen mit starkem Verbiß entstehen. Auch Seeigel der Gattungen *Psammechinus* und *Strongylocentrotus* nagen an Seegräsern, desgleichen einige Schnecken mit ihren scharfen Raspelzungen. Die in lagunennahen Riffpartien häufigen Kaninchenfische *(Siganus)* und die vom Menschen hart bejagten und vom Aussterben bedrohten Seeschildkröten und Seekühe, die reine Pflanzenesser sind, ernähren sich je nach Angebot von Seegras oder Algen.

Viele Riffbewohner sind Algenesser. Entsprechend dem Angebot an groben Tangen, feinen Fadenalgen oder dem Fels angeschmiegten Krustenalgen entwickelten sich unter ihnen verschiedene Spezialisten. Tangesser sind relativ selten und werden wohl überwiegend durch Schnecken, wie das Seeohr *(Haliotis),* oder auch Seeigel vertreten. Weiche Fadenalgen werden von vielen Rifftieren, z. B. von den meisten Borstenwürmern, bevorzugt aufgenommen. Zum Abweiden kurzer Algenrasen und Krustenalgen sind die vielfältig und kompliziert gestalteten hornigen Raspelzungen der Schnecken besonders geeignet. Die Nahrungsaufnahme der Arten ist daher differenziert. Die großen Flügelschnecken (Strombidae), Kreiselschnecken (Trochidae) und Fingerschnecken *(Lambis)* gehören, ebenso wie die kleinen Strandschnecken *(Littorina)* und die Napfschnecken (Patellacea), zu den Algenverzehrern. Letztere schaben nur zehntelmillimeterstarke, von Blau- oder Kieselalgen gebildete Schichten von ihrer Unterlage. — Die in Felslöchern an Riffrändern zahlreichen kurzstachligen Seeigel *(Arbacia, Paracentrotus, Echinometra),* Griffelseeigel *(Heterocentrotus)* und Lanzenseeigel *(Phyllacanthus)* weiden nachts. — Von den algenessenden Fischen grasen die Doktorfische (Acanthuridae) in großen Herden, den Kopf schräg nach unten, den Boden ab. Im Gegensatz zu ihnen verteidigen algenessende Korallenbarsche der Gattungen *Pomacentrus* und *Abudefduf* nachhaltig ihre Reviere. Unter ihrer Obhut gedeihen die Algenrasen üppiger, da sie vor anderen Weidegängern geschützt werden. Doch halten letztere durch Verbiß Felssubstrat zur Besiedlung für Korallen und Kalkalgen frei, wodurch Wachstum und Verfestigung des Riffes gefördert werden. Besonders kleinere Papageifische, die mit ihrem starken Gebiß Felsen abschaben, fördern diesen Prozeß. — Alle herbivoren Weidegänger nehmen mit der pflanzlichen Kost gleichzeitig auch tierische zu sich, denn es gibt kein Seegrasblatt ohne Hydrozoen-, Moostierchen-, Muschel- oder Wurmbewuchs. Und Fadenalgenbüschel beherbergen viele Ur- und Rädertierchen, Faden- und Ringelwürmer, Krebschen und Schnecken. Sie alle werden von den Algen essenden Fischen als „Beilage" verzehrt.

Carnivore Weidegänger sind meist noch spezialisierter als herbivore. Sie weiden an Schwämmen, Hydroidpolypen, Moostierchen, Hornkorallen oder Steinkorallen. Derartige Spezialisten findet man bei Schnecken, insbesondere den Nacktkiemern, bei Stachelhäutern und Fischen. Einige Porzellanschnecken und Kaiserfische, z. B. der Hawaii-Engelfisch *(Apolemichthys arcuatus),* Königin-Engelfisch *(Holacanthus ciliaris)* und der Graue Kaiserfisch *(Pomacanthus arcuatus),* haben sich auf Schwammnahrung spezialisiert. — Die „Flamingozunge" *(Cyphoma gibbosum),* eine in den karibischen Riffen häufige Schnecke, weidet auf Hornkorallen; *Heliacus,* eine Schnecke mit flach gewundenem Gehäuse, weidet auf Lederkorallen Polypen ab. Einige gehäuselose Wurmschnecken stülpen ihren Vorderdarm rüsselförmig aus, drücken die Hornzähne ihrer Zunge an eine Hydrozoe, Horn- oder Lederkoralle und reißen Gewebeteile heraus.

Trotz der Nesselbatterien sind eine Anzahl Weidegänger Steinkorallenesser geworden. Mit Panzern und dicken Häuten, die das Eindringen des Nesselgiftes in den Körper verhindern, und mit Schleim, der die Explosion der Nesselkapseln unterbindet, entwickelten sie wirksame Gegenmittel. Nacktkiemer der Gattung *Phestilla* sind hochspezialisiert; so weidet *P. melanobrachia* an der ahermatypischen Bäumchenkoralle, *P. sibogae* hingegen auf der hermatypischen Porenkoralle. Die beschalten Perspektivschnecken der Gattung *Philippia,* Stachelschnecken der Gattung *Drupa,* Kreiselschnecken der Gattung *Calliostoma,* die Porzellanschneckenverwandte *Jenneria* und die verschiedenen Eierschnecken (Ovulidae) schädigen die Scleractinia nicht übermäßig, doch ist der Korallenliebhaber, *Coralliophila abbreviata,* in den Riffen von Barbados an der Zerstörung der Kleinen Knopfkoralle *(Montastrea annularis)* beteiligt gewesen.

Die Zahl der auf Steinkorallennahrung spezialisierten Borstenwürmer (Polychaeta)

34 *Auch der Dornenkronen-Seestern hat seine Feinde. Hier knackt ein 40 cm langer Kugelfisch, Arothron hispidus, ohne Scheu die starken Stacheln ab, ehe er den Seestern zerbeißt. (Nach einem Foto von P. Vine aus Ormond u. Campbell, 1974)*

ist sicher wesentlich größer als wir wissen; denn viele verfügen über erstaunlich starke, scharfe und spitze Mundwerkzeuge. Der Borstenwurm, *Hermodice carunculata*, verbeißt die Polypen der Porenkoralle, *Porites porites*, und der Geweihkoralle, *Acropora prolifera*, so stark, daß die Zweigenden skelettiert werden. Bei einem mit dem Vorderende in einem Korallenkelch steckenden Ringelwurm ist es manchmal schwierig zu unterscheiden, wer wen frißt. Viele Krabben, die auf und in Korallenstökken leben, ernähren sich auch von ihnen, wenngleich nicht immer von ihrem lebenden Gewebe. Der karibische Diadem-Seeigel (*Diadema antillarum*) soll außer in Seegraswiesen nachts auch auf Geweihkorallen weiden. Obwohl der Ballonseestern, *Culcita*, tierischen Aufwuchs von Seegras und Felsen aufnimmt und an Schwämmen weidet, verschmäht er auch Skalpellkorallen und Grobe Porenkorallen nicht. Der Walzenseestern, *Choriaster granulatus*, ernährt sich wahrscheinlich von Steinkorallen.

Als Weidegänger verursacht der Dornenkronen-Seestern (*Acanthaster planci*) echte Katastrophen, und Zeitungsmeldungen sind voll seiner Untaten: 1963 wurden die vorher recht seltenen Dornenkronen von Touristen in großen Mengen bei Cairns im Großen Barriere-Riff beobachtet. Die an den Spitzen dreikantigen, messerscharfen Stacheln der vielarmigen, oft riesigen Seesterne sind giftig und bilden eine gute Wehr. Zur Nahrungsaufnahme stülpen sie den weichen, schmiegsamen Magen aus und sezernieren Verdauungsfermente auf die Steinkorallenkolonien, von denen *Goniastrea, Turbinaria, Montipora* und tischförmige Acroporen bevorzugt angefallen werden (Ormond u. a., 1973). Der Schlag vieler winziger Wimpern befördert das nunmehr in einen Nahrungsbrei umgewandelte Korallengewebe in die Magenblindsäcke, wo die Verdauung beendet wird. Bereits drei Stunden später ist die Koralle skelettiert, und wenige Tage danach siedeln auf ihr bereits Algen. Durch das massenhafte Auftreten der Dornenkronen sind heute über 400 Quadratkilometer im Großen Barriere-Riff zwischen 0 und 65 m Tiefe kahlgefressen und wüst. Ähnliche Schäden wurden von den Truk-Inseln, Saipan, Palau, Samoa, Hawaii, Guam und anderen Gebieten des Indopazifik gemeldet.

Die Ursachen der plötzlichen enormen Vermehrung der Dornenkronen-Seesterne sind nicht sicher bekannt. Vermutungen schwanken zwischen Veränderungen der Genstruktur und schädlichen anthropogenen Einflüssen – radioaktiven Fallouts, Pestiziden und chemischen Stoffen sowie Abwässern. Plausibel erscheint folgende Hypothese: Ein Dornenkronenweibchen erzeugt Millionen Eier, aus denen sich planktische Larven entwickeln. Normalerweise werden die meisten von Riffkorallen verzehrt. Dadurch halten sie gleichzeitig ihren ärgsten Feind kurz. Werden aber die außerordentlich empfindlichen Korallen durch Verunreinigungen des Wassers abgetötet, leben schlagartig Millionen der resistenteren Dornenkronenlarven im Riff. Auf ihrem Driftweg in benachbarte Korallenriffe entwickeln sie sich zu winzigen Seesternen. Diese beginnen mit dem Abweiden der Korallen und vernichten sie im Verlauf ihres Wachstums. Die Korallen als Vertilger ihrer Larven werden nunmehr durch die Dornenkronen-Seesterne zerstört. Die Individuenzahl von *Acanthaster planci* steigt weiter an, die Seuche breitet sich aus. Unwahrscheinlich sind Annahmen, die Schneckensammlern die Schuld für das massenhafte Auftreten von Dornenkronen geben. Zweifellos ist das große Tritonshorn (*Charonia tritonis*) ein Feind des Seesterns. Doch frißt es nur etwa aller sechs Tage einen Seestern an, der zudem wieder zu einem vollständigen Tier zu regenerieren vermag. Gegen ein normalerweise in bestimmten Zeitabständen massenhaftes Auftreten von Dornenkronen sprechen auch riesige lebende Korallenkolonien, die mehrere hundert Jahre alt sind und die ihr hohes Alter nie erreicht hätten, wären Dornenkronenplagen periodisch. – Alle Versuche, die Dornenkronenseuche einzudämmen, schlugen bisher fehl. Jedoch regenerieren einige Riffe nach Jahrzehnten wieder mit jungem Steinkorallenbewuchs. Andere unterliegen der Besiedlung mit Algen, Schwämmen und Weichkorallen noch heute, und es können Jahrhunderte vergehen, ehe das ursprüngliche biologische Gleichgewicht wieder hergestellt ist.

Unter den Riffischen gibt es relativ viele Steinkorallen verzehrende Arten. Sie lassen je nach Art der Nahrungsaufnahme drei Typen erkennen: Zupfer, Nager und Knakker. Zupfer besitzen kleine Zähne, die am Ende weit vorgezogener Mäuler angeordnet sind. Mit ihnen zupfen sie erfolgreich Korallenpolypen und -gewebe. Prognathie ist bei Korallenrifffischen unterschiedlicher Familien ausgebildet. Die meisten gehören mit Falterfischen, Pinzettfischen (*Chelmon, Forcipiger*) und Wimpelfischen (*Heniochus*) zur Familie der Borstenzähner (Chaetodontidae). Feilenfische (Monacanthidae) sind durch den kleinen grünen, gelbgetupften Schnabel-Einstachler (*Oxymonacanthus longirostris*), Doktorfische durch die Halfterfische (*Zanclus*), Kaninchenfische (Siganidae) durch das Fuchsgesicht (*Lo vulpius*) und Lippfische durch die Schnabel-Lippfische (*Gomphosus*) vertreten. Manche ziehen mit Hilfe ihrer langen Mäuler auch Würmer, Krebschen, Schnecken und Algen aus ihren Verstecken. Diese extrem entwickelte Prognathie ist als Anpassung an das Leben im Korallenriff zu deuten. Die Fische eroberten sich so eine ökologische Nische

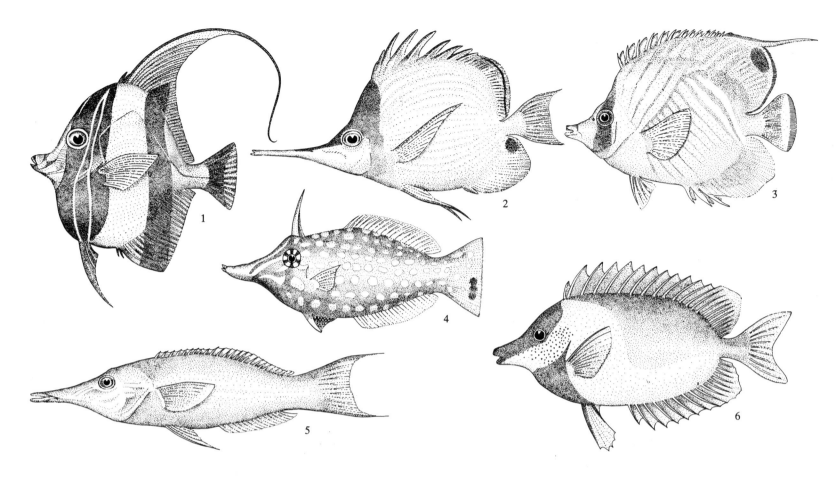

im Nahrungsnetz des Riffes, nämlich mittels ihrer „Pinzettmäuler" in winzige Lückensysteme vorzudringen, um dort Beute zu machen. Im karibischen Riffgebiet tritt nur *Prognathodes aculeatus* (Poey) als wenig entwickelter Vertreter des Typs der „Pinzettmäuler" auf, alle anderen leben im Indopazifik. Doch gibt es auch Steinkorallenzupfer, die keine extrem vorgezogenen Mäuler haben, z. B. die Lippfische *Labrichthys unilineatus, Larabicus quadrilineatus, Diproctacanthus xanthurus*.

Die Nager unter den Fischen, Papagei- und Drückerfische, besitzen scharfe, kräftige Gebisse. Mit ihnen nagen sie die lebenden Gewebe der Steinkorallen ebenso wie kurze Algenrasen vom Felsen ab. Ihren Zahnspuren begegnet man häufig auf der Oberfläche kleinpolypiger, massiver Kolonien als helle, mehr oder weniger breite Kratzer. Von den kleineren werden die Korallenkolonien nur oberflächlich angenagt, so daß ihnen keine ernsthaften Schädigungen widerfahren, vielmehr Skelette, Polypen und Gewebe in kurzer Zeit regeneriert werden. Die großen Arten aber versetzen den Korallenpolypen tiefe Bisse. Die Wunden veröden und werden von Algen, Schwämmen und anderen Organismen zugewuchert. Die Korallenkolonie wächst ringsum weiter, wodurch im Laufe der Jahre wulstige Ränder entstehen.

Die stärksten Papageifische nehmen ihre Nahrung auch als Knacker auf. Mit ihren papageischnabelartigen Schneidezähnen knacken sie geräuschvoll die Zweigenden buschiger Steinkorallen ab, zermalmen sie mit starken Mahlplatten und führen den Nahrungskalkbrei dem Magen zu. Der geringe Anteil an verdaubarem Material veranlaßt sie, während der meisten Zeit des Tages zu fressen und fortlaufend Kot in Form großer Kalkstaubwolken auszustoßen. Etwa ein Drittel des im Riffgebiet abgelagerten Schluffes soll ihren Verdauungstraktus passiert haben. Weitere Ko-

*35 Die vorgezogenen Mäuler (Prognathie) vieler Riffische unterschiedlichster verwandtschaftlicher Gruppen befähigen besonders gut zum Zupfen von Algen und Korallenpolypen und zum Ergreifen von Beuteorganismen in engen Spalten und Löchern.
1 Halfterfisch, Zanclus cornutus (Fam. Zanclidae), 2 Pinzettfisch, Forcipiger longirostris (Fam. Chaetodontidae), 3 Schmetterlingsfisch, Chaetodon auriga (Fam. Chaetodontidae), 4 Gelbpunkt-Einstachler, Oxymonacanthus longirostris (Fam. Monacanthidae), 5 Schnabellippfisch, Gomphosus varius (Fam. Labridae), 6 Fuchskopf, Lo vulpius (Fam. Siganidae)*

rallenknacker sind die Kofferfische (Ostraciontidae). Im Magen großer Igelfische *(Diodon hystrix)* fand man bis zu 1 kg Korallen in ziemlich großen Stücken (Schleiden, 1888). Abgesehen von Milieuvergiftungen, Sturmseen, Bohrorganismen und seuchenartigen Erscheinungen bilden Fische bei Steinkorallen den stärksten Zerstörungsfaktor.

Riffkorallen sondern Schleim ab, besonders reichlich bei bewegter See und starken Sedimentationsvorgängen. Die in ihm enthaltenen Wachsester bilden mit 5,2 cal/mg eine weitere Energiequelle. Als Schleimesser wurden Riffische und Krabben, z. B. *Trapezia*, beobachtet. Hüpferlinge nehmen ebenfalls Schleim auf und verwerten 50% der organischen Bestandteile für ihre Ernährung.

Der Schleim liegt nicht nur den Steinkorallenkolonien auf, sondern schwimmt auch in Form von Flöckchen umher oder trübt in feinster Verteilung das Wasser. Entsprechend sind Schleimesser nicht immer Weidegänger, sondern einige erschließen sich diese Nahrungsquelle als Planktonverzehrer und Partikelesser. Letztere nehmen die Nahrungsbröckchen vom Substrat auf. Viele leben auf oder im Sand zwischen dem Riff-Fels. Irreguläre Seeigel, Eichelwürmer *(Balanoglossus)*, Borstenwürmer (Polychaeta), auch Kruster entnehmen ihm organische Partikeln. Rüssel und Tentakeln der Spritzwürmer (Sipunculidae), die hydraulisch ausgestreckt werden, sind mit kräftig schlagenden Wimpern ausgestattet. Niedersinkende Partikeln werden mit ihnen dem Mund zugetrieben. Beim Einziehen des Rüssels wird das Wasser aus dem Mund gespritzt. Die Seewalzen – *Holothuria*, *Halodeima* und *Thelenota* – schaufeln sich mit ihren Tentakeln den lockeren Kalksand in die Münder. Sie füllen den Darm innerhalb 24 Stunden 2- bis 3mal, wobei der Anteil verdaubarer Partikeln – Algenstückchen, Einzeller, Larven, kleinere Mollusken – meist verhältnismäßig gering ist.

Bei den nachtaktiven Schlangensternen ist der Magen zu $^3/_4$ mit Detritus, Diatomeen, Foraminiferen, Radiolarien und abgesunkenen Planktern gefüllt, die sie mit ihren zahlreichen Füßchen aufgetupft haben. Seesterne der Gattungen *Luidia*, *Linckia* und *Henricia* scheinen sich ebenfalls ausschließlich von kleinen Partikeln zu ernähren. Sie transportieren sie mit von Hautwimpern erzeugten Flimmerströmen in besonderen Rinnen zum Mund. – Eine besondere Art der Partikelgewinnung hat der Schlangenstern, *Ophiocoma scolopendrina*, entwickelt. An Gezeitenküsten dörrt die Sonne bei geringem Feuchtigkeitsgehalt der Luft in kurzer Zeit die trockengefallenen Lagunen und Riffdächer so weit aus, daß Detritus auf der Wasseroberfläche der wieder auflaufenden Flut schwimmt. Wenn der Wasserstand über dem Grund nur 1–2 cm beträgt, streckt der unter Steinen verborgene Schlangenstern zwei seiner Arme zur Wasseroberfläche empor, bewegt sie scherenartig gegeneinander und drückt so schwimmende Nahrungspartikeln, die sofort in eine Schleimwulst eingeschlossen werden, zur Mundöffnung. In wenigen Minuten ist das Wasser auf 5 cm angestiegen, und die Schlangensterne gehen wieder zum Auftupfen der Partikeln vom Grund über. Sie klettern auch auf Korallen, um dort verdaubare Teilchen aufzunehmen. – Viele Krabben streifen mit den Scheren den Belag von den Pflanzen oder benutzen ihre beborsteten Kieferfüße als Besen. Der Nacktkiemer, *Melibe bucephala*, besitzt einen großen runden Mund mit behaarten Rändern, mit dessen Hilfe er Nahrungspartikeln von den Algen abbürstet. – Durch die Eingangsöffnungen Felshöhlen bewohnender Seeigel wird so viel Detritus eingeschwemmt, daß er zur Ernährung ausreicht. Im Darm von *Heterocentrotus mammillatus* fanden sich hauptsächlich Foraminiferen.

Wie in anderen Lebensräumen rottet auch in Korallenriffen kein Räuber seine Beutetiere aus, und Beutetiere sind stets in dem Maße vorhanden, daß auch die Art des Räubers erhalten bleibt. Räuber erbeuten vagile Beutetiere oder Stücke von ihnen. Beute werden vor allem kranke, schwache oder alte Individuen. Dadurch gelangen

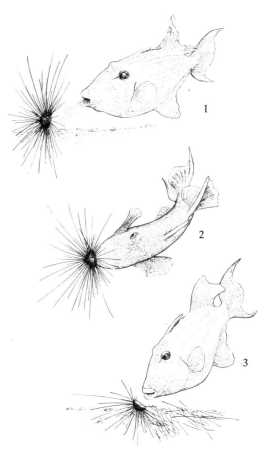

36 Einige Fische sind sogar in der Lage, stachelbewehrte Diadem-Seeigel zu verspeisen. Der Drückerfisch Balistes fuscus bläst mit kräftigen Wasserstrahlen den Seeigel um (1), beißt die kurzen Stacheln seiner Unterseite ab (2) und zerknackt den Kalkpanzer (3). (Nach Fricke, 1972)

überwiegend gesunde, kräftige Tiere, die eine gesunde Nachkommenschaft zeugen, zur Fortpflanzung. Man unterscheidet Kleinräuber und Großräuber. Kleinräuber erbeuten Tiere, die wesentlich kleiner als sie selbst sind und die einer niedrigeren systematischen Einheit angehören. Die Beute der Großräuber hingegen sind etwa gleichgroße oder größere, ihnen verwandte oder höher stehende Tiere. Zwischen beiden Gruppen gibt es zahlreiche Übergänge.

Kleinräuber sind im Korallenriff – soweit bekannt – vor allem durch Krebse, Stachelhäuter und Fische vertreten. Krabben packen Ringelwürmer, Muscheln und Schnecken mit den Scheren, knacken und zerkleinern sie. Manche Schlangensterne ergreifen mit ihren mit Zangen bewaffneten Armspitzen Meeresringelwürmer, Krebse, kleine Schnecken, Muscheln und Seeigel. Seesterne finden ihre Beutetiere durch Wahrnehmung chemischer und physikalischer Reize. Wie die Dornenkrone schmiegen auch sie den ausgestülpten Magen eng an das Opfer und dauen es außerhalb ihres Körpers vor. Viele zerren Muschelschalen mit Hilfe ihrer Saugfüßchen auseinander. Da deren Schließmuskeln sehr kräftig sind, dauert es Stunden, bis sie nachgeben und die Muschelschale geöffnet ist. Doch vermag ihr Magen auch in nur 0,2 mm breite Schalenspalten einzudringen. Andere Arten verschlingen ihre Beutetiere im ganzen. In ihrem Inneren fand man Muschelschalen, Schneckengehäuse und Reste von Schlangensternen, Seeigeln, Krebsen, Ringelwürmern, Aktinien und Seescheiden.

Nachts gleitet der Krake über den Fels. Krebse, Muscheln, Schnecken und Fische bilden seine Hauptnahrung. Suchend tasten seine mit Saugnäpfen ausgestatteten Fangarme in Löcher und Ritzen des Gesteins. Blitzschnell werden die Beutetiere gepackt, hervorgezerrt, von der Zwischenhaut der Arme umschlossen und zum Mund geführt. Ein Speicheldrüsengift tötet das Opfer sofort. Mit den scharfen, papageienschnabelartigen Kiefern beißt er ein Loch in Gehäuse oder Panzer, spritzt Verdauungssäfte hinein und saugt später den Nahrungsbrei ein. Muscheln nagt er an und öffnet sie mit seinen starken Armen. – So possierlich Kraken sind und so gern Taucher mit ihnen spielen, weil sie mit ihren großen Augen gar wunderlich ausschauen, je nach Erregungszustand und Untergrund die Farbe und Beschaffenheit ihrer Oberfläche verwandeln oder sich in Tintenwolken unsichtbar machen können, ist gerade bei kleinen Arten Vorsicht geboten. Sie besitzen so starke Gifte, daß ihr Biß für den Menschen tödlich sein kann. Große Arten sind in den Korallenriffen seltener, und auch die verwandten 20–30 m großen Riesenkalmare mit suppentellergroßen Augen leben allenfalls in der benachbarten Tiefsee.

Marderhaie (*Triaenodon obesus*), Ammenhaie (*Ginglymostoma*) und viele andere Haiartige sowie große Stechrochen (Dasyatidae) streifen in den Riffen und über Sand- und Geröllgründen auf der Suche nach Krebsen, Mollusken und Stachelhäutern umher. Sie spüren auch in Felsspalten, unter Geröll und im Sand verborgene Beute auf, weil sie die von den Kiemen der Beutetiere ausgehenden Aktionsströme mit Hilfe eines elektrischen Sinnesorgans wahrnehmen und lokalisieren. Als Rezeptoren gelten die Lorenzinischen Ampullen, deren Sitz in der Schnauzenregion liegt. Leierfische (*Callionymus*) und viele andere Knochenfische fangen Meeresringelwürmer und Kleinkrebse.

Selbst die langstacheligen Diadem-Seeigel haben Feinde. Drückerfische pressen scharfe Wasserstrahlen durch das Maul und spülen die Beutetiere aus dem Sand. *Balistes fuscus* treibt auf diese Weise Diadem-Seeigel sogar aus ihren Felsverstecken. Frei liegende Seeigel spritzt er um, stürzt sich auf die nur mit kurzen Stacheln versehene Mundseite, zerkracht mit starken Zähnen die Kalkschalen und frißt die Innereien. Haben sich Seeigel zu sehr in einer Felsspalte verklemmt, beißt er nach und nach die Stacheln ab, wobei ihn Einstiche am Kopf nicht allzusehr stören. Schließlich frißt er den Seeigelkörper von oben auf. Einige Schnapper (*Lutjanus*) fressen Seeigel mit Stumpf und Stiel. Der große Lippfisch,

129 94

94 Dieser Krebs ist nur noch als Larve frei beweglich. Wenn sich diese sogenannte Entenmuschel (Lepadomorpha) festsetzt, bildet sie einen Stiel, Schalenklappen und vor allem fiederteilige Fangarme aus, mit deren Hilfe sie Plankton aus dem Wasser fängt. (Rotes Meer)

130/131 95 96 | 101
97 98
99 100 |

95 Ein gelber Sabellide hat auf der erhöht gelegenen Mikroporenkoralle (Montipora meandrina) einen zum passiven Planktonfang günstigen Wohnsitz erworben. (Rotes Meer)

96 Der Fächerwurm (Sabellastarte indica) hat sich „kopfunter" zwischen den scheibenförmigen Kolonien der Wellenkoralle (Leptoseris incrustans) angesiedelt. (Gesellschafts-Inseln, Pazifik)

97 Manche Hydrozoen bilden aus chitinartigen Substanzen stattliche Kolonien, die das vielfältige Bild der in einem Riff lebenden sessilen Wuchstypen noch vermehren. (Rotes Meer)

98 An kleine, fransige Schirmpilze erinnern die ausgestreckten Polypen dieser Krustenanemonen (Zoantharia). (Rotes Meer)

99 Die nur 1 bis 3 cm große Aktinie Boloceroides mcmurrichi löst sich häufig von ihrer Unterlage, pumpt sich voll Wasser und schwimmt durch rhythmisches Schlagen mit den Tentakeln davon. (Rotes Meer)

100 Auf breitem Fuß gleitet die Porzellanschnecke (Cypraea) über die Unterlage, während sie den Mund rüsselartig vorstülpt. Die Bedeutung der vielen Fransen ihres Mantels ist nicht bekannt. (Rotes Meer)

101 Die beiden Tentakelkränze des Spiralfiederwurmes (Spirobranchus giganteus) sind zu wirksamen Planktonfangapparaten umgewandelte Gliedmaßen. (Rotes Meer)

132 102 |
103 104 |

102 Die Wurmholothurie (Synapta sp.) ist ein typisches Tier der hinter dem Außenriff gelegenen Lagune. Mit ihren fransigen Tentakeln nimmt sie vegetabilische Stoffe vom Sand auf. (Rotes Meer)

103 Ein braungelber Schwamm hat sich zu einer gewaltigen Kolonie von „Schornsteinen" ausgewachsen, durch deren Öffnungen das seitlich eingestrudelte Wasser wieder ausgestoßen wird. (Rotes Meer)

104 Der rote Geweihschwamm (Axinella sp.) ist in Tiefen um 15 bis 25 m oder in Höhlen recht häufig. (Rotes Meer)

133 | 105

105 Der lilagraue Schwamm Siphonochalina bildet weitlumige Rohre, die einen ungehinderten Wasseraustausch gestatten. (Rotes Meer)

134/135   106 107 | 109
                108

106 Ein ausgewachsener Sichelkaiserfisch (Pomacanthus maculosus) entfernt sich nie weit vom locker strukturierten Riffsubstrat und ist Tauchern gegenüber ausgesprochen zutraulich. (Rotes Meer)

107 Der Streifendrückerfisch (Balistapus undulatus) ist ein langsamer, aber wendiger Schwimmer, der mit einem überaus starken Gebiß ausgerüstet ist. (Rotes Meer)

108 Ein Schwarm Blauer Doktorfische (Acanthurus coeruleus) durchstreift das Riff. (Südflorida, Florida-Straße)

109 Viele Funkenfische (Anthias squamipinnis) umschwirren planktonfangend ihre Wohnkoralle, einen großen Porenkorallenstock (Porites lutea). (Rotes Meer)

136 110

110 Im Schatten einer Koralle lauert ein Trompetenfisch (Aulostomus chinensis) auf Beute. (Tuamotu-Archipel, Pazifik)

Cheilinus trilobatus, hebt Seeigel an den Stacheln in die Höhe, packt die im Wasser schwebenden mit dem Maul an der Unterseite und zerschlägt sie auf Steinen. Der Kugelfisch, *Arothron hispidus*, und die Drückerfische, *Balistoides viridescens* und *Pseudobalistes flavimarginatus*, verschmähen selbst Dornenkronen-Seesterne nicht, deren giftige Stacheln sie mit ihren mächtigen Gebissen abknacken, um dann den Kalkpanzer zu zerbeißen. Der riesige Buckelkopf-Lippfisch *(Cheilinus undulatus)* erbeutet Schnecken, Fische, Seeigel, Muscheln, Krebse und Schlangensterne, indem er mit seinem Buckel verzweigte Korallen zerrammt und die aufgestörten Beutetiere packt. Er frißt auch scharf- und giftstachelige Arten wie die Dornenkrone.

Großräuber sind vornehmlich unter den oft farbenprächtigen Strudelwürmern, unscheinbaren Faden-, Schnur- und Ringelwürmern und Schnecken, Kopffüßern, Krebsen sowie Fischen zu finden. Die bis 70 cm langen, meist drehrunden, vielfach sehr dünnen Schnurwürmer (Nemertini) saugen Schnecken und Würmer aus. Die größeren schlingen Weichtiere, Ringelwürmer, kleine Krebse und Fische hinunter. Sie verfolgen ihre Opfer mit schnellen, schlängelnden Kriechbewegungen, umschlingen sie mit einem langen Rüssel und ziehen sie in die Mundöffnung. – Kleine, räuberische Fadenwürmer (Nematodes) erbeuten Rädertierchen, Gliederwürmer oder ihresgleichen. Sie verschlingen die Beute, reißen mit ihren mörderischen Zähnen Stücke aus ihren Leibern oder saugen sie aus.

Erstaunlich viele Großräuber sind unter den Schnecken zu finden. Einige Raubschnecken verschlingen große Beutetiere unzerteilt. Ein 28 cm langes Tritonshorn würgt eine 21 cm lange Seewalze in 4 Stunden herunter. Die kleinen Nabelschnecken (Naticidae) bohren mit der Radula in andere Schneckengehäuse ein Loch, strecken ihren Rüssel hinein und fressen das Beutetier aus. Ebenso sind einige Stachelschnecken (Muricidae) Bohrer. Der Strandwanderer findet nicht selten dergestalt angebohrte Schneckengehäuse. Andere Stachelschnecken drücken einen Zahn so kräftig in den Schalenspalt von Muscheln, daß sie die Schalen etwas öffnen müssen. Nun schieben sie den mit Raspelzähnen bewehrten Rüssel hinein und fressen das Tier. Helmschnecken (Cassidae) verfügen über einen sehr dickhäutigen, große Schleimmengen absondernden Fuß. Derart geschützt, kriechen sie auf Seeigel, ohne von ihren Stacheln verletzt zu werden, und lähmen sie mit einem Gift. Danach scheiden sie eine Säure aus, die das Skelett brüchig macht und nun von der Radula durchbohrt werden kann. Vasenschnecken (Vasidae) kriechen auf Sand. Mit feinen Sinnesorganen nehmen sie im Grund lebende Schnecken und Ringelwürmer wahr. Sie senken die Rüssel hinunter und erbeuten das Opfer. Olivenschnecken (Olividae) graben sich durch den Sandgrund und strecken ihr langes Atemrohr ins freie Wasser. Trägt es ihnen Geruchsstoffe von Beutetieren zu, kriechen sie unterirdisch und unbemerkt zu ihnen. In ihrer unmittelbaren Nähe tauchen sie so unvermittelt auf, daß das abgesetzte Vorderteil ihres Fußes den Wurm, Krebs oder Fisch umfaßt, ehe er zu fliehen vermag. Noch während sie die Beutetiere zur Mundöffnung schieben, graben sie sich schon wieder ein. Die spezialisiertesten Räuber sind Kegelschnecken *(Conus)*. Jede der über 500 Arten stellt einem anderen Beutetier nach und vermeidet so jegliche Nahrungskonkurrenz. Sie ernähren sich von Mollusken, Ringelwürmern und Fischen. Ihre Radulazähne sind in lange, hohle, mit Widerhaken versehene Kanülen umgebildet worden, die mit einem Giftdrüsenapparat in Verbindung stehen. Der Kanülenzahn liegt stets einsatzbereit im Rüsselende. In einem sackähnlichen Köcher befinden sich Reservezähne, die sofort nachrücken können. Zum Beutefang wird der Rüssel vorgestreckt, der Kanülenzahn vorgeschnellt, eingestochen und das hochwirksame Gift injiziert. Das Beutetier wird gelähmt oder getötet verschlungen. Das Gift ist so stark, daß Menschen, die von Kegelschnecken gestochen wurden, starben.

In Riffen und Lagunen beobachtet man

hin und wieder Sepien und Kalmare fast exerziermäßig in Reihe oder Dwarslinie. Als schnelle Schwimmer jagen sie Fischen nach und ergreifen sie mit den Fangarmen. Der Kalmar, *Loligo*, beißt ihnen den Kopf ab und frißt den Körper, ausgenommen den Darm, von vorn nach hinten auf.

Nur wenige Krebse sind Großräuber. Heuschreckenkrebse (*Squilla* und Verwandte) verfügen über scharf bedornte Greifbeine, die sie – ähnlich den terrestrischen Gottesanbeterinnen (*Mantis*) – wie Taschenmesser eingeklappt haben. Sie bewohnen Gerölle und Seegraswiesen. In der Dämmerung halten sie, verborgen im Dunkel ihrer Wohnröhre, mit den Stielaugen unbeweglich nach Beute Ausschau. Kommt ein kleiner Fisch oder Krebs in ihre Nähe, schlagen die Greifbeine blitzschnell zu. Aus ihnen gibt es kein Entrinnen. Pistolenkrebse (*Alpheus*) sind 2–4 cm lange Garnelen mit einer stark vergrößerten Schere. Der unbewegliche Finger derselben besitzt eine Rinne, die am Grunde in einer Grube endet. Der bewegliche Scherenfinger hingegen ist mit einem Fortsatz ausgerüstet, der haargenau in die Grube paßt. Nähert sich ihnen ein Beutetier oder ein Feind, schlagen sie den beweglichen Scherenfinger mit solcher Wucht gegen den unbeweglichen, daß das durch den Fortsatz plötzlich aus der Grube verdrängte Wasser mit einem lauten Knall die wie ein Gewehrlauf wirkende Rinne entlanggetrieben und als scharfer Wasserstrahl gegen das Beutetier geschleudert wird. Es wird so verwirrt oder gar betäubt, daß die kleinen Krebse es augenblicklich packen, in ihre Zufluchtstätte zerren und verspeisen.

Neben Schnelligkeit und scharfem Biß verspricht vielen Großräubern aus der Fischwelt vor allem Geduld Erfolg. Zackenbarsche stehen unbeweglich in dunklen Höhlen und Schluchten und lauern auf Beute. Mit ihren Glotzaugen rollend, verfolgen sie jede Veränderung in der Umgebung. Sie packen ihre Opfer auf geringe Entfernung. Andere Räuber liegen frei auf dem Grund und sind doch nicht zu sehen. Färbung, Zeichnung, Körperform und Hautanhänge machen sie Fels und Algen so ähnlich, daß sie sich kaum von ihrer Umgebung abheben. Steinfisch (*Synanceja*), Seeskorpion (*Scorpaena* und Verwandte), Plattkopf (*Platycephalus*), Fühlerfisch (*Antennariidae*) oder Teppichhai (*Orectolobus*) sind alle perfekte Tarnkünstler. Gerät ein Beutetier in ihre Nähe, reißen sie die breiten Mäuler einfach auf. Der dadurch entstehende Sog wirbelt es in ihre Rachen. Rotfeuerfische (*Pterois*) bewegen sich im Dunkel von Höhlen mit weit gespreizten, zerteilten Riesenflossen dicht über den Grund, treiben die Beutetiere vor sich her und in die Enge eines Winkels. Hier schnappen sie zu. Tarnkünstler und Treibjäger ernähren sich von Fischen und Krebsen. – Die großen Dämmerungsjäger sind bewegungsaktiv. Riffhaie, Barrakudas und Wrackbarsche überfallen in den Sonnenauf- und Untergangsminuten die noch verschlafenen, tagaktiven Fische, zerteilen oder verschlingen sie. Muränen sind auch nachts unterwegs. Ein empfindlicher Geruchssinn leitet sie zu ihrer Beute. Unter den Fischen gibt es Wölfe im Schafspelz, treten räuberische oder – wenn man so will – parasitische Arten im Kleid harmloser auf. So ähneln kleine Schleimfische (Blenniidae) der Gattungen *Aspidontus* und *Runula* Putzerfischen (s. S. 144) in Gestalt und Farbkleid. Da sie sich auch ähnlich wie diese bewegen, schwimmen Fische zu ihnen, um sich von Parasiten reinigen zu lassen. Das ist der Augenblick, wo der Nachahmer dem ahnungslosen Großfisch mit seinen säbelartigen Zähnen geschwind Flossenhäute, Schuppen und Fleischstücke aus dem Körper reißt. Diese wohl ärgsten Räuber unter den Fischen sind jedoch nicht länger als 7–12 cm, so daß die genarrten Großfische mit dem Schrecken und einigen ungefährlichen Bißwunden davonkommen.

Verendete Tiere liegen nie lange im Riff: Aasfresser vertilgen sie. Außer Bakterien und mikroskopisch kleinen Lebewesen fressen Fische, Seesterne, Krabben, Langusten sowie eine große Anzahl Schnecken an den verwesenden Tieren. Stachelschnecken zwängen ihre Rüssel in Panzeröffnungen

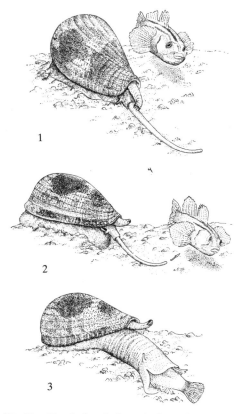

37 Eine Kegelschnecke hat mit ihren chemischen Sinnesorganen eine ihren Laich bewachende und deshalb nicht von der Stelle weichende Meergrundel lokalisiert (1), schießt durch den rüsselartigen Schlundfortsatz einen winzigen Giftpfeil in das Opfer (2), betäubt und verschlingt das Fischlein (3). (Nach einer Fotofolge von A. Kerstitch, 1980)

toter Krebse und fressen sie von innen aus. Auch Räuber fressen an nicht zu stark verwestem Aas, z. B. verschlingen Tritonshörner Kopffüßer- und Fischleichen.

Natürlich leben in der reichen Organismenwelt der Korallenriffe eine große Anzahl Parasiten, die jedoch bisher verhältnismäßig wenig untersucht worden sind. Ektoparasiten saugen an Wirtstieren oder nehmen Gewebeteile von ihnen auf. Die erst vor wenigen Jahren entdeckte Assel, *Allophryxus malindiae*, parasitiert an der auf Korallen lebenden Garnele, *Coralliocaris superba*. Asseln haben sich nicht selten am Kopf oder auf den Kiemenbögen von Fischen festgekrallt. Verwandte der Hüpferlinge sind an Kiemenblättern von Fischen regelrecht festgewachsen. Sie haben die Gliedmaßen verloren und eine sack- oder schlauchartige Gestalt angenommen und sich so dem parasitischen Leben weitgehend angepaßt. — Parasitische Schnecken (Pyramidellidae) heften ihre Rüssel an Würmern, Korallen- und Polypentieren fest, stechen sie mit einem feinen, hohlen Stilett an und saugen die Körperflüssigkeit ein. Andere nehmen die Wirtssäfte durch die Haut auf. Die 4—5 mm große Schnecke *Pelseneeria* lebt zwischen den Stacheln von Seeigeln und saugt an ihnen. Den durch einen dicken Schleimmantel geschützten Schmarotzer können die Pedicellarien des Seeigels offenbar nicht angreifen. — Endoparasiten, wie Amöben, Geißel- und Wimpertierchen, Band- und Fadenwürmer, leben hauptsächlich im Verdauungstraktus von Ringelwürmern, Krebsen, Mollusken, Stachelhäutern und Fischen, aber auch in anderen Organen und in der Muskulatur.

Ein anschauliches Beispiel von der Vielfalt der Schmarotzer liefern Seewalzen als Wirtstiere, die in ihrer Wehrlosigkeit und Trägheit besonders stark belästigt werden. Zwischen den zahlreichen Auswüchsen und Papillen ihrer Körperdecke halten sich kleine Ringelwürmer auf. Im Inneren des Verdauungstraktes und der Leibeshöhle existieren Protozoen. Im Schlund ist ein Hüpferling anzutreffen. Im Darmkanal leben Strudelwürmer, Muscheln *(Entovolva)* und die wurmförmige, blutsaugende Schnecke *Entoconcha mirabilis*. Krabben der Gattung *Pinnixa* ernähren sich in der Kloakenregion von Exkrementen. Sogar Fische, die Eingeweide- oder Nadelfische (Carapidae), haben sich einem parasitischen Leben im geräumigen Lungendarm der Seegurken angepaßt. Sie fressen an Geschlechtsorganen, Lungen und anderen Innereien und sind ausgezeichnet geschützt. Jugendstadien dieser Fische vermögen außerhalb des Wirtes nicht lange zu leben. Sie sind außer in Seegurken auch in dem Seestern *Culcita novaeguineae* gefunden worden. Die adulten Tiere, die sich längere Zeit im freien Wasser aufhalten können, erbeuten auch Kleintiere. Bei Gefahr schlüpfen sie sofort kopfüber oder mit dem Schwanz voran durch die Afteröffnung in die Seegurke. Die auf ihr Wirtstier nicht so stark spezialisierte Art *Carapus homei* lebt ähnlich auch in Perlmuscheln. — Verwandte der Quallenfische, nämlich die kleinen *Tetragonurus*-Arten, kann man hin und wieder in planktischen Seescheiden *(Salpa, Pyrosoma)* beobachten, die nachts sporadisch in Riffgebiete gedriftet werden. Die Schmarotzer sind in den durchsichtigen Manteltieren geschützt und ernähren sich auch von ihnen, indem sie mit ihrem eigentümlichen, sägeartigen Gebiß Stücke aus ihrem Wirtstier herausschneiden.

Von den Parasiten der Steinkorallen sind Einzellige und Wurmartige bisher wenig untersucht worden. Schnecken der Familien Epitoniidae und Corallophilidae — *Coralliobia, Leptoconchus, Magilus* und *Corallophila* — sind stets mit bestimmten Korallen assoziiert und ernähren sich auch von ihnen. Wie Fossilien zeigen, wiesen ihre Vorfahren noch normal gewundene Gehäuse auf und lebten außen auf den Korallenkolonien. Die Formen der rezenten Arten zeigen progressive morphologische Adaptionen an die parasitische Lebensweise. So bildet die Griffelkoralle unter dem Einfluß von *Quoyula madreporarum* einen flachen, lamellenartig strukturierten Sockel aus, in den der Gehäuserand der Schnecke haargenau eingepaßt ist. Die eiförmigen *Leptoconcha* und *Coralliobia* bohren Wohnlöcher in Korallenskelette. Mit dem vorstreckbaren, langen Rüssel saugen sie an den Polypen ihrer Umgebung. *Magilus antiquus*, die in Steinkorallen lebt, besitzt juvenil noch ein gewundenes Gehäuse, das im Verlaufe des weiteren Wachstums zu einer irregulären Röhre wird. *Coralliophila* lebt außen. Ihr Speichel durchdringt die Epidermis des Korallengewebes. Angedaut wird es eingesogen. — Die weizenkorngroße Muschel *Fungiacava elatensis*, die sich vom Skelett der Pilzkoralle umwachsen läßt, reckt ihren Sipho in den Magenraum des Wirtstieres und entnimmt ihm Wasser, Sauerstoff und Nahrung. — Wie auf vielen anderen Organismen sind die Körper parasitischer Hüpferlinge auch auf Steinkorallen je nach dem Grad der Anpassung mehr oder wenig stark verformt.

Das überaus reiche Nahrungsangebot und der Konkurrenzdruck in den Korallenriffen haben bei manchen Tiergruppen im Verlaufe ihrer Evolution und der ständig vor sich gehenden Artbildungsprozesse zu vielfältigen Spezialisierungen geführt. Zum Beispiel ist von der Hälfte der aus zirka 90 Arten bestehenden prächtigen Gattung der Schmetterlings- oder Falterfische *(Chaetodon)* die Ernährungsweise annähernd be-

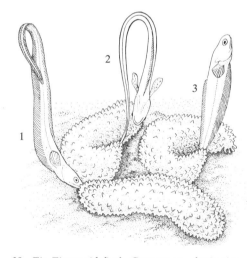

38 Ein Eingeweidefisch, Carapus sp., der in eine Seegurke einschlüpfen will, bewegt sie zuerst zur Erweiterung des Afters (1), führt dann die Schwanzspitze ein (2) und zieht den Körper nach (3). (Nach Norman, 1966)

kannt. 13 Arten ernähren sich von den verschiedensten Benthosorganismen wie Würmern, Krebschen, kleinen Schnecken, Korallenpolypen, Fischeiern und Algen, zwei Arten sowohl von Bodentieren als auch von Plankton, zwei Arten von Algen und Plankton, eine Art nur von Algen, zwei Arten nur von Plankton, vier Arten von Algen und Korallenpolypen, 17 Arten zupfen hauptsächlich oder ausschließlich Korallenpolypen, und eine Art tritt sogar als Putzer auf. Wahrscheinlich sind die omnivoren Arten ursprünglich. Aus ihnen haben sich im Verlaufe der Evolution Spezialisten entwickelt. Die Falterfische unterliegen offenbar nach wie vor einem dynamischen Radiationsprozeß, denn man kann im Riff eine Reihe von Kreuzungen beobachten — ein Kriterium für die hohe Plastizität genetischer Faktoren. Analoge Trends sind auch bei anderen artenreichen, in Korallenriffen häufigen Tiergruppen zu bemerken.

Wie verkehrt man miteinander?

In Korallenriffen teilen Myriaden eng beieinander lebender Organismen Raum und Nahrung. Sie schützen und verteidigen sich, säubern sich, zeugen Nachkommen. Nur bei gutem Funktionieren bestimmter Verständigungsmechanismen — durch bloße Anwesenheit, Farbtrachten, Haltungen, Gebärden und Lautäußerungen — werden Annäherungen ermöglicht, Abstände gehalten oder Fluchten ausgelöst. Die Reaktionsabläufe gründen sich sowohl auf innerartliche als auch auf zwischenartliche Beziehungen. Jeder respektiert jeden mit dem Ergebnis des Nicht-zu-viel und Nicht-zu-wenig, des nicht zu dichten Beieinanders, des nicht zu viel Verzehrens, des nicht zu wenig Nachkommenschaftproduzierens — mit dem Ergebnis also, daß mit Fortbestehen des biologischen Gleichgewichts auch die Arten erhalten bleiben. Einige Beispiele sollen die Regeln des Verkehrs der Rifforganismen untereinander erläutern.

In großer Vielfalt werden sessile Tiere wie Leder-, Horn- und Dörnchenkorallen, Seeanemonen, Moostierchen und Muscheln von anderen Lebewesen bewohnt sowie als Eßplatz und Zufluchtstätte genutzt. Von den farbenprächtigen Mantelrändern der Riesenmuscheln sammeln spezialisierte Krebse Nahrungspartikeln ab. Über der Einströmöffnung der Muscheln schwimmen Fische und schnappen nach Planktern, die vom herangestrudelten Wasser mitgerissen worden sind. — In den poren- und kavernenreichen Schwämmen halten sich neben einer Unmenge mikroskopisch kleiner Einzeller auch Mollusken, Wurmartige und winzige Krebschen auf. Kleinere Fischarten sind ständig oder nur gelegentlich an Schwämme gebunden. Junge Lippfische der Art *Clepticus parrai* verbringen die Nacht kopfunter in Hohlräumen von Schwämmen. Einige Fische laichen in Schwämmen ab; die Eier sind geschützt und werden durch die vom Schwamm erzeugten Strömungen fortlaufend mit frischem, sauerstoffreichem Wasser versorgt. *Typton*-Garnelen halten sich zu mehreren in einem Schwamm auf. Sie nehmen Partikeln von seiner Oberfläche als Nahrung auf und halten ihn sauber. Gelegentlich schneiden sie jedoch auch Stücke aus dem Schwammkörper heraus, leben also bald wie Parasiten, bald wie Symbionten. —

Auch viele vagile Tiere haben Mitbewohner. Seeigel verhindern zwar mit gestielten, mehrklappigen, beweglichen Beißzangen in Verbindung mit Giftdrüsen die Besiedlung ihrer Panzer mit festsitzenden Kleintieren, doch werden die langen Stachelenden, die nicht erreicht werden, sofort von Epizoen besiedelt. Kriechende, zwischen dem Stachelkleid Schutz suchende Rippenquallen (*Coeloplana*), kleine Seegurken, Schlangensterne, Ringelwürmer, Schnecken, Hüpferlinge, Muschelkrebse, Flohkrebse, Garnelen und Krabben werden geduldet, obwohl einige als echte Parasiten das Hautgewebe schädigen. — Kardinalfische der Gattung *Siphamia* stehen nach Plankton schnappend über langstacheligen Seeigeln und ziehen sich bei Annäherung eines Feindes sofort in den dichten Nadelwald zurück. *Siphamia fuscolineata* ruht tagsüber zwischen den Stacheln des Dornenkronen-Seesterns. Andere Stachelhäuter — Seesterne, Gorgonenhäupter, Haarsterne, Seewalzen — leben ebenfalls in enger Gemeinschaft mit artfremden Organismen. Die meisten sind harmlose Mitbewohner, einige geringfügig schädigend, wenige als Putzer nützlich.

Schnell bewegliche Krebse und Fische nehmen Reviere in Besitz, die sie rückhaltlos gegen Eindringlinge verteidigen. Korallenbarsche grenzen ihre Reviere durch Drohverhalten ab. Sie schwimmen Eindringlinge mit hochgestellten Flossen an, erzeugen durch Aneinanderreiben der Kiemendeckel Knurrlaute oder verbeißen sie. Die Größe des Feindes ist offenbar bedeutungslos. *Pomacentrus flavicaudus* verteidigt sein etwa 2 m² großes Areal gegen Korallenbarsche, Papageifische, Doktorfische, Kaninchenfische, Schmetterlingsfische, Kugelfische, Schleimfische, Grundeln und Lippfische. In Gruppen in einem Revier lebende Korallenbarsche verteidigen dasselbe gemeinsam.

Das Feinderkennen erfolgt stets selektiv und ist mit einem differenzierten Verteidigungstrieb gekoppelt. Es ist an Faktoren wie Nahrungskonkurrenz und Brutfürsorge gebunden und wandelt von Art zu Art ab. *Eupomacentrus planifrons* greift Eindringlinge aus unterschiedlichen Entfernungen

39 Kardinalfische, Siphamia versicolor, suchen im dichten Nadelwald von Seeigeln Schutz, in den sie sich bei Gefahr zurückziehen. (Nach Eibl-Eibesfeldt, 1967)

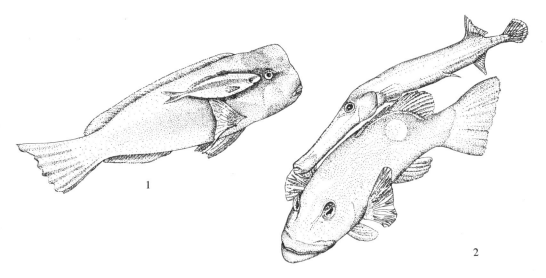

40 Bastardmakrelen (1) und Trompetenfische (2) schwimmen als „Reiter" dicht über großen Fischen, um aus der Deckung heraus nach Beutetieren zu stoßen.
(Nach Fotografien von Kühlmann (1) u. Fricke (2))

an. Als stärkste Konkurrenten schätzt er offensichtlich eigene Artgenossen ein, die schon auf 4 m Distanz angeschwommen werden. Gattungsgenossen läßt er etwas näher herankommen, aber auch bei ihnen differenziert er; von *Eupomacentrus fuscus, E. variabilis* und *E. partitus* läßt er letzteren am nächsten zu sich heran. Von nicht verwandten Arten wird der Dreifarben-Engelsfisch *(Holacanthus tricolor)* auf die weiteste Entfernung, nämlich 2,5 m, der kleine Schriftbarsch, *Serranus tigrinus*, erst aus der Nähe angegriffen. Derselbe Korallenbarsch, der sich von Algen ernährt, entfernt sogar Seeigel als Nahrungskonkurrenten aus seinen Weidegründen. Diadem-Seeigeln beißt er Stachelspitzen ab, wodurch die Tiere beunruhigt werden und abwandern. Die kurzstacheligen *Echinometra* und *Lytechinus* trägt er sogar aus seinem Revier hinaus.

Fricke (1976) beobachtete Korallenbarsche der Gattung *Dascyllus*, die in Gruppen verzweigte Korallen bewohnen und eine prophylaktische Verteidigungsaktivität entwickelt haben, die man — in Anlehnung an das Vertreiben von Raubvögeln durch Kleinvögel — als „Hassen" bezeichnen kann. Eine Muräne, die einen Dreifleckbarsch *(Dascyllus trimaculatus)* erbeutete und sich mit dem Opfer im Maul entfernte, wurde von den Gruppenmitgliedern bedrängt und gebissen. Dieses Verhalten könnte die Muräne prägen, künftig verzweigte Korallen mit ihrer Fischbewohnerschaft zu meiden. Auch ein Krake, der sich in dem Revier niederlassen wollte, wurde von den flinken Dreifleckbarschen so lange belästigt und gebissen, bis er sich wieder davonmachte.

Geschlechtsreife Streifenpapageifische, *Scarus croicensis*, verteidigen ihre etwa 12 m² großen Reviere paarweise. Die Grenzen werden durch Maulkämpfe mit Artgenossen markiert. Manchmal werden ein zweites Männchen und ein bis drei untergeordnete Weibchen geduldet. Letztere nehmen an der Revierverteidigung nicht teil. — Auch auf engstem Raum werden Reviere abgegrenzt. So zeigt die auf Griffelkorallen, *Pocillopora damicornis*, zu mehreren lebende Stachelkopfgrundel *(Paragobiodon echinocephalus)* der Krabbe *Trapezia cymodoce* und der Pistolengarnele *Alpheus lottini* ihren Wohnsitz durch Körperschütteln an. Die Krebse verstehen die Geste und halten Abstand. Die Garnele bleibt mit *Paragobiodon* auf „Tuchfühlung", indem sie mit ihren Fühlern Kontakt zu dem winzigen Fischchen hält. Auf diese Weise werden Feindfaktoren, die das Fischchen in Unruhe versetzen, der Grundel sofort mitgeteilt. — Wie reviertreu Fische sein können, zeigen Markierungsversuche bei dem Lippfisch *Tautogolabrus adspersus*. Selbst nach neunmonatigem Aufenthalt in einem Aquarium fanden die Tiere aus 4 km Entfernung wieder heim.

Während Revierverhalten Tiere auf Abstand hält, führt Nahrungssuche manchmal verschiedene Arten zusammen. Nicht selten leben Tiere vom „gedeckten Tisch" anderer, mehr jedoch von deren Abfall und ohne ihnen zu schaden. Man bezeichnet sie als Kommensalen oder „Tischgenossen". Fische, die bei der Nahrungssuche Sand aufwühlen oder Substrat abbrechen, werden oft von anderen Fischen begleitet. So folgen überaus schnelle und wendige Lippfische der Art *Halichoëres centriquadrus* den über Sandgrund ziehenden Schulen lebhaft nach Nahrungstieren stöbernden Meerbarben (Mullidae). Alles Getier, was diese aufwühlen, aber selbst nicht erreichen, schnappen die schnelleren Lippfische weg. Sie ähneln überdies den Meerbarben in der Zeichnung und fallen so als Nahrungskonkurrenten weniger auf. — Rüppell-Junker *(Thalassoma rueppeli)* sind sofort zugegen, wenn der dunkle Drückerfisch *(Balistes fuscus)* einen Seeigel verspeist. In gleicher Weise werden Rochen umschwommen, die nach Muscheln, Schnecken und wurmartigen Tieren im Grund wühlen. Vor der Südküste Kubas war ein großer Stechrochen *(Dasyatis americanus)* zu beobachten, dem ein halbes Dutzend ansehnlicher Bastardmakrelen *(Caranx)* folgten, die in den von dem Rochen aufgewühlten Sandwolken nach Nahrungstieren stießen. — Wrassen umschwärmen den Forschungstaucher, der Riffgestein und Korallen abschlägt und

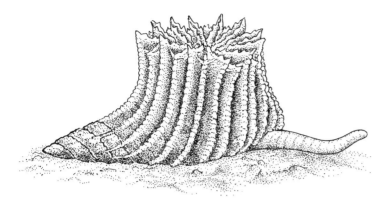

41 Geschützt vor Feinden schleppt der Spritzwurm die Wanderkoralle über den Weichgrund. Auf diese Weise kann die winzige Koralle auch bei hoher Sedimentation nicht versanden.

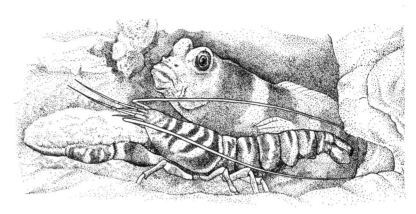

42 Der blinde Pistolenkrebs, Alpheus djiboutensis, benutzt seine beiden eng aneinandergelegten Scheren als Schaufel, auf der er dann Sand aus der Höhle trägt, die er zusammen mit der wachsamen Grundel, Cryptocentrus lutheri, bewohnt. Zu der Grundel hält er mit einer Antenne Berührungskontakt, um aus deren Verhalten bestimmte Signale zu empfangen. (Nach einem Foto von W. Luther aus Eibl-Eibesfeldt, 1967)

dabei viele Würmer, Mollusken und Krebse aufstört, die blitzschnell von den Fischen verzehrt werden. Sie folgen auch großen Papageifischen, die mit ihren starken Schnabel-Gebissen Korallenstöcke abknacken und dabei Kleintiere entblößen.

Besonders interessant sind interspezifische Jagdgemeinschaften. So schwimmen Schnabelwrasse, *Gomphosus caeruleus*, und die Meerbarbe, *Parupenëus chryseredos*, gelegentlich gemeinsam durch das Riff. Die Meerbarbe sondiert mit ihren höchst empfindlichen Barteln kleine Nahrungsorganismen in Ritzen und Löchern, kann diese mit ihrem stumpfen, unterständigen Maul jedoch nicht erreichen. Jetzt tritt die Wrasse in Aktion, zieht das Beutetier mit dem schnabelartig verlängerten Maul aus dem Versteck, und beide verzehren es. – Auch die Wrackbarsche, *Cephalopholis argus, Aethaloperca rogaa* und *Plectropomus maculatus*, scheinen kurzzeitig paarweise zu jagen. Schwimmt der eine in eine Felsritze oder Höhle, postiert sich der andere vor dem Ausgang, um die fliehende Beute zu packen. *Cephalopholis argus* lauert auch vor Höhlen, in die Kraken oder Muränen vorgedrungen sind.

Merkwürdig scheint das „Reiten" des Trompetenfisches (*Aulostomus maculatus*) auf einem größeren Fisch, vielfach einem Papageifisch. Der kleine Trompetenfisch schwimmt dicht über seinem „Reitfisch" und macht exakt dessen Bewegungen, Richtungs- und Tiefenänderungen mit. Nähert sich der Verband einem Beutetier, stößt der Trompetenfisch schnell wie ein Pfeil aus der Deckung des harmlosen Papageifisches heraus auf das Opfer. Auch die kleinen Stachelmakrelen, *Carangoides bajad* und *C. fulvoguttatus*, begleiten fast hautnah große Buckelfische, *Cheilinus undulatus* oder *Bolbometopon muricatus*, auf der Jagd nach Beutetieren. – Der kleine Schriftbarsch, *Diploprion drachi*, hat sich sogar der Dämmerungsaktivität großer Diamantbarsche, *Cephalopholis argus*, die er als Deckung benutzt, angepaßt. Als „Reiter" wurden außerdem verschiedene kleine Lippfische beobachtet, die sich durch schnelle Färbungswechsel blitzschnell dem Reitfisch angleichen.

Schwarmbildung ist eine Schutzanpassung. Ihre Bedeutung resultiert aus der Tatsache, daß Räuber ihre Beutetiere einzeln anvisieren müssen, um sie zu fassen. Ein Gepard muß deshalb eine Antilope von der Herde absprengen, um sie zu schlagen. Verfolgt ein Barrakuda einen Sardinenschwarm, wird er von den vielen blitzenden, durch das Wasser schießenden Schuppenleibern verwirrt. Seine Chance ist gekommen, wenn er einem zurückgebliebenen Fisch den Rückweg zum Schwarm abschneiden kann. Jetzt erst kann er die Beute anvisieren und packen. – Schon in kleinen Gruppen sind Fische deshalb geschützter als einzeln. Viele junge Raubfische, die später einzeln leben, schließen sich in der Jugend zu „Schulen" zusammen. Auch junge Barrakudas durchstreifen in Trupps das Wasser. Je größer ein Schwarm, desto geringer die Erfolgsaussichten für Räuber. Die die Küsten entlangziehenden Planktonesser, z. B. Sardinen (*Sardinella*) und Ährenfische (Atherinidae), die gelegentlich in Riffgebieten auftauchen, überleben nur in großen Dauerschwärmen. Auch kleinere standorttreue Organismen, wie Spaltfußkrebschen, Kardinalfische (Apogonidae) und auch Ochsenaugen (*Pemphris*), stehen tags in Schwärmen unter schattigen Überhängen und in dunklen Höhlen. Die Füsiliere (*Caesio*) sind eng an das Riff gebunden, weil sie nachts in ihm schlafen. Morgens finden sie sich zu einem Schwarm zusammen, der über dem Außenhang geschlossen dem Planktonfang nachgeht. Damit zeigen sie ein Konvergenzverhalten zu den Tobiasfischen (Ammodytidae) der nördlichen Meere. –

Grunzerarten *(Haemulon)* bilden gemischte Schwärme. Algenessende Doktorfische und Papageifische lockern ihren Schwarm während des Weidens nur so weit auf, daß sie jederzeit geschlossen die Flucht ergreifen können. — An bestimmte Territorien gebundene und in Gruppen lebende Fische ziehen aus ihrer Ortskenntnis einen weiteren Vorteil. Funkenfische *(Anthias)*, Mönchsfische *(Chromis)* und Preußenfische *(Dascyllus)* verschwinden bei Annäherung eines Feindes in bestimmte, jedem einzelnen Individuum von allen Schwarmmitgliedern „zuerkannte" Lücken im Fels oder im Korallenstock. Arteigene, aber gruppenfremde Fische werden vertrieben. Rangordnungen sind bei ihnen ausgeprägt. Im Gegensatz zu den Mitgliedern ziehender Großschwärme haben sie eine hohe Organisationsstufe erreicht.

Als auffällige Erscheinung verlangt die Symbiose die echte Partnerschaft zum gegenseitigen Vorteil für zwei artfremde Individuen. Im Korallenriff ist sie relativ häufig, weil der von der Fülle der Organismen ausgehende Konkurrenzdruck immer wieder neue Adaptionen hervorbrachte und sich die Symbiose als extrem erfolgreiche und fortgeschrittene Lebensform folgerichtig zahlreicher als in anderen Biotopen herauskristallisiert hat. Sie tritt zwischen den unterschiedlichsten Organismengruppen auf. Die Endosymbiose zwischen einzelligen Algen und Steinkorallen bildet die Basis für die Entwicklung der Korallenriffe überhaupt (s. S. 24).

Auffälliger sind jedoch Ektosymbiosen, die der Taucher unmittelbar beobachten kann. Insbesondere Garnelen gehen oft Symbiosen mit anderen Tieren ein. Zwischen den langen, dunklen Stacheln der Diadem-Seeigel hält sich die ebenfalls dunkel gefärbte Wächtergarnele *(Stegopontia)* verborgen. Selbst hell geringelte Stacheln, die gelegentlich auftreten, werden von ihr nachgeahmt. Sie sucht freßbare Partikeln vom Körper des Seeigels und säubert ihn. — Den Tausch, Schutz gegen Körperpflege, vollziehen auch Aktinien und Garnelen. So leben Garnelen der Gattung *Periclimenes* im Schutz nesselnder Anemonententakeln. Bei Gefahr schmiegen sich die, abgesehen von einigen weißen Streifen und farbigen Flecken, glashellen Tiere mit gestreckten Gliedmaßen und nach hinten gelegten Antennen den Fangarmen der Wirtstiere so an, daß sie sich völlig auf dem Untergrund verlieren. Auch sie befreien ihren Wirt von Schmutzteilchen.

Von Aktinien völlig abhängig sind Anemonenfische *(Amphiprion)*, wegen ihrer weißlichen Ringelzeichnung und Maske auch Clownfische genannt. Sie bewohnen zu mehreren eine Aktinie und veranlassen diese durch Kuschelbewegungen zum Ausbreiten der Fangarme. Nachts schlafen sie gar im Magenraum der Wirte. Sie putzen nicht nur Schmutzteilchen von den Anemonen, sondern vertreiben auch deren Feinde durch Anschwimmen, warnende „Toktok"-Laute und Zurschaustellung ihrer bunten Körper. Als optisches Signal tragen sie einen je nach Kampfstimmung größeren oder kleineren Querstrich im Auge. Da in das Revier vorgedrungene Fische auch die kleinsten Zeichen beachten und zu deuten verstehen, kommt es selten zum Verbeißen: Sie trollen sich, sobald sie den Strich im Auge entdecken. Anemonenfische differenzieren ihre Feinde nach dem Grad des Schadens, den sie ihnen zufügen können. Ihr ärgster Feind ist ein *Lethrinus*-Schnapper, den sie furchtlos schon aus größerer Entfernung angreifen. Die Falterfische, *Chaetodon fasciatus* und *Ch. lunula*, die sich von den Tentakeln der Aktinien ernähren, umschwimmen von Clownsfischen bewohnte Seeanemonen in großen Bögen, da sie die andernfalls sofort einsetzenden Angriffe offensichtlich fürchten. Die wendigen, in jedem Winkel nach Nahrung suchenden Lippfische, *Thalassoma* und *Halichoëres*, sind arge Laichräuber. So ist das im Schutz einer Aktinie an den Felsen geklebte große, rote Eigelege der Anemonenfische stark gefährdet. Sie reiten gegen die Lippfische selbst auch dann scharfe, gleichsam prophylaktische Attacken, wenn sie keinen Laich zu bewachen haben. So verleiden sie den Eiräubern prinzipiell, sich Anemonen zu nähern. Gelegentlich werden Anemonenfische auch zu Parasiten, denn in ihren Mägen fand man neben tierischem Plankton und Algen auch Tentakelstückchen von Wirtstieren. Vertreibt man Anemonenfische gewaltsam aus ihrer lebenden Burg, fallen sie räuberischen Diamant- und Wrackbarschen, Eidechsenfischen *(Synodus)*, Seeskorpionen *(Scorpaena)* oder Stachelmakrelen (Carangidae) zum Opfer. — Wie ist es möglich, daß Fische und Krebse mit den stark nesselnden Anemonen in Symbiose leben können, andere Tiere jedoch durch das Nesselgift vertrieben, ge-

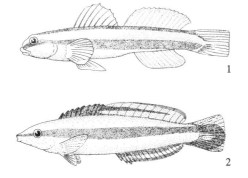
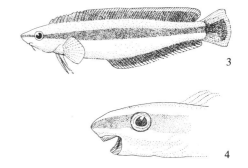

43 Alle obligatorischen Putzerfische, wie die Putzergrundel, Elacatinus oceanops (1) und der Putzerlippfisch, Labroides dimidiatus (2), sind klein, langgestreckt und gestreift, desgleichen aber auch der Nachahmer, Aspidontus taeniatus (3), der mit seinen scharfen Sägezähnen (4) irregeführte Fische anfällt.
(Nach Eibl-Eibesfeldt, 1967; Matthes, 1978)

lähmt, getötet und verspeist werden? Denn auch Garnelen und Anemonenfische werden zunächst genesselt. Doch nehmen sie durch Berührung fortlaufend Schleim von den Aktinien auf. Die nun nach der Anemone „duftenden" Symbionten bleiben daraufhin von ihnen verschont.

Zwischen den Riffen trifft man auf ruhigen Sandgründen nicht selten auf Vertiefungen, die in Wohnröhren münden. Sie werden paarweise von hochspezialisierten Pistolenkrebsen *(Alpheus)* und Grundeln *(Amblyeleotris, Cryptocentrus* und *Lotilia)* bewohnt. Während die Grundeln ruhig im Eingangstrichter liegen und nach Nahrungstieren Ausschau halten, schieben die Krebse pausenlos wie Bulldozer Sand und kleine Steinchen mit der nach innen eingewinkelten dicken Schere nach außen. Bei dieser Tätigkeit sortieren sie Nahrungspartikeln für sich aus. Sie erinnern an geblendete Sklaven; denn als Höhlenbewohner haben sie das Augenlicht verloren. Deshalb halten sie stets mit einer ihrer langen Antennen Kontakt zur Grundel. Bei Feindannäherung verschwindet diese sofort in der Wohnröhre. Die Pistolenkrebse sind gewarnt und folgen ihr schleunigst. Beide gewähren sich gegenseitig den besten Schutz: die Krebse dem Fisch durch den Wohnröhrenbau, die Grundeln den blinden Krebsen durch das Warnsystem.

Eine hochentwickelte Form des Zusammenlebens verschiedener Arten zum gegenseitigen Vorteil ist die Putzsymbiose. Garnelen und Fische verschiedener Familien, ursprünglich Weidegänger, Partikelesser oder Kleinräuber, sind im Verlaufe der Evolution zu Putzern von Großtieren geworden. Sie säubern sie von Lästlingen, Parasiten, Verpilzungen und Hautunreinheiten. Der Erwerb dieser Fähigkeit ist als Anpassung zu verstehen, als Ausweichen vor einer starken Nahrungskonkurrenz auf eine bis dahin nicht genutzte, sichere Nahrungsressource. Putzer wurden hauptsächlich an Fischen, aber auch an Krokodilen und sogar an Tauchern beobachtet. In Korallenriffen sind sie, bedingt durch den Konkurrenzdruck, besonders häufig.

Einige nachtaktive Garnelen säubern schlafende Fische von Außenparasiten und abgestoßenen Hautfetzen. In Aktinien Schutz suchende tagaktive *Periclimenes*-Arten oder in Felsverstecken lebende *Stenopus hispidus* und *Hippolismata grabhami* winken mit langen Antennen. Säuberungsbedürftige Fische geben der Garnele ihre Putzwilligkeit durch bestimmte Körperhaltungen zu verstehen. Erst dann verläßt die Garnele ihren sicheren Aufenthaltsort und steigt auf den Fisch über. Während des Säuberns hält sie mit den Antennen ständig Kontakt zum Fisch. Wrackbarsche und Schnapper öffnen Putzern bereitwillig das Maul. Ohne Scheu stolziert das Krebschen hinein und säubert das Gebiß des Riesen von Speiseresten. Dauert die Prozedur zu lange, schüttelt dieser den Kopf. Die Garnele verläßt schleunigst den Rachen, begibt sich zurück zu ihrem Standort und wartet auf den nächsten „Kunden". Die Putzergarnele, *Leandrites cyrtirhynchus*, schwimmt vor ihrem Felsversteck im freien Wasser und demonstriert so ihre Putzbereitschaft. Durch ihre weißen Zeichnungen fällt sie sofort auf, und putzwillige Fische stellen sich ein.

Ähnlich verhalten sich Putzerfische. Die obligatorischen Putzer – Putzerlippfische *(Labroides)* und Putzergrundeln *(Elacatinus)* – tragen einen dicken, schwarzen Längsstrich auf ihren Flanken. In Putzstimmung schwimmt *Labroides dimidiatus* wippend vor seinem Standort – eine Bewegung, die aus ritualisiertem Anschwimmen und Fliehen zusammengesetzt sein könnte. Er macht mit diesem Putztanz auf sich aufmerksam und löst bei Großfischen gleichzeitig Putzstimmung wie Freßhemmung aus, was von den verschiedensten Arten unterschiedlich ausgedrückt wird: Barschartige Fische verharren, öffnen das Maul und spreizen die Kiemendeckel ab. Andere stehen kopfüber, legen sich auf die Seite, legen die Flossen an oder wechseln die Farbe. In jedem Fall versteht der Putzer seine Kunden, schwimmt herbei, auf ihrem Körper umher, ins Maul, aus den Kiemendeckeln wieder heraus – schnell und

145 111 112
      113

111 Paarweise treten die recht seltenen Vierflecken-Falterfische (Chaetodon quadrimaculatus) auf, deren Verbreitungsgebiet sich über einen Teil der polynesischen Inselwelt erstreckt. (Gesellschafts-Inseln, Pazifik)

112 Der Orangestreifen-Falterfisch (Chaetodon ornatissimus) bevorzugt das ruhige Wasser geschützt gelegener Riffgebiete bis etwa 15 m Tiefe. (Gesellschafts-Inseln, Pazifik)

113 Ebenfalls farbenprächtig sind viele Meeresplattwürmer, hier Pseudoceros affinis, ausgestattet. Diese Art ist am Tage auf Korallengeröll nicht selten. (Hawaii, Pazifik)

146/147 114 115 | 118
         116 117 |

114 Ein prächtiger Räuber mit leicht einwärts geneigten, spitzen Fangzähnen – der Juwelenbarsch (Cephalopholis miniatus). (Rotes Meer)

115 Eine armdicke Muräne (Lycodontis undulatus) fühlt sich durch den Taucher gestört und reckt ihm warnend den leicht geöffneten Rachen mit den gefährlich spitzen Zähnen entgegen. (Rotes Meer)

116 Die Krabbe Charybdis orientalis geht nachts auf Beutefang. Hier verspeist sie einen Schlangenstern. (Hawaii, Pazifik)

117 Die großen Papageifische (Scarus sp.) beißen mit ihren kräftigen, scharfen Gebißleisten von den Steinkorallen krachend Stücke ab und zermalmen sie. (Rotes Meer)

118 Der ärgste Feind der Steinkorallen ist der Dornenkronen-Seestern (Acanthaster planci). (Gesellschafts-Inseln, Pazifik)

148 119 |
      120 121 |

119 Die kleinen Füsiliere (Caesio sp.) haben den großen Sattelfleck-Zackenbarsch (Plectropomus maculatus) nicht zu fürchten, solange seine streng rhythmisch eingehaltene Essenszeit nicht herangekommen ist. (Rotes Meer)

120 Diese kleinen, barschartigen Fische halten sich in einer Schule von etwa zwanzig Tieren dichtgedrängt inmitten des üppigen Korallenbewuchses auf. Ist ihre „Warntracht" als Hinweis auf ihre Giftigkeit zu deuten oder nur ein Jugendkleid? – Wir wissen vieles noch nicht! (Rotes Meer)

121 Die kleinen Rotmaulbarsche halten sich in Schwärmen, oft mehrere Arten (hier Haemulon sciurus und ein einzelner seltener H. bonariense) beieinander, unter Korallenschirmen auf. (Südflorida, Florida-Straße)

122 Ein ausgewachsener Mondsichel-Falterfisch (Chaetodon lunula) mit seinem weithin erkennbaren Plakatfarben-Schuppenkleid. (Tuamotu-Archipel, Pazifik)

123 Korallen, Schwämme und Fische sind wichtige Elemente der Lebensgemeinschaft Korallenriff und werden hier durch die Feuerkoralle (Millepora dichotoma), den Geweihkorallenschirm (Acropora forskali), den Neptunsbecherschwamm (Siphonochalina sp.) und eine kleine Schule grüner Mönchsfische (Chromis coeruleus) vertreten. (Rotes Meer)

124 Der Ballonseestern (Culcita schmideliana) findet sich vorzugsweise in Ruhigwassergebieten, in denen er nicht von Wellen umhergerollt wird. (Gesellschafts-Inseln, Pazifik)

125 Wohl die bekannteste Symbiose im Korallenriff bilden Seeanemonen und Anemonenfische. Hier hat ein Amphiprion chrysopterus eine Radianthus sp. als Wirtsanemone bezogen. (Gesellschafts-Inseln, Pazifik)

wendig. Er liest ihnen parasitäre Ruderfußkrebschen und Asseln ab und Nahrungsreste aus den Gebissen. – Einige Fischarten putzen nur in ihrer Jugend oder gelegentlich. Der kleine Lippfisch, *Diproctacanthus xanthurus*, lebt juvenil als Putzer, adult als Korallenpolypenzupfer. Die Blaukopfwrasse, *Thalassoma bifasciatum*, putzt gelegentlich als Jungfisch und lebt adult als Klein- und Laichräuber. Auch Vertreter der Kaiserfische, Falter-, Wimpel- und Doktorfische, Korallenbarsche und andere wurden in der Jugend als Putzer beobachtet. Für die Fische im Korallenriff sind vor allem die obligatorischen Putzer äußerst wichtig. Als man sie versuchsweise aus einem kleinen Riff herausfing, wanderten die meisten Fische ab oder litten unter starkem Parasitenbefall und an Verpilzungen.

Auch Tiere der Hochsee haben Putzer. Schiffshalter (*Remora* und *Echenëis*) saugen sich mit einer flachen Kopfscheibe, die einst aus der ersten Rückenflosse entstanden war, an Haien, Rochen, Papageifischen, Schildkröten, auch an Tauchern und Schiffsleibern, fest und lassen sich von ihnen über weite Strecken mitziehen. Wahrscheinlich suchen sie ihre „Transporttiere" gelegentlich auch nach Parasiten ab. Hauptsächlich aber profitieren sie von deren Nahrungsabfällen. Der Trieb des Anheftens ist bei ihnen so ausgeprägt, daß Einheimische tropischer Inseln Leinen um die Schwanzwurzeln gefangener Schiffshalter legen und sie so zu Wasser lassen. Gewahren sie eine Schildkröte, heften sie sich an ihrem Panzer fest. Der Fischer kann nun die Leine samt Ansauger und Schildkröte einholen.

Außer der bedeutsamen Endosymbiose zwischen den hermatypischen Steinkorallen und Zooxanthellen gibt es eine echte Symbiose zwischen den kleinen solitären, auf Sandboden existierenden Scleractinia *Heterocyathus aquicostatus, Heteropsammia michelini* und *H. cochlea* und dem Spritzwurm *Aspidosiphon corallicola*. Ihr gemeinsames Leben beginnt damit, daß ein junger Spritzwurm ein leeres Schneckengehäuse, etwa von einer kleinen Netzreusenschnecke (Rissoidae), bezieht. Auch eine kleine Korallenlarve setzt sich darauf fest. Die Koralle umwächst Schneckengehäuse und Spritzwurm. Der Spritzwurm hält sich im Korallenskelett einen Gang und auf der Unterseite eine Öffnung nach außen frei. Er kriecht voran und schleppt die Koralle mit sich. Der Wurm ist geschützt, die Koralle kann nie einsanden. Obwohl beide Gattungen verschiedenen systematischen Einheiten angehören – *Heterocyathus* zur Familie der Caryophylliidae und *Heteropsammia* zu der der Dendrophylliidae – haben sie unabhängig voneinander eine analoge, vorteilhafte und sehr spezialisierte Lebensweise entwickelt.

Wie halten es Fische und andere Rifftiere mit Tracht und Mode? Falterfische, Kaiserfische, Doktorfische und andere tagaktive Arten sind auffallend bunt und zeigen große Farbflächen. Die Plakatfarben kommen selbst im zergliederten Riff voll zur Geltung. Die auffällige Tracht ist für sie nicht gefährlich, da die großen Räuber erst zur Dämmerungs- und Nachtzeit jagen, wenn die bunten Fische bereits ihre dunklen Schlafplätze aufgesucht haben. Überdies halten sie sich stets in der Nähe des Tausende von Verstecken bietenden Felsgrundes auf, wohin sie jederzeit verschwinden können. Bei ihrer differenzierten Nahrungsaufnahme können viele Arten friedlich nebeneinander leben. Ihre Reviere mit den Nahrungsressourcen verteidigen sie nur gegen Konkurrenten. Nachbarn leben nie von der gleichen Nahrung. Deshalb ist es vorteilhaft, durch Plakatfarben die eigene Harmlosigkeit anzuzeigen, weil dadurch bei den anderen keine Revierverteidigungsaktionen ausgelöst werden. Diese richten sich in erster Linie gegen Artgenossen (s. S. 141). Den oft sehr heftigen Angriffen wären Jungfische nicht gewachsen. Deshalb ist ihre Zeichnung anders, und sie werden von adulten Tieren der gleichen Art nicht als Nahrungskonkurrenten betrachtet. Tatsächlich nehmen sie andere Nahrung zu sich. Plakatfarben besitzen also in erster Linie eine arterhaltende Wirkung.

In reviertreuen Fischgruppen sind die

Ranghöchsten durch intensivere Färbungen ausgewiesen. Das kräftigste Männchen in einem Schwarm Funkenfische *(Anthias)* zeigt einen lila oder blauen Anflug. Bei den Blaukopfwrassen *(Thalassoma bifasciatum)* trägt das Männchen einen blauen Kopf, die Weibchen und Jungfische sind gelb und schwärzlich gezeichnet. Füsiliere besitzen am Tage kräftige, weithin durch das Wasser leuchtende Längsstreifen. Besonders morgens, wenn die Fische ihre zerstreut gelegenen Schlafplätze im Riff verlassen, erleichtern diese das schnelle Zusammenfinden zu einem schützenden Schwarm. Die standorttreuen, in größeren Tiefen in Verbänden lebenden Mönchsfische, *Chromis pembae*, haben fast weiße Schwanzflossen. Bei *Chromis dimidiatus* bilden die dunklen Vorderkörper krasse Gegensätze zu den hellen Hinterleibern. Wenn die Fischchen hin- und herhuschen, wirken diese wie Blinksignale. Sie bewirken letztendlich den Zusammenhalt der Gruppen. Schwarz eingefaßte Schwanzflossen, wie sie die Mönchsfische (*Chromis nigrurus, Ch. ternatensis* und *Ch. simulans*), die Feldwebelfische (*Abudefduf sexfasciatus* und *A. coelestinus*) und auch die umherziehenden Füsiliere haben, können Folgesignale auslösen, die veranlassen, daß die Fische sich im Schwarm zusammenfinden oder hintereinander herschwimmen. Echte Leuchtflecken sind bei Korallenriffischen selten. Der nachtaktive Laternenfisch *(Photoblepharon palpebratus)* besitzt unterhalb der Augen ein halbmondförmiges Organ, das mit phosphoreszierenden Bakterien angefüllt ist und stark leuchtet. Mit einem Pigmentvorhang kann er es jederzeit abdunkeln. Durch rhythmisches Betätigen desselben sendet er etwa 0,2 Sekunden dauernde Blinksignale aus und verständigt so Artgenossen von seiner Anwesenheit. Von einem Räuber verfolgt, blendet er ab und verschwindet in der Dunkelheit.

Mit gefährlichen Spezialwaffen ausgerüstete Fische warnen mit optischen Signalen vor Annäherungen. Die giftigen Rotfeuerfische sind auffällig gefärbt und durch ihre ständig gespreizten überlangen Flossen so grotesk gestaltet, daß sie abschreckend wirken. Der hochgiftige Steinfisch, *Inimicus filamentosus*, ist durch Tarnfärbung vom Untergrund kaum zu unterscheiden, doch sind Brust- und Schwanzflossen orange- bis lachsrot gefärbt. Spreizt er sie, leuchten sie als Warnsignale auf. Gleichsinnig benutzt der Drückerfisch *(Hemibalistes chrysopterus)* seine orangebraune, weiß gerandete Schwanzflosse als Drohsignal zur Revierverteidigung. Doktorfische haben der Verteidigung dienende, normalerweise eingeklappte, häufig leuchtend gelbe Schwanzstacheln. Vielleicht sollen auch sie vor einer Annäherung warnen? Verteidigen sich Doktorfische, können sie dem Gegner durch kräftige Schwanzschläge mit dem abgespreizten „Skalpell" schwere Verwundungen zufügen. Der Zusammenhalt in der Gruppe gibt ihnen jedoch so viel Sicherheit, daß der Verteidigungstrieb unterdrückt wird. Grunzer drohen mit weit aufgesperrten Mäulern gegen Fremdartige wie Artgenossen. Dabei zeigen sie das leuchtend rote Innere ihrer Mundhöhle. Rivalisierende Grunzer schwimmen mit aufgerissenen Rachen aufeinander zu. Das sieht gefährlich aus, aber sie halten sie nur aneinander und „messen" sie. Wer das größte Maul hat, ist Sieger. – Ritualisierte Kämpfe, wie kurze, heftige Drohduelle, sind im Riff sehr häufig. Die Position des Stärkeren wird schnell und unblutig entschieden, die Art in ihrem Bestand nicht fortwährend geschwächt. Lange Kämpfe werden grundsätzlich vermieden, da sie von der Umgebung ablenken und sich damit die Gefahr, vom Freßfeind erbeutet zu werden, erhöht.

Viele Wimpel-, Falter- Halfter- und Kaiserfische tragen schwarze „Augenbinden", die die Augen fast völlig verschwinden lassen. Gleichzeitig oder unabhängig davon führen sie auf den Flanken je einen der Schwanzwurzel genäherten schwarzen Flecken, der mehrfach hell gerandet ist. So Augen vortäuschend, hält der Verfolger das Hinterteil für das Vorderteil, und der Fisch flieht in der entgegengesetzten, statt in der erwarteten Richtung. Das verwirrt den Feind. – Manche Fische können den Augen-

44   Schiebekampf bei den Wimpelfischen *Heniochus acuminatus*. (Nach Eibl-Eibesfeldt, 1964)

45   Drohduell zwischen Grunzern *(Haemulon)*. Wer das größere Maul hat, ist Sieger. (Nach einem Foto von Eibl-Eibesfeldt, 1964)

fleck verändern. Bei innerartlichen Drohduellen wird er anvisiert. Verblaßt er, gibt der Gegner seine Unterlegenheit zu erkennen, und es erfolgt kein Kampf. Pinzettfische, *Chelmon rostratus,* tragen die Augenattrappe in der Rückenflosse. Beim Drohen spreizen sie diese und vergrößern sie damit. Der Unterlegene faltet die Rückenflosse ein. Der Falterfisch, *Chaetodon melanotus,* wird gegen Abend schwärzlich und weißfleckig. Möglicherweise wirken in der Dunkelheit die weißen Flecken wie große leuchtende Augen und veranlassen Räuber zur Flucht.

Kontrastreiche Zeichnungen führen andererseits in den bizarren Strukturen des durch Licht und Schatten charakterisierten oberen Riffteils in ähnlicher Weise zu optischen Auflösungseffekten wie bei den Zebras in der Steppe. So werden hell und dunkel gestreifte Halfterfische *(Zanclus),* Wimpelfische *(Heniochus),* Feldwebelfische *(Abudefduf),* Spatenfische *(Chaetodipterus faber)* oder einige Süßlippen *(Gaterin)* vor einem solchen Hintergrund leicht übersehen. Selbst der wehrhafte Barrakuda zeichnet während des Schlafens seinen muskulösen Leib durch kräftige, hell-dunkle Querbinden. Schwarmfische sind durch dunkle, blaue oder grünliche Rückenpartien schlecht von oben und durch die hellen Bäuche nur schwer von unten gegen das Licht auszumachen. Einfarbig blau, grün oder grau gezeichnete Mönchsfische passen sich gut der Wasserfarbe an. Bei nachtaktiven Ochsenaugen *(Pemphris),* Husarenfischen (Holocentridae), Großaugen *(Priacanthus)* und bei vielen Krebsen ist intensive Rotfärbung die beste Tarnung. In dunklen Höhlen oder unterhalb 10 m Tiefe erscheinen die Tiere schwarz, weil der Rotanteil im Umgebungslicht fehlt (s. S. 38). Auch Füsiliere nehmen nachts die Rotfärbung wie eine Tarnkappe an.

Sowohl Räuber als auch Beutetiere wetteifern um eine möglichst vollkommene Anpassung an belanglose und deshalb unbeachtete Gegenstände aus der Umgebung — die einen, um möglichst nahe an die Opfer heranzukommen, die anderen, um nicht entdeckt zu werden. Sie erreichen das durch meisterhafte Tarntrachten (s. S. 138). Dieser Effekt wird als Mimese bezeichnet. Immer wieder überrascht das Farbanpassungsvermögen von Plattfischen (Pleuronectiformes), Kraken und Sepien. Hell- und Dunkelfärbungen werden durch endokrin gesteuertes Sichausbreiten und Sichzusammenziehen von Melanophoren erreicht. So ist die Flunder auf dunklem Felsgrund fast schwarz, auf Kies fleckig und auf Sandgrund hell sandfarben und vom Substrat kaum zu unterscheiden. Der Flötenfisch *(Fistularia),* ohnehin von wasserheller Färbung, ist zwar bis einen Meter lang, aber nur daumendick. Nähert er sich frontal langsam einem Beutetier, ist er nicht zu erkennen. Stößt er zu, ist es für das ahnungslose Opfer zu spät.

Viele Organismen ähneln Pflanzen und Tieren, in deren Umgebung sie leben. Die in stoischer Unbeweglichkeit am Grunde liegenden Skorpionsfische (Scorpaenidae) und Steinfische *(Synanceja)* oder die sich meistens im Tang verbergenden Krötenfische (Antennariidae) besitzen Körperanhänge, die wie Algen aussehen. Von den Nacktkiemern lebt *Melibe bucephala* auf Algen, *Phestilla melanobrachia* und eine kleine, gelbe Wendeltreppenschnecke der Gattung *Epitonium* auf den orangeroten Rohrkorallen *(Tubastrea).* Alle drei sind entweder Algen oder Rohrkorallen durch Färbung und Hautfortsätze angepaßt. Die Porzellanschnecke, *Cyprea carneola,* trägt auf ihrem Mantel, der das Gehäuse beim Kriechen umgibt, viele algenähnliche Fransen. Der Trompetenfisch richtet seinen langgestreckten Körper nach den Gorgonienzweigen aus, zwischen denen er sich aufhält, nimmt deren Färbung an und ist so kaum zu erkennen. Viele auf sessilen Organismen lebende Krabben und Garnelen ahmen deren Farbe und Struktur nach und sind von ihnen nur schwer zu unterscheiden.

Eine Reihe vagiler Tiere ahmen andere nicht nur hinsichtlich Gestalt und Färbung sondern auch in ihrem Verhalten täuschend ähnlich nach. Man bezeichnet diese Erscheinung als Mimikry. Sie bringt den Mimen der Tierwelt bedeutende Vorteile und ist das Ergebnis eines lange währenden Anpassungsvorganges. Neben den Putzernachahmern (s. S. 138) leben im Korallenriff noch andere. Die Meerbarben, *Mulloidichthys mimicus,* die, kleinschuppig und wenig stachelig, für Räuber leicht zu erbeuten sind, ahmen die wehrhaften Schnapper, *Lutjanus kasmira,* hinsichtlich Größe, Körperform, Farbzeichnung und Verhalten so genau nach, daß sie im Mischschwarm kaum

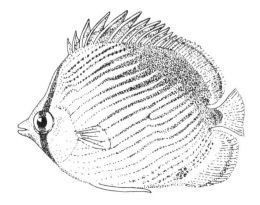
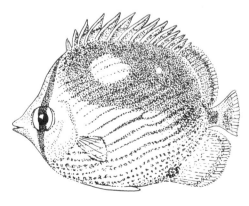

46 Der Falterfisch, *Chaetodon melanotus*, links in Tagfärbung, rechts in Nachtfärbung.

47 Die Nacktkiemenschnecke, *Cuthona poritophages*, wird durch ihre Körperanhänge zwischen den Polypen der Porenkoralle, *Porites lobata*, weitestgehend „aufgelöst". Lebensgröße 8,5 mm. (Nach Rudman, 1979)

voneinander zu unterscheiden sind und dort nicht angegriffen werden. Junge Kupferschnapper *(Lutjanus bohar)* imitieren harmlose, planktonessende Mönchsfische (*Chromis ternatensis, Ch. iomelas* und *Ch. margaritifer*) und gelangen, in deren Schwärmen schwimmend, näher an Beutetiere heran. Juvenile Schriftbarsche der Art *Anyperodon leucogrammicus* sehen harmlosen Lippfischen, *Halichoëres biocellatus*, ähnlich und nähern sich zusammen mit ihnen den Beutetieren. Eine kollektive Mimikry haben die kleinen Kardinalfische, *Siphamia argentea*, ausgebildet. Sie halten sich stets in Schwärmen in der Nähe dicker Seeigel der Gattung *Astropyga* auf, denen sie in der dunklen Färbung entsprechen. Bei Auftauchen eines Störfaktors rücken sie dicht über dem Seeigel zusammen und ahmen dessen Form nach. So sind sie gut geschützt. Doch müssen sie achtgeben, daß sie von ihrem Seeigel nicht aufgespießt werden. Er schiebt sie sich sonst mit Hilfe der Pedicellarien in den Mund und verzehrt sie Schwanz voran. Ohne Seeigel wären die Kardinalfische jedoch sofort ein Opfer der Räuber. Der dunkle Körper des harmlosen und wohlschmeckenden *Calloplesiops altivelus* ist mit bläulichweißen Tupfen übersät und ähnelt der Färbung der giftigen Muräne *Gymnothorax meleagris*. Wird er angegriffen, droht er, indem er die Kopfpartie der Muräne nachahmt. — Schleimfische, *Meiacanthus lineatus* und verwandte Arten, werden von Räubern wieder ausgespuckt, weil sie beißen und unangenehm wirkende Substanzen absondern. Schleimfische der Gattungen *Petroscirtes* und *Plagiotremus*, Scheinschnapperarten (*Scolopsis*) und der Kardinalfisch (*Cheilodipterus zonatus*) schützen sich durch Nachahmen der *Meiacanthus*-Schleimfische in Körperform, Farbmuster und Verhalten und werden von Räubern für ungenießbar gehalten.

Viele Tiere werden nicht gegessen, weil sie üble Geschmacksstoffe ausscheiden oder Gifte entwickelt haben: Man stellte fest, daß Haarsterne nur extrem selten von Fischen gegessen werden und isolierte aus ihnen Polyketid-Monoester der Schwefelsäure, die sich als wirksame Abwehrstoffe erwiesen. Futter mit nur 0,2%igem Zusatz davon wurde von Testfischen verweigert. Einige Nacktkiemer entwickeln saure Abwehrsekrete. Auch sie werden von Räubern wieder ausgespieen. Manche haben giftiges oder ungenießbares Gewebe. Andere Nacktkiemer nehmen beim Abweiden der Korallenpolypen nicht explodierte Nesselkapseln auf. Diese wandern in die Blindsäcke des vielverzweigten Mitteldarms ein, die in den als Kiemen dienenden Rückenanhängen enden. Da die Nesselzellen funktionstüchtig bleiben, bieten sie den sonst wehrlosen Nacktschnecken wirksamen Schutz. Sobald ein Fisch sie als vermeintlich leckeren Bissen ins Maul genommen hat, wird er genesselt und speit sie wieder aus. Die Zahl giftiger Schwämme nimmt in tropischen Meeren stark zu. In einem Riff im Golf von Mexiko sind von 36 Schwammarten 27 giftig (Green, 1977). Giftige Kugelfische (Tetraodontidae) sind so auffällig gezeichnet, daß Feinde von weitem gewarnt werden. Viele Knochenfische besitzen Giftdrüsen. Die Mosesflunder (*Pardachirus marmoratus*) scheidet bei Bedrohung ein milchiges, aus mehreren Komponenten zusammengesetztes Gift aus einer Vielzahl von Drüsen aus, die längs der Rücken- und Afterflosse angeordnet sind. Es tötet schon bei fünftausendfacher Verdünnung kleinere Fische. Haie bekommen bei dem Versuch, die Flunder zu verzehren, „Rachensperre" und ergreifen die Flucht. Ein in voller Fahrt angreifender Barrakuda wird förmlich zurückgeworfen. Trotzdem wird die Mosesflunder von Einheimischen gern gegessen, da das Gift beim Garen zerstört wird. Rotfeuerfische, Steinfische und Skorpionsfische besitzen in den harten Flossenstrahlen und Kiemendeckeldornen mit Giftdrüsen gekoppelte Kanülen, deren Einstich auch für einen Menschen nach schrecklichen Schmerzen, Krämpfen und Lähmungen tödlich sein kann. Seeigelstacheln sind zwar unangenehm, aber harmloser. Die lichtempfindlichen Tiere richten die Stacheln auf den Schatten werfenden Angreifer. Die langen Stacheln der Diadem-Seeigel sind sehr fein. Man meint, noch genügend Abstand von ihnen zu haben und spürt doch schon die schmerzhaften, brennenden Einstiche. Die mit Widerhaken versehenen Stachelspitzen sind sehr spröde und brechen unter der Haut sofort ab. Da sie außerdem hohl sind, kann man sie nicht wieder herausziehen. Innerhalb einiger Wochen werden sie jedoch im Körper absorbiert. Die meisten Seeigel haben Giftzangen, die dem Feind zugewandt werden. Mit ihrem Biß injizieren sie Gift, das Atemnot und Lähmungen hervorruft.

Andere Organismen verfügen über mechanische Abwehrvorrichtungen. Der Fangschreckenkrebs, *Gonodactylus guerni*, verschließt bei Gefahr die Wohnhöhle mit seinem stark gewölbten, kräftig bedornten Schwanzschild. Der Kieferfisch oder Brunnenbauer (*Opistognathus aurifrons*) verbarrikadiert abends seine Wohnröhre mit einem Deckstein. Drückerfische (Balistidae) und Feilenfische (Monacanthidae) fliehen bei Gefahr in enge Höhlen und Spalten. Sie stellen den mit einer Sperrvorrichtung versehenen, großen kräftigen ersten Rückenflossenstrahl auf und drücken ihn so fest in das Gestein, daß sie nicht herausgezogen werden können. Auch große Schnapper verklemmen sich mit aufgestellten Flossen unverrückbar in Felshöhlen. Igelfische schlucken in ihren Verstecken Wasser, werden dick wie Fußbälle, ihre Stacheln sträuben sich, und es ist unmöglich, sie zu erbeuten.

Auch die wehrlos erscheinenden Seewalzen haben neben Körpergiften eine Reihe mechanischer Abwehrwaffen entwickelt. Verschiedene Arten schleudern aus dem After büschelweise ein rosaweißes Sekret, das im Wasser zu elastischen, klebrigen Schnüren gerinnt und den Angreifer umwickelt. Diese Cuvierschen Schläuche lassen sich auf das 20-30fache dehnen, ehe sie reißen, und man hat einige Mühe, sich von ihnen zu befreien. Noch verblüffender ist das durch starke Kontraktionen des Hautmuskelschlauches hervorgerufene plötzliche Hervorquellen und Abstoßen innerer Organe aus dem After, wenn die Seegurke sich zu stark belästigt fühlt. Ihre zähe Hülle lebt weiter und regeneriert die ausgestoßenen Organe innerhalb weniger Wochen bis Monate. Die meterlangen Wurmholothurien *(Synapta)* sind in der Lage, sich in mehrere Teile zu zerschnüren. Doch nur das mit Tentakeln ausgerüstete Vorderende kann sich wieder zu einem kompletten Tier regenerieren, während die übrigen Teile dem Feind als Opfer dargeboten werden.

Schutz- und Verteidigungsverhalten spielen eine wichtige arterhaltende Rolle. Sie richten sich überwiegend gegen Freßfeinde und Nahrungskonkurrenten. Oft sind sie an Werkzeuge gekoppelt, die dem Nahrungserwerb dienen, ebensooft an Farbmuster, Verteidigungswaffen und spezialisierte Verhaltensweisen. Innerartliche Rivalitäten werden ritualisiert ausgetragen. Fast nie wird der Besiegte getötet, weil er seine Schwäche rechtzeitig zu erkennen gibt und die Unterlegenheitsgeste vom Sieger respektiert wird.

Von Liebe, Sex und Kinderschwärmen

Bei der Reproduktion der Korallenriffe nimmt die ungeschlechtliche Vermehrung der sessilen Kalkskelettorganismen durch Knospung eine hervorragende Stelle ein. Diese ist vor allem bei Organismen verbreitet, die nur eine geringe genetische Variationsbreite zum Überleben benötigen. Zu ihnen zählen wohl alle sessilen Lebewesen. Doch pflanzen sich Korallen, Moostierchen und Algen außerdem sexuell fort, wie wir von den Scleractinia wissen (s. S. 17). Das ist insofern wichtig, als durch die Verschmelzung von Ei- und Samenzelle die Erbanlagen potenziert und damit die Anpassungsmöglichkeiten erhöht werden. Der Fortpflanzungstrieb wird durch Hormone gesteuert, diese wiederum werden durch bestimmte Umweltbedingungen aktiviert. In der temperierten Zone der Erde kommen Jungtiere im Frühling und im Sommer zur Welt, wenn keine Nahrungsnöte herrschen. In den Korallenriffen treten zwischen Sommer und Winter keine krassen Unterschiede auf, und viele Organismen zeugen während des ganzen Jahres Nachkommen. Doch wird auch hier eine Jahresrhythmik mit zunehmender Entfernung vom Äquator immer deutlicher, und manche Tiere zeigen eine auffällige Fortpflanzungsperiodizität. Landkrabben kehren nur ein einziges Mal im Jahr, nämlich zur Fortpflanzung, in das Wasser zurück. Dann aber kann man wahre Pilgerzüge Tausender Tiere aus dem Inland der Küste zustreben sehen.

Die Palolowürmer, von den Polynesiern „Mbalolo" genannt, sind große Seeringelwürmer. Wegen der schmackhaften Geschlechtsorgane und ihres zu vorhersagbaren Zeiten massenhaften Auftretens haben sie als Nahrungsorganismen Bedeutung. Die Würmer leben in großer Anzahl in den Gängen und Kavernen der Korallenriffe, der bis 70 cm lange Florida-Palolo, *Eunice fucata*, vor der tropischen Küste Nordamerikas, der etwa 40 cm Länge erreichende pazifische Palolo, *Eunice viridis*, vor allem in Riffen der Samoa- und Fiji-Inseln und der chinesische Palolo, *Ceratocephale ossawai*, vor der japanischen und chinesischen Küste. Abhängig von der Mondphase, reifen die männlichen und weiblichen Geschlechtsprodukte in den langen, dünnhäutigen, gekammerten Anhängen — bei *Ceratocephale* am Vorderende, bei *Eunice*

48 Korallenbarschmännchen führen während der Balz auffällige Signalsprünge aus, die sowohl den Besitz eines Territoriums kennzeichnen als auch die sexuelle Bereitschaft der Weibchen stimulieren. (Nach Fricke, 1976)

am Hinterende des Körpers – heran. Zu bestimmten Zeiten trennen sich die Geschlechtsschläuche ab und treiben mit schlängelnden Bewegungen an die Wasseroberfläche. Dort platzen sie und ergießen Eier und Samenfäden massenhaft in das Meer, dessen Wasser milchig trüb wird. Auf diese Weise wird trotz der vielen sich einstellenden Räuber die Befruchtung und eine reiche Nachkommenschaft gesichert – ein biologischer Vorteil, der nur durch die gemeinsame Abgabe der Geschlechtsprodukte erreicht wird. Der chinesische Palolo schwärmt im Oktober und November nach Neu- und Vollmonden, der floridanische vor dem letzten Mondviertel zwischen dem 29. Juni und dem 28. Juli und der pazifische im Oktober und November ebenfalls nach dem letzten Mondviertel. Palolos des Malaiischen Archipels schwärmen im März und April und im Gebiet der Gilbert-Inseln im Juni und Juli im Rhythmus des Mondphasenwechsels. Der Zeitpunkt des Beginns verschiebt sich von West nach Ost. Wenn das Schwärmen vor der westlichsten Samoa-Insel, Manua, um Mitternacht seinen Anfang nimmt, beginnt es vor Tutuila um 0.30 Uhr und vor den am weitesten ostwärts gelegenen Inseln Upolu und Savaii erst zwischen 5 und 6 Uhr morgens. Es ist von Ebbe und Flut abhängig und hält nur ein bis zwei Stunden an. Da der Laichvorgang mit unterschiedlicher Intensität erfolgt, bezeichnen die Fiji-Insulaner die Oktober-Schwarmzeit als „Mbalolo lailai", was so viel wie „kleiner Palolo" bedeutet, die November-Schwarmzeit hingegen als „Mbalolo levu" als „großen Palolo". Sie fahren zur Zeit des Schwärmens mit Booten in die Riffe oder waten auf das Riffdach. Sie schöpfen die schlängelnden Leckerbissen mit zierlich geflochtenen Körben oder Netzen aus dem von Leibern brodelnden Wasser. Roh oder in Blätter gehüllt gebakken, sind Palolos ein Leckerbissen.

Das detaillierteste Material über die Fortpflanzungsbiologie von Rifftieren liefern nach dem heutigen Wissensstand die Fische. Rivalitätskämpfe wechseln mit Liebesspielen, Laichvorgängen und Brutpflegeverhalten. Relativ einfach ist das Verhalten von Einzelgängern, die nach Aufeinandertreffen der Geschlechter gleich zum Liebesspiel übergehen. Das Schriftbarschpärchen, *Hypoplectus nigricans*, steigt gegen Sonnenuntergang zur Wasseroberfläche auf. Während ein Partner seinen Schwanz um den Nacken des anderen schlingt, wird abgelaicht. Ungeklärt bleibt, daß völlig verschieden gezeichnete Tiere, die als verschiedene Arten angesehen werden, bei Paarungsspielen zusammen beobachtet wurden.

Andererseits zeigen die gewöhnlich allein in ihren Wohnröhren lebenden Brunnenbauer ein sehr kompliziertes Brutpflegeverhalten. Nur zur Fortpflanzung gestatten sie dem Partner das Aufsuchen ihrer Heimstatt. Der Laich findet dann in der geräumigen Mundhöhle des Männchens Platz und wird dort so lange geschützt, bis die Jungfische geschlüpft sind. Maulbrüter, aus tropischen Binnengewässern seit langem bekannt, gibt es also auch im Meer.

Bei Arten, wo ein Männchen einem Harem vorsteht, ist dasselbe ständig mit Imponiergehabe und Hüteverhalten beschäftigt. Der Herzogfisch, *Centropyge interruptus*, besitzt einen kleinen Harem bis zu vier Weibchen. Er hält sie durch stürmisches Anschwimmen beieinander. Umkreisen und Wippschwimmen lösen auch bei den Weibchen Wippschwimmen aus, dem ein Aneinanderschmiegen und das Ablaichen folgen.

In größeren Gruppen lebende Fische fechten Rivalitätskämpfe aus. Bei vielen Arten entscheiden bereits Drohduelle über die Machtstellung. Liegen in einer Gemeinschaft von Röhrenaalen (s. S. 105) die Wohnröhren zweier Männchen dicht beieinander, wird rivalisiert. Sie neigen sich einander zu, stellen die Rückenflossen auf und stoßen so lange mit aufgerissenem Rachen nach dem Widerpart, bis der Schwächere das Terrain räumt. In der Fortpflanzungsperiode bewohnen das Männchen und das kleinere Weibchen eine Röhre. Sie umschlingen einander. Die Eier werden in das freie Wasser abgelegt und dort befruchtet. Eine analoge Verhaltensphase war im Mai bei riesigen Java-Muränen, *Gymnothorax javanicus*, vor der Gesellschafts-Insel Moorea im Pazifik zu beobachten. Die Wohnhöhle befand sich in 34 m Tiefe am Riffuß, aus der ein Paar, etwa meterhoch und aufgerichtet, eng umschlungen hervorschaute. Das eine Tier war etwas kleiner, doch waren beide oberschenkelstark und sicher über 1,5 m lang. Das gemeinsame Wohnen und das Umschlingen gehören offenbar auch bei ihnen zum Fortpflanzungsritus.

Eine kompliziertere soziale Struktur wurde bei den Funkenfischen (*Anthias squamipinnis*) beobachtet. Große Männchen verteidigen ihre Reviere. Sie spreizen die Brustflossen so ab, daß vorher unsichtbare lila Muster gezeigt werden – eine Betonung ihrer Männlichkeit und Überlegenheit. Eine zweite Gruppe rekrutiert sich aus nicht-territorialen Männchen, die in Schwärmen dicht über dem Grund schwimmen. Ein dritter Teil der *Anthias*-Population besteht aus Weibchen und Jungfischen. Sie halten sich über den Schwärmen der nicht-territorialen Männchen auf. Die Laichzeit wird von den territorialen Männchen durch Tänze eingeleitet. Die Eier werden in das freie Wasser abgegeben.

Sehr interessant ist bei vielen Fischen eine sich im Verlauf ihres Lebens vollziehende Geschlechtsumkehrung. *Anthias*-Weibchen werden etwa nach Ablauf eines Jahres zu Männchen. Bei einigen Lippfischen kann man zwei Typen funktionstüchtiger Männchen beobachten. Die Primärmännchen sind mit Beginn ihres Lebens maskulin und bleiben es. Die Sekundärmännchen hingegen sind nach einer Geschlechtsumwandlung aus Weibchen hervorgegangen. Da dieser Prozeß an bestimmte Körpergrößen gekoppelt ist, sind Sekundärmännchen größer als Primärmännchen und völlig anders gefärbt. Zusammen mit den verschiedenen Jugendkleidern und noch andere Farbmuster tragenden Weibchen fällt es nicht leicht, die verschiedenen Erscheinungsbilder derselben Art zuzuordnen. Hinzu kommen noch Unterschiede im

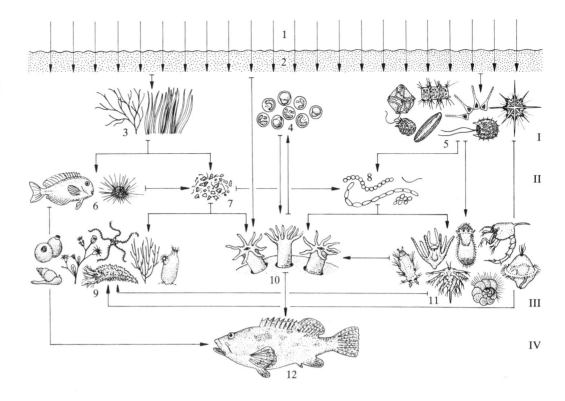

49 *Das Beziehungsgefüge der Hauptkomponenten einer Korallenriff-Biozönose.*
I. Produzenten, II. Pflanzenverzehrer und Destruenten, III. Detritus- und Kleintieresser, IV. Räuber.
1 Sonnenenergie, 2 gelöste Stoffe, 3 Großalgen und Seegräser, 4 Zooxanthellen, 5 Phytoplankton, 6 Herbivore, 7 Detritus, 8 Bakterien, 9 Benthos, 10 Korallen, 11 Zooplankton, 12 Räuber.

Verhalten. Die Primärmännchen sind Gruppenlaicher, die prächtigen Sekundärmännchen hingegen paaren sich stets nur mit einem Weibchen. Beim Putzerfisch, *Labroides dimidiatus*, wurde eine Geschlechtsumkehr beobachtet, wenn das Männchen als Haremsoberhaupt verstorben war. Jetzt zeigte das ranghöchste Weibchen ein typisch männliches Kampfverhalten und wandelte sich innerhalb kurzer Zeit in ein Männchen. Aus ihren Eierstöcken werden innerhalb von 14–18 Tagen funktionstüchtige Hoden, die in der Lage sind, Sperma abzugeben. Der Geschlechtswechsel ist sehr vorteilhaft: Viele Weibchen zeugen eine reiche Nachkommenschaft, Männchen aber entstehen nur nach Bedarf.

Bei Korallenbarschen (Pomacentridae) sind die sozialen Verhältnisse sehr unterschiedlich. 31 Arten des Roten Meeres leben in Einzelrevieren, in Gruppenrevieren mit gemischten Geschlechtern, in Haremsrevieren oder paarweise. Je nach Nahrungsangebot und Anzahl der Versteckplätze im Revier ändern einige Arten die Sozialstruktur ab. Sehr unterschiedlich sind auch die Fortpflanzungsgewohnheiten. Das Männchen des blauen Mönchsfisches, *Chromis caeruleus*, laicht zusammen mit 20–30 Weibchen. Der Laich wird in Grünalgennestern abgelegt. Die Nester werden vom Männchen zwei Tage bewacht, dann schlüpfen die Larven. Der Feldwebelfisch, *Abudefduf zonatus*, laicht in leeren Muschelschalen oder in Felslöchern ab. Das Männchen bewacht die Eier und fächelt ihnen frisches, sauerstoffreiches Wasser zu. Es entfernt durch Wellenschlag eingeschwappten Sand mit dem Maul und durch heftiges Flossenfächeln. Bei *Acanthochromis polycanthus* geht die Brutpflege so weit, daß sich die Jungfische noch lange nach dem Schlüpfen von der Haut ihrer Eltern, gelegentlich auch von der anderer Fische, ernähren.

Korallenbarsche der Art *Dascyllus marginatus* haben ihre Harems im dichten Gezweig von Griffel- oder Keulenkorallen. Große Kolonien mit weiten Verzweigungen können mehrere Harems beherbergen. Herrscht Platzmangel, werden die unterlegenen Männchen verjagt. Sie, die ohnehin nur eine Belastung des Naturhaushaltes darstellen, werden rasch Beute von Raubfischen. Das Fortpflanzungsritual wird vom dominierenden Männchen durch viele hintereinander erfolgende „Signalsprünge", ein hüpfendes Schwimmen, eingeleitet, wobei auf dem höchsten Punkt vor dem steilen Abkippen Knurrlaute geäußert werden. Damit grenzen sie ihr Revier gegen eindringende Männchen ab und stimulieren die Weibchen des eigenen wie auch der benachbarter Harems. Häufig balzen die Männchen in dicht besiedelten Habitaten rangniedere Weibchen benachbarter Harems an. Trotz scharfer Attacken der dortigen Oberhäupter gelingt es hin und wieder, eines zum Fremdgehen zu verführen. Rangniedere Weibchen haben offenbar nicht so starke Bindungen an die Wohnkorallen wie ranghohe, und damit sie nicht zu anderen Harems überwechseln, müssen sie fortwährend angebalzt werden. An Ablaichtagen dominiert das größte Männchen auch über die kleineren Haremsvorstände seiner Umgebung; alle Weibchen schwimmen zum Ablaichen zu ihm. Auf einem vom Männchen gesäuberten Felsgrund werden die Eier mit Schleimfäden befestigt, dann vom Männchen bewacht und befächelt. Das größte Weibchen laicht zuerst, danach entsprechend der Rangordnung die anderen. Nach 2–3 Tagen schlüpfen abends die Jungen. Dies ist ein günstiger Zeitpunkt: Planktonverzehrer können die Winzlinge im Dunklen nicht direkt anvisieren, und die Verlustquote bleibt relativ gering.

Auch der Anemonenfisch (s. S. 143) zeigt ein kompliziertes Fortpflanzungsverhalten. *Amphiprion bicinctus* bewohnt paarweise eine Aktinie. Die Paare bleiben jahrelang zusammen. Vor der Eiablage zupfen beide Partner am Grund, schieben die Bäuche gegeneinander und zittern, bis die Geschlechtsprodukte abgegeben werden. Über ein Dutzend Mal im Jahr heftet das Weibchen seine Eier an den Felsgrund nahe der Wohnaktinie. Das Männchen fächelt ihnen frisches Wasser zu, zehn Tage lang, bis die Jungen schlüpfen. Bei *Amphiprion akallopisos* bildet das größere Weibchen das Familienoberhaupt. Es beherrscht je nach Größe der Wohnanemone einen Männerharem bis zu 11 Tieren. Die Stärke der Individuen reguliert eine strenge Rangordnung. Stirbt das Weibchen, wird das ranghöchste Männchen zum Weibchen. – Der Geschlechtswechsel unterliegt bei den Fischen einer sozialen Kontrolle. Je spezialisierter die Arten sind, desto komplizierter gestaltet sich ihre Fortpflanzungsbiologie. Mit der Spezialisierung der Korallenbarsche auf Nahrung und Wohnraum gingen offensichtlich Spezialisierungen der Fortpflanzung einher.

Alle miteinander

Wie artenarm und monoton sind alle noch so ertragreichen vom Menschen angelegten Kulturen gegen den tropischen Dschungel auf dem Land und die Korallenriffe im Meer! Zu diesem Ergebnis gelangt man schon nach der Lektüre der vorausgegangenen Kapitel, obwohl sie nicht annähernd die Vielfalt der Arten und ihre Anpassungen in einem Riff zu reflektieren vermögen. Doch skizzieren sie, wie sich in Jahrmillionen der vielgestaltige Komplex Korallenriff herausgebildet hat, wie hermatypische Scleractinia und andere Organismen in Symbiose mit Algen den im Meer gelösten Kalk in Fels umwandeln, wie Tausende von Organismen sich das entstandene Substrat als Wohnraum und Nahrungsspender zu nutz und eigen machen. Wellen, Brandungen und Strömungen sichern den für den Stoffwechsel notwendigen Austausch mit Sauerstoff und Kohlendioxid, mit Stickstoff- und Phosphorverbindungen. Wachstum und Vermehrung der Algen bilden die Grundlage in einem Nahrungsnetz, das sich von den Symbionten über die Pflanzenverzehrer und Kleintieresser bis hin zu den Räubern spannt.

Gelöste Stoffe werden täglich tonnenweise im Meer durch Lebewesen gebunden. Doch unterliegen alle einem Kreislauf, so daß sich das Verteilungsmuster nicht ändert. Denn alle Lebewesen sterben, verwesen, werden remineralisiert und wieder in die chemischen Ausgangskomponenten zerlegt. Das in großen Mengen gebundene und gelöste Kalziumkarbonat wird von den Kontinenten her durch die Flüsse ergänzt. Doch auch dieses Material stammt letztlich von marinen Sedimenten, die in grauer Vorzeit durch Landhebungen dem terrestrischen Bereich unserer Erde zugeordnet wurden.

Das reiche Angebot der verschiedenartigen Wohnräume und Ernährungsmöglichkeiten führte zu einer Zusammenballung von Lebewesen im Korallenriff. Der Stand der heutigen Forschungen läßt es noch nicht zu, ihre Zahl zu schätzen. Sicher ist, daß nicht die Steinkorallen als bedeutendste Konstrukteure der unterseeischen Kalkgebirge den Hauptanteil der vielzelligen Tierarten stellen, sondern die Krebse, Mollusken, Ringelwürmer, Fadenwürmer und Fische. Von ihrem Leben haben wir nur bruchstückhafte Vorstellungen. Unsere Kenntnisse von den anderen Stämmen und Klassen des Pflanzen- und Tierreiches, die in Korallenriffen auftreten, sind noch kümmerlicher.

Unter ökologischen Aspekten bestimmen Opportunisten und Spezialisten das Geschehen im Korallenriff. Die Opportunisten oder euryöken Organismen können sich unter den verschiedensten Umweltbedin-

161 126
127 128

126 Lagunenrochen (Taeniura lymna) mit Giftstacheln im Schwanz. (Rotes Meer)

127 Der Masken-Kugelfisch (Arothron diadematus) pumpt sich bei Gefahr zu einer Kugel auf. (Rotes Meer)

128 Das Großauge (Priacanthus hamrur), ein Nachttier. (Rotes Meer)

162/163 129 130 | 135 136
131 132 | 137 138
133 134 | 139

129 Der Rote Wrackbarsch (Cephalopholis coatesi) ist ein Räuber höhlenreicher Riffpartien. (Rotes Meer)

130 Schweinsfische (Bodianus rufus) sind Kleinräuber. (Südflorida, Florida-Straße)

131 Der Maskarill (Chaetodon semilarvatus), ein endemischer Fisch des Roten Meeres.

132 Zwischen der kleinen Porenkoralle Synaraea convexa schwimmt ein Perlen-Falterfisch (Chaetodon reticulatus). (Gesellschafts-Inseln, Pazifik)

133 Der Igelfisch (Chilomycterus echinatus) kann seine Stacheln aufrichten. (Rotes Meer)

134 Mit dem vorgezogenen Maul zieht der Segelpunkt-Pinzettfisch (Chelmon rostratus) kleine Tiere aus ihren Verstecken. (Rotes Meer)

135 Strahlenfeuerfisch (Pterois radiata) in einer Höhle. (Tuamotu-Archipel, Pazifik)

136 Eine prachtvolle Tracht hat der Blaustirn-Engelsfisch (Holacanthus ciliaris). (Kuba, Florida-Straße)

137 Der Blasse Feuerfisch (Pterois russelli) besitzt hochgiftige Flossenstrahlen. (Tuamotu-Archipel, Pazifik)

138 Der junge Kaiserfisch (Pomacanthus imperator) zeigt helle Halb- und Vollkreise. (Rotes Meer)

139 Geschlechtsreifer Kaiserfisch (Pomacanthus imperator) mit gelben Streifen. (Rotes Meer)

164 140 141 |
142 143 |

140 Einsiedlerkrebs, von Schwamm umwachsen. (Rotes Meer)

141 Die Nacktkiemenschnecke Phestilla melanobrachia (rechts) ist in Form und Farbe ihrem Nährtier, der Rohrkoralle Tubastrea coccinea, angepaßt. (Hawaii, Pazifik)

142 Giftiger Skorpionsfisch (Scorpaena sp.). (Rotes Meer)

143 Wrasse (Cheilinus) mit Signalflecken auf dem Rücken. (Rotes Meer)

165 144 145 146 147

144 Hier befreit der Putzerfisch (Labroides dimidiatus) einen großen Papageifisch (Scarus sp.) von Parasiten und organischem Schmutz.

145 Der Putzerfisch (Labroides dimidiatus) hat seine Säuberungsaktion bei einem kleinen Neon-Abudefduf (Abudefduf oxyodon) begonnen.

146 In Symbiose mit dieser großen Nacktkiemenschnecke (Hexabranchus marginatus) lebt eine Garnele, die hinsichtlich ihrer Färbung dem lebenden Untergrund, auf dem sie sich aufhält, gut getarnt angepaßt ist.

147 Die Putzergarnele (Hippolysmata grabhami) säubert eine Muräne (Lycodontis sp.).

166/167 148 149 | 151
150

148 Lagunen sind aufgrund ihres Nährstoff- und Planktonreichtums sehr günstige Lebensstätten für Muscheln. Mancherorts werden Baumaustern (Isognomon radiatus), die gewöhnlich Mangrovewurzeln bewachsen, bereits in Kulturen gehalten. (Jungferninseln, Westatlantik)

149 Obwohl die Riffe Südfloridas geschützt werden, importieren dortige Händler aus anderen Korallenriffgebieten tonnenweise Muscheln, Schnecken und Steinkorallen.

150 Ob diese auf einem einsamen Atoll aus grobem Korallengeröll aufgeschichteten Türmchen den Einheimischen als Seezeichen oder zur Ausübung eines Götterkultes dienen, muß dahingestellt bleiben. (Tuamotu-Archipel, Pazifik)

151 Vor allem langsame Rifftiere, wie diesen Masken-Kugelfisch (Arothron diadematus), machen Taucher gern zu ihren Spielgefährten. (Rotes Meer)

168 152

152 In dem Dämmerlicht unterhalb 20 m Tiefe, wo sich die Kupferschnapper (Lutjanus bohar) meist aufhalten, sind die weißen Signalflecken besonders wirksam. (Tuamotu-Archipel, Pazifik)

gungen behaupten, existieren gleichsam überall und sind fast jeder Lebenslage angepaßt, vorausgesetzt, vom Menschen werden keine Fremdfaktoren eingebracht. Sie zeugen eine riesige Nachkommenschaft in Form von Gameten oder Larven, von denen zwar die meisten während ihres Planktondaseins verzehrt werden, einige aber doch weiterleben und sich wieder vermehren. Zu ihnen gehören viele Algen und Steinkorallen, und nur als solche sind sie in der Lage, den Lebensraum Riff fortlaufend zu ergänzen und zu erneuern. – Die Spezialisten oder stenöken Organismen bilden nie große, individuenreiche Populationen. Sie zeugen nur so viel Nachkommen, daß ihre Art erhalten bleibt, sind aber andererseits so spezialisiert, daß die Gefahr des Aussterbens ausgeschlossen ist. Durch die Spezialisierung sind sie letztendlich den Opportunisten, die sich durch die Masse behaupten, überlegen und setzen sich gegen diese durch. Der herrschende Konkurrenz- und Selektionsdruck führte im Korallenriff zur Entwicklung eines extrem hohen Anteils von Spezialisten am Gesamtartenbestand.

Das Korallenriff ist eine benthische Lebensgemeinschaft. Ihre Organismen sind entweder beweglich oder festgewachsen, die Sessilier flexibel oder starr. Die Larven der meisten Benther leben planktisch. Sie werden gefressen und verdriftet. Nur ein Bruchteil findet Wohn- und Siedlungsraum, wächst zu einem geschlechtsreifen Lebewesen oder Tierstock heran. Die Opportunisten finden einen solchen Ort entsprechend ihrer großen Anpassungsfähigkeit schnell. Die stärker spezialisierten Arten hingegen finden den ihnen zusagenden Platz nur schwer. Sie müssen oft lange umhertreiben, aber Wochen und Monate können sie als planktische Larven leben. So ist der Fortbestand aller gesichert.

Hervorstechendes Merkmal der Korallenriffe ist, daß sie hauptsächlich von der kalkproduzierenden Tier-Pflanzen-Symbiose der Korallen und Zooxanthellen aufgebaut werden und sich kontinuierlich auf diesem Wege erneuern und ergänzen. Ihre autogene Reproduktion ist die Basis für die hohe Anzahl an ökologischen Nischen und Arten. Reproduktionsvermögen sowie die hohe Arten- und Individuenzahl sind als ein durch Selektionsdruck notwendig gewordenes Evolutionsergebnis zu werten, das auf der Grundlage vieler, heute noch nicht annähernd überschaubarer Anpassungsstrategien und interspezifischer Beziehungen entstand. Aus allem resultiert, daß Korallenriffe nicht nur einmalig schön sind, sondern auch noch viele ökologische und evolutionsbiologische Geheimnisse in sich bergen, die erforscht und generalisiert werden wollen.

Beobachten und erkunden wir weiter! Trotz der Kompliziertheit des Korallenriffsystems kann hierbei selbst der interessierte Laie wertvolle Hilfe leisten, wenn er sich Detailfragen zuwendet. Zum Beispiel könnte er rund um die Uhr zu unverwechselbaren Korallen, wie Elchhornkorallen *(Acropora palmata)*, Kandelaberkorallen *(Dendrogyra cylindrus)* und anderen hinuntertauchen, um festzustellen, welchen Ausdehnungsgrad deren Polypen und Tentakeln zu bestimmten Tageszeiten zeigen. Oder er könnte Reviergrenzen von vielen Fischen einer ortstreuen Art herauszufinden trachten. Dabei wird er zwangsläufig wichtige Beobachtungen über ihr Verteidigungsverhalten machen. Vielleicht kann er auch Tageswanderungen markierter Seegurken, Seesterne oder Schnecken vermessen und skizzieren? Manches ließe sich auch filmisch oder fotografisch dokumentieren. Wie schön wäre es, wenn er einem Wissenschaftler von seinem Vorhaben und später von seinen Beobachtungen berichten könnte, wenn er sie eines Tages gar gedruckt sähe? Das Bewußtsein, ein Mosaiksteinchen des zu vervollständigenden Bildes vom Korallenriff beigetragen zu haben, ist sicher für manchen befriedigender, als die Urlaubszeit ohne eine bestimmte Zielstellung zu verleben. Also wer Lust dazu hat, sollte nicht zögern! Uns bleibt das meiste noch zu tun!

Nutz und Schaden
der Korallenriffe für den Menschen

Erst die Entwicklung des autonomen Tauchens machte die Vielgestaltigkeit und bunte Lebensfülle der Korallenriffe erschließbar. Doch weder Naturschwärmerei noch Technik könnten ihre jetzige intensive Erkundung motivieren, ließe sich der Aufwand nicht in klingende Münze umwandeln. Um das zu verstehen, ist es notwendig, die Bedeutung der Korallenriffe, ihre durch das Eindringen des Menschen verursachten Schädigungen sowie unsere Verantwortung ihnen gegenüber aufzuzeigen.

Korallenriffe sind der marine Lebensraum mit der höchsten Produktion an Biomasse. In ihnen leben viele für die Ernährung des Menschen nutzbare Organismen: Fische, Seeschildkröten, Krebse, Schnecken, Muscheln, Seegurken, Palolowürmer und Algen. Ihre schmackhafte Zubereitung ist zwar in den nördlichen Ländern vielfach noch nicht populär, für die Bevölkerung tropischer Riffgebiete ist sie aber besonders wegen des in diesen Gebieten herrschenden akuten Eiweißmangels von großem Wert. Bestimmte Nutzorganismen werden bereits in Kultur genommen. Zu Zeiten mit Algen, Garnelen, Kaninchenfischen, Meeräschen und Seeschildkröten durchgeführte Versuche kranken zwar noch erheblich an unserem lückenhaften Wissen über Biologie und Ökologie und schlagen oftmals fehl, weisen aber zweifellos den Weg, wie Korallenriffe in Zukunft „landwirtschaftlich" genutzt werden können. Unter dem Druck der stark anwachsenden Erdbevölkerung wird ihre Einbeziehung als Nahrungsressourcen in den kommenden Jahren an Bedeutung gewinnen und unser Nahrungsangebot reicher und gesünder gestalten. – Die fortwährend in einem Riff produzierten planktischen Larven ergänzen überdies den Planktonbestand in angrenzenden Meeresgebieten erheblich, so daß letztendlich auch die riesigen Schwärme wichtiger Fangfische, wie Sardinen, Makrelen und Thunfische, davon profitieren.

Aus bestimmten Korallenrifforganismen werden Grundstoffe für die pharmazeutische Industrie gewonnen. Vor Jahren wurde ein Fettsäurederivat, Prostaglandin, bekannt, unter dessen Einfluß glatte Muskeln reagieren. Der klinische Anwendungsbereich ist groß, erstreckt sich von der Behandlung Herz-Kreislauf-Kranker über Asthma, Magengeschwüre bis zur Geburtenerleichterung oder Schwangerschaftsunterbrechung, ohne schädigende Nebenwirkungen zu hinterlassen. Das Hormon wurde in winzigen Mengen in Samen von Rauhblattgewächsen, in Harnblasen von Schafen und anderen Lebewesen gefunden. Prostaglandin war deshalb 100mal teurer als Gold. Dann aber entdeckte man es in einer in Riffen häufigen Hornkoralle, aus der es nicht nur milligramm-, sondern grammweise gewonnen wird. – Die Forschungstaucher der Universität Oklahoma, USA, spüren systematisch Meeresorganismen nach, aus denen Heilmittel gewonnen werden. Zur Zeit experimentieren die Wissenschaftler vor allem mit Schwämmen, Seeanemonen und Korallen.

Im Verlauf der Millionen Jahre alten Korallenriffe wurden enorme Mengen Biomasse auf physikochemischem Wege in Erdöl umgewandelt. Das Erdöl wird gleichzeitig im porösen Riffkalk gespeichert und unmittelbar im Entstehungsgebiet angereichert. Rezente wie fossile Korallenriffgebiete sind deshalb erdölfündig. Zahlreiche Fundstellen in Venezuela, Mexiko, Texas, im Nahen Osten, dem Arabischen Golf, auf der Arabischen Halbinsel, vor der Ostküste Australiens sowie im Flachmeer zwischen Südostasien und Australien sind marinen Ursprungs. Die ständige Zunahme der von Erdölkonzernen subventionierten biologischen und geologischen Forschungen zeigt die enorme Bedeutung der „Rifföle" als Energiebasis. Konkurrenzkämpfe können selbst militärische Auseinandersetzungen mitbestimmen, wie Kriege in Südostasien, im Nahen Osten und in Afrika bestätigen.

Die durchschnittliche Kalziumkarbonatproduktion einer Korallenriffgemeinschaft schwankt zwischen 400 und über 2000 t pro Hektar im Jahr (Chave, Smith and Roy, 1972). Da der Korallenkalk einen hohen Reinheitsgrad besitzt, ist er ein begehrter Grundstoff der Bauindustrie und findet als Stein, Mörtel und Zement Verwendung. Ganze Dörfer, Städte, Molen und Hafenanlagen wurden aus Korallenkalk errichtet. – In einigen Gebieten wird Korallengeröll zusammen mit Molluskenschalen gesammelt, zerkleinert, zermahlen und als Düngemittel verwandt.

Einer großen Bedeutung lebender Korallenriffe wird meist kaum gedacht: Die vielen Fließgewässer der Erde führen den Meeren täglich immense Mengen gelöster Kalziumkarbonate zu. Im Verlaufe der Jahrmillionen hätte das zu einer Konzentrationserhöhung und Veränderung des Chemismus des Seewassers geführt. Das aber verhinderten die Pflanzen und Tiere, die die gelösten Kalke in Skelettelemente umwandelten und am Meeresboden ablagerten, zu einem nicht geringen Teil die Steinkorallen. So blieben die chemischen Eigenschaften des Meeres im wesentlichen erhalten, und die marine Organismenwelt konnte sich in ihrem stabilen, lebensgünstigen Milieu bis auf den heutigen Tag relativ ungestört entwickeln.

Korallenriffe sind Kontinenten und Inseln als wirksamer Landschutz vorgelagert. Da sie bis dicht unter die Wasseroberfläche emporwachsen, brechen sich an ihnen die Wellen, so daß das dahinter gelegene Land dem Zugriff des Meeres entzogen wird. Die zwischen Riff und Land gelegene Lagune ist als Stillwasserzone mit hoher Biomasseproduktion und Sedimentationsrate ein Verlandungsgebiet. Korallenriffe stellen somit ein potentielles Verlandungselement dar, und es gibt keinen biogenen Faktor, der einen gleich starken Einfluß auf die Küstenbildung hätte wie sie.

Durch unkontrolliertes Aufwachsen der Korallen zur Wasseroberfläche wird die Schiffahrt erheblich gefährdet, wie zahlreiche Wracks auf den Riffen bezeugen. In extremen Fällen können sogar ganze Überseehäfen von Steinkorallen bis zur Unbrauchbarkeit unterwuchert werden: In dem sudanesischen Hochseehafen Suakin wuchsen um die Jahrhundertwende Steinkorallen aus unerfindlichen Gründen in solchen Massen auf, daß er von Hochseeschiffen nicht mehr angelaufen werden konnte. Erst danach wurde Port Sudan gebaut. Suakin aber zerfiel und ist heute als Freilandmuseum zu besichtigen. Man ist bisher keineswegs in der Lage, so entstehenden „Milliarden-Schäden" vorzubeugen.

Die traditionelle Perlenfischerei hat zwar durch Zuchtperl-Kulturen an Bedeutung verloren, doch wird sie im Persischen Golf und im Norden Australiens noch immer betrieben. Perlmuscheln findet man vielfach in Korallenriffen. In der Südsee werden Perlzuchten mit Erfolg in Atollen betrieben. Perlaustern *(Pinctada)* werden auf Kunststoffschnüre gereiht, geimpft und so lange im nährstoffreichen Lagunenwasser belassen, bis sich Perlen in ihnen gebildet haben.

Korallenriffe lassen sich als reizvoller, geheimnisvoller Lebensraum für den Tourismus außerordentlich gut vermarkten. Da Korallenriffe überdies in klarem, warmem Wasser gelegen sind und Flugzeuge heute die entferntesten Inseln schnell erreichen, sind sie auch unter diesem Aspekt zu einem ökonomisch nutzbaren Objekt geworden. Die Menschen, die sich heute mit Tauchmaske, Schnorchel und Flossen in den Meeren tummeln, zählen nach Millionen. Glasbodenboote erlauben einen Blick in die Tiefe und geben auch älteren Menschen die Möglichkeit, die Korallenriffwelt zu erleben. Vernünftigerweise wurden in den USA, Kenia, Sudan, Australien und in anderen Ländern Rifftrakte unter Naturschutz gestellt, so daß wenigstens örtlich der mörderischen Unterwasser-Fischjagd und dem bestandgefährdenden Sammeleifer Souvenirbesessener Einhalt geboten werden konnte. Leider lassen sich die Naturschutzgebiete mangels Aufsichtspersonal kaum wirksam kontrollieren. Und da Souvenirs aus dem Meer – schöne Korallen, Muscheln, Schnecken und Seesterne – gern von Touristen gekauft werden, blüht das Geschäft trotz der Verbote.

Die Bedeutung der rezenten Steinkorallen und Riffassoziationen für die Grundlagenforschung ist erheblich. Als Riffbildner an warme Meere gebunden, dient ihre Verbreitung den Biogeographen als Begrenzung der tropischen Region im marinen Bereich. Die Paläontologen ziehen aus fossilen Korallen Rückschlüsse auf die zu deren Lebzeiten herrschenden Umweltbedingungen sowie Entstehung und Alter der Formationen. Aus den Tag- und Nachtwachstumszonen konnte nicht nur das Alter fossiler Korallen ermittelt werden, sondern sie bestätigen auch die Feststellung der Astronomen, daß vor 400 Millionen Jahren die Erde wesentlich schneller rotierte als heute.

Bemerkenswert ist die hohe Empfindlichkeit der Steinkorallen gegenüber Verschmutzungen des Wassers. Ist ihr Empfindlichkeitsgrad quantitativ bekannt, läßt sich die Belastbarkeit eines Meeresgebietes mit Schadstoffen vorhersagen. Umgekehrt läßt der von Art zu Art unterschiedliche Empfindlichkeitsgrad von der Beobachtung über das Absterben Rückschlüsse auf die Wasserbelastung zu. Die sessilen, jederzeit am gleichen Ort kontrollierbaren Korallen werden auf diese Weise zu Gradmessern der Umweltverschmutzung, zu Indikatoren der Gesundheit des Meeres.

Im Tropengürtel der Erde entstanden in einem Gebiet von 123 000 000 km² Meeresfläche, etwa einem Drittel der Weltmeere, durch unermüdliches Wirken der Polypentierchen Tausende und aber Tausende von Korallenriffen. Nach Erreichen der Wasseroberfläche bildeten sich auf ihnen aus Geröll- und Sandbänken, verlandeten Lagunen und gehobenem Meeresboden Inseln und Atolle mit immergrünen Wäldern und Palmenhainen. Die Kokospalme gibt den Menschen Holz zum Bauen, Fasern für die Kleidung, Milch und Fruchtfleisch als Nahrung. In den lebenden Riffen werden Fische, Krebse, Muscheln und Schildkröten gefangen. So bieten Korallenriffe vielen Menschen Siedlungs- und Lebensmöglichkeiten.

Einige Koralleninseln befinden sich weitab vom Festland mitten im Ozean – für bestimmte Militärmächte strategisch außerordentlich günstig gelegen –, weshalb sie als Militärbasen ausgebaut wurden. Guam, Okinawa, das zu den Marshallinseln gehörige Koralleneiland Kwajalein und viele andere sind Zeugen. Der Chagos-Archipel, zentral im Indischen Ozean gelegen, ist noch immer britische Kolonie. Das dazu gehörige Atoll, Diego Garcia, wurde den USA zunächst für 50 Jahre als Militärstützpunkt überlassen. Die Bewohner wurden nach Mauritius zwangsausgesiedelt. Bulldozer vernichteten den Kokospalmenwald, planierten Rollbahnen für superschwere Bomber. Dockanlagen für Atom-U-Boote, Waffen- und Munitionsdepots, Tanklager und Hafenbauten für raketentragende Schiffsverbände wurden geschaffen. Neuerlich errichten amerikanische Militärs auf der nördlich von Guam gelegenen Insel Tinian und auf der vor der Südküste von Oman gelegenen Insel Masirah Militärstützpunkte, und das sind sicher nicht die letzten derartigen Projekte. – Die französische Regierung machte das pazifische Atoll Mururoa zum Atombomben-Versuchsgelände. Nach mehreren Explosionen war die Atmosphäre so mit radioaktiven Substanzen verseucht, daß Australien und Neuseeland 1973 zeitweilig die Beziehungen zu Paris abbrachen. In ähnlicher Weise mißbrauchten die USA das in den Marshallinseln gelegene Eniwetok-Atoll und das Bikini-Atoll 1946 bis 1958 66mal für Atombombenexperimente. Die Bewohner waren vorher „für einige Monate" ausgesiedelt worden. Bis 1980 war das verwüstete Bikini-Atoll mit Strontium 90 radioaktiv verseucht. Versuchsweise angepflanzte Palmen vergilbten, Seevögel und Schildkröten blieben ohne Nachkommen.

Unbedacht und meist ohne Sachkenntnis nimmt der dem Gewinnzwang folgende Mensch Einfluß auf die Korallenriffe und hat bereits nicht wieder gut zu machende Schäden angerichtet. In vielen Fällen sind unsachgemäße, nicht genügend durchdachte Veränderungen der Küstengebiete Korallenriffen zum Verhängnis geworden. Durch Vernichtung der Pflanzendecke, Abholzen der Wälder, Abbrennen von Grasland, Planierungs- und Bauarbeiten im Küstenbereich wird der fruchtbare Mutterboden freigelegt und ins Meer geschwemmt. Hier senkt er sich auf die Riffe und erstickt Korallen und andere sessile Organismen, wie man vor Molokai, der tansanischen Küste, den Seychellen und Hawaii sah. Der Mensch verursacht durch derartige Küstenveränderungen sowohl den Verlust an fruchtbarem Mutterboden und Verringerung der landwirtschaftlichen Potenzen als auch die Zerstörung der davor gelegenen Korallenriffe.

Das Schleifen schwerer Objekte über den Meeresgrund führt zur Zerstörung sessiler

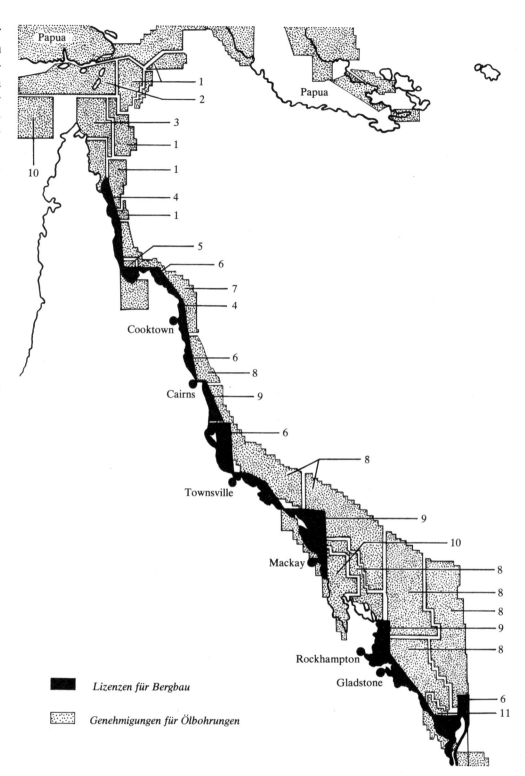

50 Schon vor Jahren waren die Konzessionen für das Gebiet des Großen Barriere-Riffes von Australien an Erdölfirmen vergeben. 1 Tenneco Aust. Inc. & Signal (Aust.) Pet. Co., 2 Calif. Asiatic Oil & Texaco Overseas Pet., 3 Gulf Interstate Overseas, 4 Eastern Prospectors P/L & Offshore Drillers P/L, 5 Exoil NL & Transoil NL, 6 Ocean Mining A. G., 7 Corbett Reefs Ltd., 8 Australian Oil & Gas, 9 Planet Mining Co. P/L, 10 Ampol Expl. (Qld.), 11 Shell Dev. Aust.
(Nach Bennett, 1971). Inzwischen hat die Regierung Australiens die Lizenzen für Bergbau und Erdölbohrungen jedoch zurückgezogen.

und hemisessiler Organismen. Vielfach werden durch Schleppnetzfischerei in der Nähe von Korallenriffen Feinsedimente aufgestört. Schluff und Mudd schweben bis zu fünf Jahren im Wasser, ehe sie wieder den Grund erreichen, werden in Massen in die Riffe verdriftet und setzen sich ab. Suspensionen vermindern gleichzeitig den Gehalt des im Wasser gelösten Sauerstoffs. Auch dadurch werden die Korallen, die einen geringeren Sauerstoffgehalt als die normalen nächtlichen Minimumwerte schlecht vertragen, geschädigt. Derartige Erscheinungen wurden von Guam, Johnston Island, den U.S. Virgin Islands, Singapore, U.S. Samoa, den Seychellen und Hawaii gemeldet. Obwohl teilweise verboten, ist die Dynamitfischerei in Riffgebieten weit verbreitet. Nicht nur ganze Fischbestände einschließlich ihrer Nachkommen werden durch diesen Raubbau vernichtet, sondern auch die Korallenriffe.

Die durch Explosionen aufgestörten Sedimente werden verdriftet und schädigen die Korallenbestände umliegender Riffe. Ähnlich wirken Baggerarbeiten und Planierungen des Meeresgrundes, wie von Bermuda gemeldet und vor Hodeidah selbst beobachtet wurde. Im Golf von Mannar werden Kalksteinblöcke und große, lebende Korallenkolonien abgebaut und zur Zementherstellung der Bauindustrie zugeführt. Durch diesen Raubbau wurden die Riffe so geschwächt, daß 1970 ein Zyklon die entfesselten Wassermassen über Riffe und Ufer werfen konnte. Dörfer und Straßen wurden zerstört, Menschenleben vernichtet. Doch der Riffabbau vor Rameshwaram wurde deshalb nicht gestoppt. Auf gleiche Weise sind in Malaysia Katastrophen hervorgerufen worden.

Überall zeitigen anthropogene Abstoffe verheerende Wirkungen. Hunderte Tonnen Blätter, Stengelabfälle und Pulpe des Zuckerrohrs werden von Zuckerfabriken der karibischen Inseln und Hawaiis pro Tag ins Meer geschwemmt. Das Wasser ist extrem getrübt, die Zahl der Korallen und Fischarten stark reduziert. In den Kaneohe Bay von Hawaii, 1928 noch ungestört, wurden vor einigen Jahren auf 880 ha Rifffläche mehr als 99 % der Korallen durch eingeleitete Stadtabwässer und Erosionen des Uferbereiches vernichtet. Ursachen sind Trübungen, Sedimente, Phosphatanreicherungen, sich bildende anaerobe Bodenschichten und H_2S-Entwicklungen. Die Korallenskelette waren veralgt und verschmutzt und boten ein grauses Bild der Verödung. Sie scheinen sich jedoch jetzt, da die Abwässer weit vor die Riffe in das Meer geleitet worden sind, wieder zu erholen.

Durch Abwässer erzeugte Eutrophierungen stimulieren auch das Wachstum koralliner Algen, wie vor Hodeidah beobachtet werden konnte. Polychaeten können sich unter Abwassereinfluß stark vermehren, desgleichen verschiedene Schwämme und Holothurien. Auch organische Anreicherungen haben eine Verminderung des Sauerstoffgehaltes zur Folge, die zwangsläufig zur Schädigung der Rifforganismen führt.

Eingeleiteten Stadt- und Fabrikabwässern folgen häufig Aussüßungen. Korallen sind gegenüber Salzgehaltsverminderung empfindlich und sterben in einem Gemisch aus 75 % See- und 25 % Süßwasser innerhalb einer Woche ab. Auch die Kalkproduktion wird bei verminderter Salinität herabgesetzt. Im Zusammenhang mit Stadtabwässern ist zu beachten, daß der von der Weltgesundheitsorganisation angegebene Standard für Badegewässer nur 350 fäkale oder 1 000 totale Koliformen pro 100 ml zuläßt. Vor einem gewöhnlichen Stadtabwasserzufluß wurden jedoch 11 000 Kolibakterien pro 100 ml Wasser festgestellt, vor einem aus einem Krankenhaus von Palau kommenden Abwasserzufluß gar 34 Millionen. Im Hafenwasser von Kingston, Jamaika, zählte man 240 000 Kolibakterien pro 100 ml (Wood and Johannes, 1975).

Hälterungen mariner Nutztiere, wie Schildkröten, Fische und Langusten, in künstlich abgeschlossenen Lagunen sollten gut kalkuliert und ständig überwacht werden, weil auftretende Seuchen ganze Tierbestände vernichten können. Die fortgesetzte intensive Düngung des Wassers durch die konzentrierten Tierbestände kann auch, wie im Palmyra-Atoll, zum Absterben nahegelegener Korallenriffgesellschaften führen. Aus verkehrstechnischen Gründen vorgenommene Absperrungen von Lagunen durch Damm- und Straßenbauten verursachten auf Ponape in den Karolinen durch nachfolgende Stagnation und Schluffablagerungen ein Absterben der Korallen.

Von Ölverschmutzungen herrührende, stark aromatische Öle wirken im allgemeinen sofort tödlich. Diese flüchtigsten Komponenten des Rohöls werden im Wasser zuerst freigesetzt. Sie werden relativ schnell von organischen Suspensionen absorbiert und gelangen ins Nahrungsnetz der Meerestiere. Schwere Ölrückstände sinken ab. Sie werden in den marinen Sedimenten nur zögernd abgebaut, wie man vor Bermuda, der Japtan-Insel und im Eniwetok-Atoll nachgewiesen hat.

Korallen wurden vielfach durch die über ihnen treibenden Öle nicht geschädigt. Flüchtige Öle und Öldetergenzien rufen jedoch Schädigungen der Gewebe hervor. In einem Fall erwies sich ein Mittel, mit dem treibendes Öl aufgelöst werden sollte, als 100mal giftiger als das Rohöl selbst. Zur Oxidation von 1 l Erdöl bei bakteriellem Ölabbau werden 320 000 l mit Sauerstoff gesättigtes Seewasser benötigt. Damit ist eine ökologische Schädigung der Umgebung driftender Ölfelder auch aus diesem Grunde unvermeidlich. Ölfilme schädigen neben Korallen auch andere wirbellose Tiere des Riffes sowie Fische und Seevögel. Das ist insofern besonders tragisch, weil umfassende, mit starken Verschmutzungen einhergehende Erdölbohrungen vor vielen Meeresküsten – vor Ostaustralien, in Südostasien, im Persischen Golf, in der Karibik, vor Fiji und Tonga – geplant oder bereits im Gange sind. Meist gingen diesen Bohrungen keine notwendigen ökologischen Untersuchungen voraus. Im relativ kleinen Gebiet der amerikanischen Mittelmeere existieren mehr als 60 Erdölraffinerien. Die Meere sind mit driftenden Ölfeldern und Ölrückständen, die von Hunderten aus Profitinteressen illegal gelenzter oder verunglückter Schiffe stammen, so stark verseucht, daß von einer anhaltenden Dauerschädigung der Meere und ihrer Organismen gesprochen werden muß.

Die Bedrohung mariner Ökosysteme durch starke Wärmeeinflüsse, von Kraftwerken oder anderen Industrieanlagen induziert, ist in den Tropen besonders hoch. Schon die natürliche Aufheizung flachen Lagunenwassers durch Sonneneinstrahlung führte dazu, daß in der Torres Strait in einem 150 m breiten Streifen vor der Küste keine Korallen wachsen. Ähnliche Erscheinungen findet man im Ano-Atoll, vor Turky Point in Florida, vor Guam und Hawaii.

Viele Länder und Inseln, von Korallenriffen gesäumt, leiden unter Wassermangel. Arabische und afrikanische Staaten, die USA und andere sind deshalb bemüht, das Defizit durch Gewinnung von Süßwasser aus dem Meer zu kompensieren. Die hierfür notwendigen Wasserentsalzungsanlagen erhöhen durch Salzlaken und Kühlwasser nicht nur Salinität und Temperatur im Einflußgebiet, sie leiten gleichzeitig giftige Metalle, wie Kupfer, Zink und Nickel, ein. Ihre größere Dichte läßt die Abwässer unglücklicherweise direkt über den Grund fließen. Obwohl einige Korallenarten einen Salzgehalt bis zu 48‰ vertragen, gehen die meisten bei Salinitätserhöhungen zugrunde. Gorgonien sind noch empfindlicher. Das Zusammenwirken der verschiedenen Faktoren kompliziert die Analyse der schädigenden Prozesse. Nur in einem von acht Fällen wurden prognostische ökologische Untersuchungen vor dem Bau einer Entsalzungsanlage angestellt.

Weltweit verbreitet ist der Einsatz von Pestiziden in der Landwirtschaft, um pflanzliche und tierische Schädlinge zu bekämpfen und die Erträge zu steigern. Ihr Einsatz hat immer katastrophale Folgen, weil nicht nur die Schädlinge, sondern die gesamte Organismenwelt in Mitleidenschaft gezogen wird. Pflanzenesser speichern giftige, schwer abbaubare Derivate, chlorierte Kohlenwasserstoffe, in ihrem Gewebe, die dann an Kleintieresser, Räuber und Aasvertilger weitergegeben werden. Da Regen und Flüsse die Pestizide in das Meer schwemmen, sind sie weltweit verbreitet; selbst in der Leber antarktischer Fische wurden sie nachgewiesen. Natürlich wirken sie auch auf Menschen giftig. Manche Länder, die die Verwendung von Pestiziden wegen ihrer nachhaltigen schädigenden Wirkung verboten haben, produzieren diese jedoch weiter und exportieren sie in andere Staaten, so daß auch heute noch ihre Weiterverbreitung anhält. Über die Wirkung chlorierter Kohlenwasserstoffe auf Korallen ist wenig bekannt, doch wissen wir, daß sie unter ihrem Einfluß die Atmungsrate erhöhen, während die Photosyntheserate sinkt. Gefährliche Pestizidmengen in Lagunen und Atollen stammen meist aus angrenzenden Küstengebieten. Etwa 20 t Fische verendeten am 17. 4. 1970 an ihnen in der Truk-Lagune. Sechs Menschen, die diese vergifteten Fische gegessen hatten, erkrankten lebensgefährlich.

Atombombenexplosionen wirken sowohl mechanisch als auch durch Strahlungen vernichtend auf die Korallenriffe und Meeresorganismen. Zwangsläufig wird das gesamte Nahrungsnetz in einem Umkreis von mehreren hundert Kilometern radio-

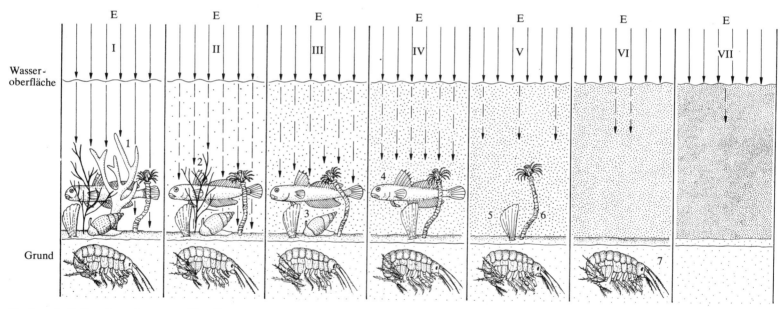

51 Je mehr Sedimente, anthropogene Abstoffe, Pestizide und andere Giftstoffe in das Meer gelangen, desto mehr Lebewesen sterben ab (I–VII). In VII vermögen nur noch anaerobe Bakterien, die stinkenden Schwefelwasserstoff produzieren, zu existieren. E = Sonnenenergiezufuhr

1 Korallen mit Zooxanthellen als Zooplanktonesser und Primärproduzent, 2 Algen als Primärproduzent, 3 Schnecke als Pflanzenesser, 4 Grundel als Fleischesser, 5 und 6 Muschel und Röhrenwurm als Planktonesser, 7 Flohkrebs als Detritusesser
Die Korallen sterben zuerst.

aktiv verseucht, im Falle des Bikini-Atolls waren es 240 km. Das hat für den Menschen durch Sperrung Tausender Quadratkilometer Fischgründe – vier Jahre im Falle des Rongelap-Atolls – harte Konsequenzen. Wegen der Komplexität der atmosphärischen und ozeanischen Strömungen läßt sich überdies die geographische Ausbreitung radioaktiver Verseuchungen kaum vorausbestimmen. Nach Zerstörung der Riffe verläuft die Wiederbesiedlung mit Korallen offensichtlich unter Reduzierung der Artenzahl, wie im Eniwetok-Atoll festgestellt wurde. Im Bikini-Atoll wurden durch Atombombenexperimente drei Inseln zerstört. Durch die fortlaufenden Nuklearwaffenexperimente wurde das Mururoa-Atoll bereits so deformiert, daß sein völliges Kollabieren und Absinken nicht mehr auszuschließen ist.

Blaualgen sind oft Erstbesiedler abgestorbener Riffsubstrate und toter Korallenskelette. Normalerweise eßbare Fische, die die Algenmassen abweiden, weisen häufig eine Toxizität, bekannt als Ciguatera, auf. Menschen, die solche Fische essen, erkranken und können sterben. Man vermutet, daß die Cyanophyceen die Auslöser sind. Bagnis wies nach, daß Ciguatera sich mit fortschreitender Zerstörung eines Korallenriffs wahrscheinlich deshalb verstärkt ausbreitet, weil sich dann in steigendem Maße Blaualgen ansiedeln.

Die Dezimierung von Rifflebewesen durch kommerzielles Sammeln von Korallen, Muscheln, Schnecken und durch den Fang von Aquarienfischen ist unter anderem vor Ostafrika, im Roten Meer, in Malaysia, Indonesien, Tahiti, Florida, den Bahamas und Philippinen weit verbreitet. Anstelle von wirkungslosen, weil unkontrollierten Sammelverboten sollten besser, wie von den Mitgliedsländern der Konvention über internationalen Handel mit bedrohten Arten angestrebt wird, auch dem Handel mit Korallen wirksame Beschränkungen auferlegt werden. In den Riffen Floridas ist das kommerzielle Sammeln von Korallen verboten. Trotzdem werden sie lastwagenweise, angeblich von den Bahamas stammend, angeboten. Ganze Schiffsladungen Korallen, Schnecken und Muscheln werden aus den Philippinen und anderen pazifischen Riffgebieten für den Verkauf in die USA importiert. Geschäfte, die Meeresorganismen in ihrem Angebot führen, findet man in aller Welt.

Der Mensch, erst vor 3-4 Millionen Jahren als Evolutionsergebnis aus unverfälschter Natur entstanden, ist auch heute ein Teil des Naturganzen, wenngleich Zivilisation und Technik ihm eine gewisse Eigenständigkeit und Unabhängigkeit verleihen und zu kurzsichtigen Handlungen führen mögen. Der Mensch wird nie ohne Sauerstoff, Wasser und Nahrung leben können – das sollte jeder wissen. Sauerstoff, Wasser und Nahrung aber gab es nicht seit eh und je auf der Erde. Auch sie sind erst im Verlaufe der Entwicklungsgeschichte entstanden und werden fortlaufend von der Natur regeneriert: der Sauerstoffanteil der Luft von den grünen Pflanzen auf dem Land und im Wasser, das Wasser durch den Kreislauf von den Ozeanen und über die Wolken zum Regen, die Nahrung durch die Fortpflanzung und Vermehrung der Lebewesen.

Werden Luft und Wasser verseucht, gehen alle lebenden Wesen zugrunde – auch der Mensch. Er weiß das, trotzdem verseucht er die Natur weiter mit giftigen Abgasen, Industrieabfällen, Stadtabwässern, Pestiziden und Ölrückständen, mit Bauschutt, Schmutz, Asche und radioaktiven Substanzen. Luft und Wasser verbreiten all die Tod und Verderben bringenden Produkte bis in die entferntesten Winkel der Erde. Ich sah die verschiedensten Tiere scharenweise vergiftet und krepiert auf dem Meeresgrund liegen und im Wasser treiben. Ich sah, wie Seeschwalben und Möwen sich auf sie stürzten und sie verspeisten. Und ich sah Tausende von Seevögeln, dann selbst vergiftet, tot auf der Wasseroberfläche und am Ufer des Meeres. Doch der Mensch mordet weiter. Neben den vielen auffallenden schädlichen Abstoffen stellt insbesondere die Kriegsindustrie in Massen schädliche Produkte her: Atomwaffen, Entlaubungsherbizide, Nervengifte – wer weiß, was noch, die es alle wenigstens zu erproben gilt.

Der Mensch beherrscht in keiner Weise die Natur. Er kann bestenfalls lernen, sie so weit zu seinem Nutzen zu verändern, daß sie in ihrem Grundgefüge und in ihrem ökologischen Gleichgewicht nicht gestört wird. Dazu ist es noch nicht zu spät, doch muß die Menschheit schnell begreifen und handeln, wenn sie den Untergang des gesamten aufeinander abgestimmten biologischen Gefüges der Erde noch abwenden will.

Sieh das Korallenriff! Es ist voller Leben, voller Üppigkeit, voller Energien. Es ist vielfältig, faszinierend bunt und schön. Und es ist uns überdies nützlich. Aber es befindet sich in Gefahr. Bereitet ihm schon die Natur mit entfesselten Zyklonen, gewaltigen Brechern, tiefgreifenden Abrasionen und nie endenden Sedimentationen keine leichte Existenz, wird seine Zerstörung durch des Menschen Unverstand um ein Mehrfaches beschleunigt. Tausende Quadratkilometer Korallenriff fielen bis heute bereits Sprengungen, Baumaßnahmen und Bombenexperimenten, Fabriken, Entsalzungsanlagen und Wärmekraftwerken, Abwasser-, Gift- und Ölpest zum Opfer und verödeten durch Sammel- und Schießwut. So beschämend diese Handlungen und ihre Folgen für die Menschheit sind, die allein die Verantwortung für die Zerstörungen trägt, sind doch bisher „nur" lokale Schäden sichtbar. Bei der anhaltenden Verschmutzung der Weltmeere ist jedoch der Tag nicht mehr fern, da das Leben in ihnen kollabiert. Die empfindlichen Korallenriffe werden zu den ersten großen Toten zählen. Wollen wir sie erhalten, müssen wir sowohl die weitere Verschmutzung der Weltmeere als auch die lokale Zerstörung der Riffe verhindern.

Nicht nur die rücksichtslose Jagd nach Profit, sondern auch Unkenntnis der biologischen Zusammenhänge bringen sie in Gefahr. So wurde dieses Buch geschrieben, um des Verständnisses für eine der schönsten und reichsten Lebensgemeinschaften unserer Erde willen. Möge es dazu beitragen, die Korallenriffe zu retten und zu bewahren.

System und Verbreitung der rezenten Steinkorallen (Scleractinia)

Die fortlaufenden Zahlen bezeichnen die Gattungen, die Meterangaben, soweit bekannt, die bathymetrische, alle übrigen Abkürzungen die geographische Verbreitung: Atl = Atlantik, AuMi = Austral-asiatische Mittelmeere, Indopaz = Indopazifik, Kar = Karibik, amerikanische Mittelmeere, Kos = kosmopolitisch, Mi = Mittelmeer, N = Nord, O = Ost, Paz = Pazifik, RM = Rotes Meer, S = Süd, W = West

Ordnung:

Scleractinia BOURNE 1900

Unterordnung:
Astrocoeniina VAUGHAN & WELLS 1943

Familie: Astrocoeniidae KOBY 1890
1. Actinastrea D'ORBIGNY 1849; Kos
2. Stephanocoenia EDWARDS & HAIME 1848; Kar, 0–95 m
3. Stylocoeniella YABE & SUGIYAMA 1935; Indopaz, 0–58 m

Familie: Thamnasteriidae VAUGHAN & WELLS 1943
4. Psammocora DANA 1846; Indopaz 0–140 m

Familie: Pocilloporidae GRAY 1842
5. Madracis EDWARDS & HAIME 1849; Kar-Indopaz, 1–708 m
6. Palauastrea YABE & SUGIYAMA 1941; WPaz, 1–10 m
7. Pocillopora LAMARCK 1815; Indopaz, 0–78 m
8. Seriatopora LAMARCK 1816; Indopaz, 0–55 m
9. Stylophora SCHWEIGGER 1816; Indopaz, 0–70 m

Familie: Acroporidae VERRILL 1902
10. Acropora OKEN 1815; Kar-Indopaz, 0–50 m
11. Anacropora RIDLEY 1884; Indopaz
12. Astreopora BLAINVILLE 1830; Indopaz, 1–20 m
13. Montipora QUOY & GAIMARD 1830; Indopaz, 0–266 m

Unterordnung:
Fungiina VERRILL 1865

Überfamilie:
Agariciicae GRAY 1847
Familie: Agariciidae GRAY 1847
14. Agaricia LAMARCK 1801; Kar, 0–86 m
15. Coeloseris VAUGHAN 1918; Indopaz, 0–22 m
16. Domoseris QUELCH 1886; Indopaz
17. Gardineroseris SCHEER & PILLAI 1974; Indik, 0–40 m
18. Leptoseris EDWARDS & HAIME 1849; Kar-Indopaz, 0–165 m
19. Pachyseris EDWARDS & HAIME 1849; Indopaz, 3–203 m
20. Pavona LAMARCK 1801; Indopaz, 0–78 m

Familie: Siderastreidae VAUGHAN & WELLS 1943
21. Anomastraea MARENZELLER 1901; Indopaz
22. Coscinaraea EDWARDS & HAIME 1848; Indopaz, 1–270 m
23. Craterastrea HEAD 1982; RM
24. Horastrea PICHON 1971; WIndik, 0–40 m
25. Pseudosiderastrea YABE & SUGIYAMA 1935; WPaz, 1–15 m
26. Siderastrea BLAINVILLE 1830; WIndik-Kar, 0–70 m

Überfamilie:
Fungiicae DANA 1846
Familie: Fungiidae DANA 1846
27. Ctenactis AGASSIZ 1860; Indopaz, 0–25 m
28. Cycloseris EDWARDS & HAIME 1849; Indopaz, 2–463 m
29. Diaseris EDWARDS & HAIME 1849; Indik-WPaz, 5–30 m
30. Fungia LAMARCK 1801; Indopaz, 0–60 m
31. Fungiacyathus SARS 1872; Kos, 283–5872 m
32. Halomitra DANA 1846; Indopaz, 1–35 m
33. Heliofungia WELLS 1966; Indik-WPaz, 1–30 m
34. Herpetoglossa WELLS 1966; Indopaz, 0–25 m
35. Herpolitha ESCHSCHOLTZ 1825; Indopaz, 0–40 m
36. Lithophyllon REHBERG 1892; Indopaz, 0–22 m
37. Parahalomitra WELLS 1937; Indopaz, 0–20 m
38. Podabacia EDWARDS & HAIME 1849; Indopaz, 0–50 m
39. Polyphyllia QUOY & GAIMARD 1833; Paz, 2–15 m
40. Sandalolitha QUELCH 1884; Indopaz, 0–27 m
41. Zoopilus DANA 1846; Paz

Familie: Micrabaciidae VAUGHAN 1905
42. Leptopenus MOSELEY 1881; SAtl-Kar-SIndopaz, 2000–3566 m
43. Letepsammia YABE & EGUCHI 1932; SPaz, 143–192 m
44. Micrabacia EDWARDS & HAIME 1849; Kos
45. Stephanophyllia MICHELIN 1841; WPaz, 10–283 m

Überfamilie:
Poriticae GRAY 1842
Familie: Poritidae GRAY 1842
46. Alveopora BLAINVILLE 1830; Indopaz, 0–70 m
47. Goniopora BLAINVILLE 1830; Indopaz, 1–35 m
48. Napopora QUELCH 1886; Paz, 1–40 m
49. Porites LINK 1807; Kos, 0–72 m
50. Synaraea VERRILL 1864; Indopaz, 0–70 m

Unterordnung:
Faviina VAUGHAN & WELLS 1943

Überfamilie:
Faviicae GREGORY 1900
Familie: Faviidae GREGORY 1900
Unterfamilie: Faviinae GREGORY 1900
51. Astraeosmilia ORTMANN 1892; WIndik
52. Barabattoia YABE & SUGIYAMA 1941; Paz
53. Bikinastrea WELLS 1954; Paz
54. Caulastraea DANA 1846; Indopaz. 0–35 m
55. Colpophyllia EDWARDS & HAIME 1848; Kar, 0–55 m
56. Diploria EDWARDS & HAIME 1848; Kar, 0–43 m
57. Erythrastrea PICHON, SCHEER & PILLAI 1981; RM
58. Favia OKEN 1815; Kos, 0–100 m
59. Favites LINK 1807; Indopaz, 0–50 m
60. Goniastrea EDWARDS & HAIME 1848; Indopaz, 0–80 m
61. Hydnophora FISCHER 1807; Indopaz, 0–55 m
62. Leptoria EDWARDS & HAIME 1848; Indopaz, 0–35 m
63. Manicina EHRENBERG 1834; Kar, 0–65 m
64. Montigyra MATTHAI 1928; Indik
65. Oulophyllia EDWARDS & HAIME 1848; Indopaz, 2–57 m
66. Platygyra EHRENBERG 1834; Indopaz, 0–40 m

Unterfamilie: Montastreinae VAUGHAN & WELLS 1943
67. Cladocora EHRENBERG 1834; Mi-Atl-Kar-OPaz, 0–600 m
68. Cyphastrea EDWARDS & HAIME 1848; Indopaz, 0–81 m
69. Diploastrea MATTHAI 1914; Indopaz, 0–25 m
70. Echinopora LAMARCK 1816; Indopaz, 0–50 m
71. Leptastrea EDWARDS & HAIME 1848; Indopaz, 0–76 m

72. Montastrea BLAINVILLE 1830; Kar-Indopaz, 0–95 m
73. Oulastrea EDWARDS & HAIME 1848; Indopaz, 10 m
74. Plesiastrea EDWARDS & HAIME 1848; Indopaz
75. Solenastrea EDWARDS & HAIME 1848; Kar-OPaz, 0–23 m

Familie: Trachyphylliidae VERRILL 1901
76. Callogyra VERRILL 1902; Paz
77. Moseleya QUELCH 1884; WPaz, 0–25 m
78. Trachyphyllia EDWARDS & HAIME 1848; Indik-WPaz, 0–46 m

Familie: Rhizangiidae D'ORBIGNY 1851
79. Astrangia EDWARDS & HAIME 1848; NAtl-Mi-Kar-WPaz, 0–150 m
80. Cladangia EDWARDS & HAIME 1851; Indik
81. Colangia POURTALÈS 1871; Kar, 3–95 m
82. Culicia DANA 1846; Indopaz, 10–100 m
83. Oulangia EDWARDS & HAIME 1848; Indopaz, 0–54 m
84. Phyllangia EDWARDS & HAIME 1848; Mi-Atl-Kar-OPaz, 0–793 m

Familie: Oculinidae GRAY 1847
Unterfamilie: Oculininae GRAY 1847
85. Archohelia VAUGHAN 1919; WPaz, 3–4 m
86. Bathelia MOSELEY 1881; SAtl
87. Cyathelia EDWARDS & HAIME 1849; Indopaz, 15–812 m
88. Madrepora LINNÉ 1758; Kos, 53–2 700 m
89. Neohelia MOSELEY 1881; Paz, 91–115 m
90. Oculina LAMARCK 1816; Atl-Mi-Kar-Paz, 0–260 m
91. Sclerhelia EDWARDS & HAIME 1850; SAtl-Indopaz

Unterfamilie: Galaxeinae VAUGHAN & WELLS 1943
92. Acrhelia EDWARDS & HAIME 1849; WPaz, 0–25 m
93. Galaxea OKEN 1815; Indopaz, 0–60 m
94. Simplastrea UMBGROVE 1939; AuMi

Familie: Meandrinidae GRAY 1847
Unterfamilie: Meandrininae GRAY 1847
95. Ctenella MATTHAI 1928; Indik
96. Goreaugyra WELLS 1973; Kar, 26–30 m
97. Meandrina LAMARCK 1801; WAtl-Kar, 0–80 m

Unterfamilie: Dichocoeniinae VAUGHAN & WELLS 1943
98. Dendrogyra EHRENBERG 1834; Kar, 2–20 m
99. Dichocoenia EDWARDS & HAIME 1848; Kar, 0–47 m

Familie: Merulinidae VERRILL 1866
100. Boninastraea YABE & SUGIYAMA 1935; Paz
101. Clavarina VERRILL 1864; WPaz, 0–35 m
102. Merulina EHRENBERG 1834; Indopaz, 0–35 m
103. Scapophyllia EDWARDS & HAIME 1848; OIndik-WPaz, 1–25 m

Familie: Mussidae ORTMANN 1890
104. Acanthastrea EDWARDS & HAIME 1848; Indopaz, 0–40 m
105. Acanthophyllia WELLS 1937; Indopaz, 16–75 m
106. Blastomussa WELLS 1961; Indopaz, 0–50 m
107. Cynarina BRUEGGEMANN 1877; Indopaz, 0–75 m
108. Homophyllia BRUEGGEMANN 1877; WPaz, 0–5 m
109. Isophyllastraea MATTHAI 1928; Kar, 1–20 m
110. Isophyllia EDWARDS & HAIME 1851; Kar, 1–10 m
111. Lobophyllia BLAINVILLE 1830; Indopaz, 0–55 m
112. Mussa OKEN 1815; Kar, 1–59 m
113. Mussismilia ORTMANN 1890; WAtl
114. Mycetophyllia EDWARDS & HAIME 1848; Kar, 1–76 m
115. Scolymia EDWARDS & HAIME 1852; Kar-Indopaz, 0–140 m
116. Symphyllia EDWARDS & HAIME 1848; Indopaz, 0–40 m

Familie: Pectiniidae VAUGHAN & WELLS 1943
117. Echinophyllia KLUNZINGER 1879; Indopaz, 0–180 m
118. Mycedium OKEN 1815; Indopaz, 0–70 m
119. Oxypora SAVILLE-KENT 1871; Paz, 0–35 m
120. Pectinia OKEN 1815; Indopaz, 0–40 m
121. Physophyllia DUNCAN 1884; Paz, 35 m

Familie: Anthemiphylliidae VAUGHAN 1907
122. Anthemiphyllia POURTALÈS 1878; Kar-Indopaz, 50–732 m
123. Bathytrochus GRAVIER 1915; Atl, 4 023 m

Unterordnung:
Caryophylliina VAUGHAN & WELLS 1943

Überfamilie:
Caryophylliicae GRAY 1847
Familie: Caryophylliidae GRAY 1847
Unterfamilie: Caryophylliinae GRAY 1847
124. Aulocyathus MARENZELLER 1904; WIndik, 366–1 350 m
125. Bathycyathus EDWARDS & HAIME 1848; NAtl-Kar-OPaz, 55–165 m
126. Caryophyllia LAMARCK 1801; Kos, 0–3 100 m
127. Ceratotrochus EDWARDS & HAIME 1848; Kos, 7–732 m
128. Concentrotheca CAIRNS 1979; NAtl-Kar, 183–800 m
129. Coenocyathus EDWARDS & HAIME 1848; NAtl-Kar-OPaz, 0–732 m
130. Cyathoceras MOSELEY 1881; Kar-SAtl-Indopaz, 220–1 372 m
131. Dasmosmilia POURTALÈS 1880; Atl-Kar-RM, 48–600 m
132. Deltocyathoides YABE & EGUCHI 1932; WPaz, 91–355 m
133. Deltocyathus EDWARDS & HAIME 1848; Kos, 13–4 480 m
134. Fragilocyathus YABE & EGUCHI 1932; WPaz, 84–289 m
135. Heterocyathus EDWARDS & HAIME 1848; Indopaz, 11–658 m
136. Lachmaeotrochus ALCOCK 1902; AuMi, 366–530 m
137. Labyrinthocyathus CAIRNS 1979; Kar, 385–810 m
138. Lophosmilia EDWARDS & HAIME 1848; Atl-Paz, 58–366 m
139. Nomlandia DURHAM & BARNARD 1952; OPaz, 80–90 m
140. Oxysmilia DUCHASSAING 1870; Kar, 46–640 m
141. Paracyathus EDWARDS & HAIME 1848; Kos, 0–2 000 m
142. Polycyathus DUNCAN 1876; Atl-WIndik, 20–73 m
143. Stephanocyathus SEGUENZA 1864; Kos, 141–2 235 m
144. Tethocyathus KÜHN 1933; Kar-Indik-AuMi, 13–888 m
145. Trochocyathus EDWARDS & HAIME 1848; 32–2 510 m
146. Vaughanella GRAVIER 1915; NAtl, 545–3 013 m

Unterfamilie: Turbinoliinae EDWARDS & HAIME 1848
147. Conocyathus D'ORBIGNY 1849; Indopaz, 59–73 m
148. Cylindrophyllia YABE & EGUCHI 1937; Paz, 260 m
149. Dunocyathus TENISON-WOODS 1878; WPaz, 82–457 m
150. Holcotrochus DENNANT 1902; WPaz, 10–41 m
151. Idiotrochus WELLS 1936; WPaz
152. Kionotrochus DENNANT 1906; Paz, 48–470 m
153. Notocyathus TENISON-WOODS 1880; NAtl-WPaz, 55–835 m
154. Peponocyathus GRAVIER 1915; Atl-Kar-Paz, 110–1 097 m
155. Platytrochus EDWARDS & HAIME 1848; Paz, 27–130 m
156. Sphenotrochus EDWARDS & HAIME 1848; Kos, 15–274 m
157. Trematotrochus TENISON-WOODS 1879; Kar-Paz, 27–576 m
158. Tropidocyathus EDWARDS & HAIME 1848; Indopaz, 11–480 m
159. Turbinolia LAMARCK 1816; Atl-Kar, 183–567 m

Unterfamilie: Desmophyllinae VAUGHAN & WELLS 1943
160. Dactylotrochus WELLS 1954; Paz, 75–135 m
161. Desmophyllum EHRENBERG 1834; Kos, 0–3 100 m
162. Gemmulatrochus DUNCAN 1878; NOAtl-Mi
163. Lophelia EDWARDS & HAIME 1849; Atl-Indopaz, 60–2 875 m
164. Thalamophyllia DUCHASSAING 1870; Atl-Mi-Kar, 18–1 317 m

Unterfamilie: Parasmiliinae VAUGHAN & WELLS 1943
165. Anomocora STUDER 1878; Atl-Kar-AuMi, 50–576 m
166. Asterosmilia DUNCAN 1867; NAtl-Kar, 32–1 435 m
167. Coenosmilia POURTALÈS 1874; NAtl-Kar, 109–2 237 m
168. Dendrosmilia EDWARDS & HAIME 1848; NPaz, 178 m
169. Goniocorella YABE & EGUCHI 1932; Indik-WPaz, 55–690 m
170. Parasmilia EDWARDS & HAIME 1848; Kos, 313–366 m
171. Phacelocyathus CAIRNS 1979; Kar, 22–560 m
172. Pourtalosmilia DUNCAN 1884; NAtl.-Mi, 110–300 m

173. Rhizosmilia CAIRNS 1978; Kar, 123–355 m
174. Solenosmilia DUNCAN 1873; Atl-Kar-Indopaz, 220–3 465 m

Unterfamilie: Eusmiliinae EDWARDS & HAIME 1857

175. Catalaphyllia WELLS 1971; Indik-WPaz, 2–50 m
176. Euphyllia DANA 1846; Indopaz, 0–35 m
177. Eusmilia EDWARDS & HAIME 1848; Kar, 0–65 m
178. Gyrosmilia EDWARDS & HAIME 1851; RM
179. Nemenzophyllia HODGSON & ROSS 1981, WPaz, 15 m
180. Physogyra QUELCH 1884; Indopaz, 0–25 m
181. Plerogyra EDWARDS & HAIME 1848; Indopaz, 0–45 m

Überfamilie:
Flabellicae BOURNE 1905

Familie: Flabelliidae BOURNE 1905

182. Flabellum LESSON 1831; Kos, 3–3 183 m
183. Gardineria VAUGHAN 1907; SAtl-Kar-Paz, 10–700 m
184. Javania DUNCAN 1876; NAtl-Mi-Kar, 86–2 165 m
185. Monomyces EHRENBERG 1834; NAtl-Mi-Indopaz, 27–1 047 m
186. Placotrochides ALCOCK 1902; NAtl-Kar, 497–1 300 m
187. Placotrochus EDWARDS & HAIME 1848; NAtl-Kar-Indopaz, 265–1 300 m
188. Polymyces CAIRNS 1979; NWAtl, 75–798 m

Familie: Guyniidae HICKSON 1910

189. Guynia DUNCAN 1873; Mi-Kar-WIndik-WPaz, 3–658 m
190. Pourtalocyathus CAIRNS 1979; Kar, 349–1 200 m
191. Schizocyathus POURTALÈS 1874; Atl-Kar, 88–1 445 m
192. Stenocyathus POURTALÈS 1871; Atl-Mi-Kar-WPaz, 80–1 229 m

Unterordnung:
Dendrophylliina VAUGHAN & WELLS 1943

Familie: Dendrophylliidae GRAY 1847

193. Astroides QUOY & GAIMARD 1827; Mi, 0–85 m
194. Balanophyllia S. WOOD 1884; Kos, 0–1 150 m
195. Bathypsammia MARENZELLER 1906; WAtl-Kar, 210–1 079 m
196. Cladopsammia LACAZE-DUTHIERS 1897; Mi, 12–50 m
197. Coenopsammia EDWARDS & HAIME 1848; Indopaz, 0–200 m
198. Dendrophyllia BLAINVILLE 1830; Kos, 0–1 372 m
199. Duncanopsammia WELLS 1936; WPaz, 1–25 m
200. Enallopsammia MICHELOTTI 1871; NAtl-Kar-Indopaz, 229–3 389 m
201. Endopachys LONSDALE 1845; Indopaz, 37–604 m
202. Endopsammia EDWARDS & HAIME 1848; SAtl-Mi-Indopaz, 2–91 m
203. Heteropsammia EDWARDS & HAIME 1848; Indopaz, 11–192 m
204. Leptopsammia EDWARDS & HAIME 1848; NAtl-Mi, 3–1 385 m
205. Notophyllia DENNANT 1899; WPaz, 37–457 m
206. Psammoseris EDWARDS & HAIME 1851; AuMi; 11–44 m
207. Rhizopsammia VERRILL 1869; NAtl-Indopaz, 0–200 m
208. Thecopsammia POURTALÈS 1868; NAtl-Kar-Paz, 0–1 097 m
209. Trochopsammia POURTALÈS 1878; Kar, 403–1 490 m
210. Tubastraea LESSON 1834; Kos, 0–1 463 m
211. Turbinaria OKEN 1815; Indopaz, 0–35 m

Anhang

Literatur

Adey, W. H., and I. G. Macintyre: Crustose coralline algae: a re-evaluation in the geological sciences. Geol. Soc. Amer. Bull. *84*, 883–904, 1973

Adey, W. H., and J. M. Vassar: Colonization succession and growth rates of tropical crustose coralline algae (Rhodophyta, Cryptonemiales). Phycologia *14*, 55–69, 1975

Allen, G. R.: Falter- und Kaiserfische, Bd. 2. Mergus Verlag, Melle, 1979

Bak, R. P. M., and G. van Eys: Predation of the sea urchin *Diadema antillarum* Philippi on living coral. Oecologia *20*, 111–115, 1975

Barlow, G. W.: On the sociobiology of some hermaphroditic serranid fishes, the hamlets, in Puerto Rico. Mar. Biol. *33*, 295–300, 1975

Bemert, G., and R. Ormond: Red Sea coral reefs. Kegan Paul International, London & Boston, 1981

Bennett, I.: The Great Barrier Reef. Lansdowne, Melbourne, 1971

Bouillon, J., and N. Houvenaghel-Crevecoeur: Etude monographique du genre *Heliopora* de Blainville. Ann. Mus. Roy. Afr. Centr. Tervuren, Ser. 8, Zool., *178*, 1–83, 1970

Bromley, R. G.: Bioerosion of Bermuda Reefs. Palaeogr. Palaeoclimat. Palaeoecol. *23*, 169–197, 1978

Castro, P.: Movements between coral colonies in *Trapezia ferruginea* (Crustacea, Brachyura), an obligate symbiont of scleractinian corals. Mar. Biol. *46*, 237–245, 1978

Coles, S. L., and P. L. Jokiel: Effects of temperature on photosynthesis and respiration in hermatypic coral. Mar. Biol. *43*, 209–216, 1977

Daly, R. A.: The glacial-control theory of coral reefs. Proc. Amer. Acad. Arts Sci. Boston *51*, 155–251, 1915

Dana, J. D.: Corals and Coral Islands. Low & Searle, London, 1875

Darwin, Ch.: On certain areas of elevation and subsidence in the Pacific and Indian Oceans, as deduced from the study of coral formations. Proc. Geol. Soc. London *2*, 552–554, 1837

Darwin, Ch.: Über den Bau und die Verbreitung der Corallen-Riffe. Schweizerbart'sche Verlagshandlung, Stuttgart, 1899

Dawson, E. Y.: Changes in Palmyra Atoll and its vegetation through the activities of man 1913–1958. Pacif. Nat. *1*, 1–51, 1959

Donaldson, L. R.: Radiobiological studies at the Eniwetok test site and adjacent areas of the western Pacific. Trans. 2. Seminar of Biol. Probl. in Water Pollution, Washington 1–7, 1960

Dustan, P.: Distribution of zooxanthellae and photosynthetic chloroplast pigments of the reef-building coral *Montastrea annularis* Ellis and Solander in relation to depth on a West Indian coral reef. Bull. Mar. Sci. *29*, 79–95, 1979

Eibl-Eibesfeldt, I.: Galapagos. Piper Verlag, München, o. J.

Eibl-Eibesfeldt, I.: Im Reich der tausend Atolle. Piper Verlag, München, 1964

Fishelson, L.: Ecology of the northern Red Sea crinoids and their epi- and endozoic fauna. Mar. Biol. *26*, 183–192, 1974

Fishelson, L., D. Popper and A. Avidor: Biosociology and ecology of pomacentrid fishes arround the Sinai peninsula (northern Red Sea). J. Fish. Biol. *6*, 119–133, 1974

Forster, G.: Reise um die Welt. Insel Verlag, Leipzig, o. J.

Franzisket, L.: Nitrate uptake by reef corals. Int. Revue ges. Hydrobiol. *59*, 1–7, 1974

Fricke, H. W.: Korallenmeer. Belser Verlag, Stuttgart, 1972

Fricke, H. W.: Öko-Ethologie des monogamen Anemonenfisches *Amphiprion bicinctus*. Z. Tierpsychol. *36*, 429–513, 1974

Fricke, H. W.: Sozialstruktur und ökologische Spezialisierung von verwandten Fischen (Pomacentridae). Z. Tierpsychol. *39*, 492–520, 1975

Fricke, H. W.: Bericht aus dem Riff. Piper Verlag, München u. Zürich, 1976

Fricke, H. W., and E. Vareschi: A scleractinian coral (*Plerogyra sinuosa*) with „photosynthetic organs". Mar. Ecol. Prog. Ser. *7*, 273–278, 1982

Frost, S. H., M. P. Weiss and J. B. Saunders (Hrsg.): Reefs and related carbonate-ecology and sedimentology. Amer. Ass. Petrol. Geol. Tulsa, 1977

Gardiner, J. S.: Coral reefs and atolls. Macmillan & Co., London, 1931

Gardiner, J. S.: Photosynthesis and solution in formation of coral reefs. Nature *127*, 857–858, 1931

Gohar, H. A. F., and G. N. Soliman: On the biology of three coralliophilids boring in living corals. Publ. Mar. Biol. Stat. Ghardaqa *12*, 99–126, 1963

Goreau, T. F.: The ecology of Jamaican reefs. I. Species composition and zonation. Ecology *40*, 67–90, 1959

Goreau, T. F.: On the relation of calcification to primary productivity in reef building organisms. In: H. M. Lenhoff and W. F. Loomis (Hrsg.), The Biology of Hydra and some other coelenterates. Univ. Miami Press, 269–285, 1961

Goreau, T. F., N. I. Goreau and C. M. Yonge: Reef corals: autotrophs or heterotrophs? Biol. Bull. *141*, 247–260, 1971

Grasshoff, M.: Polypen und Kolonien der Blumentiere Nat. Mus. *111*, 1–8, 29–45, 134–150, 1981

Graus, R. R., and I. G. Macintyre: Light control of growth form in colonial reef corals: computer simulation. Science *193*, 895–897, 1976

Hadfield, M. G.: Molluscs associated with living tropical corals. Micronesica *12*, 133–148, 1976

Hartman, W. D., and T. F. Goreau: Jamaican coralline sponges: Their morphology, ecology and fossil relatives. Symp. Zool. Soc. London *25*, 205–243, 1970

Hass, H.: Central subsidence. A new theory of atoll formation. Atoll Res. Bull. No. 91, 4 pp, 1962

Hoffmeister, J. E.: Land from the sea. Univ. Miami Press, Coral Gables, 1976

Holzberg, S.: Beobachtung einer Putzsymbiose zwischen der Garnele *Leandrites cyrtirhynchus* und Riffbarschen. Helgoländer wiss. Meeresunters. *22*, 362–365, 1971

Humboldt, A. v.: Ansichten der Natur. Cotta'sche Buchhandlung, Stuttgart, 1849

Humes, A. G.: Coral-inhabiting copepods from the Moluccas with a synopsis of cyclopoids, associated with scleractinian corals. Cah. Biol. Mar. *20*, 77–107, 1979

Johannes, R. E.: Pollution and degradation of coral reef communities. In: E. J. F. Wood and R. E. Johannes (Hrsg.), Tropical Pollution. Elsevier Oceanogr. Ser. *12*, 13–51, 1975

Jones, O. A., and R. Endean (Hrsg.): Biology and geology of coral reefs, 4 Bde., Academic Press, New York u. London, 1973–1977

Kawaguti, S.: On the physiology of reef corals. IV. The growth of *Goniastrea aspera* measured from numerical and areal increase of calyces. Palao Trop. Biol. Stat. Stud. Tokyo *2*, 309–317, 1941

Kesterman, F., and E. L. Towle: Caribbean weighs impact of stepped up oil industry activity. J. Marit. Law Commer. *4*, 517–523, 1973

Kohn, A. J.: Diversity, utilization of resources and adaptive radiation in shallow-water marine invertebrates of tropical oceanic islands. Limnol. Oceanogr. *16*, 332–348, 1971

Kühlmann, D. H. H.: Zur Anwendung der Direktbeobachtung in der Hydrobiologie mittels autonomer Tauchgeräte. Hidrobiol. (Bucureşti) *3*, 207–212, 1961

Kühlmann, D. H. H.: Die Korallenriffe Kubas. I. Genese und Evolution. Int. Revue ges. Hydrobiol. *55*, 729–756, 1970

Kühlmann, D. H. H.: Studien über physikalische und chemische Faktoren in kubanischen Riffgebieten. Acta Hydrophysica *15*, 105–152, 1970

Kühlmann, D. H. H.: Zur Methodik der Korallenriffuntersuchung. Wiss. Z. Humboldt-Univ., Math.-Nat. R. *20*, 697–705, 1971

Kühlmann, D. H. H.: Die nomographische Ermittlung von Sauerstoff-Sättigungskonzentration, Sauerstoff-Sättigungsindex und respiratorischem Wert in Süß-, Brack- und Meerwasser. Acta Hydrophysica *16*, 27–35, 1971

Kühlmann, D. H. H.: Die Korallenriffe Kubas. II. Zur Ökologie der Bankriffe und ihrer Korallen. Int. Revue ges. Hydrobiol. *56*, 145–199, 1971

Kühlmann, D. H. H.: Über Korallen und Korallenriffe des westlichen Indischen Ozeans und der karibischen Region – eine vergleichende Studie. J. Mar. Biol. Ass. India *14*, 512–523, 1972

Kühlmann, D. H. H.: Die Korallenriffe Kubas. III. Riegelriff und Korallenterrasse, zwei verwandte Erscheinungen des Bankriffs. Int. Revue ges. Hydrobiol. *59*, 305–325, 1974

Kühlmann, D. H. H.: The coral reefs of Cuba. Proc. Second Int. Coral Reef Symp. *2*, Brisbane, 69–83, 1974

Kühlmann, D. H. H.: Notes on the influence of particulate organic matter (POM) on light conditions at a coral reef of the Australian Great Barrier Reef. Int. Revue ges. Hydrobiol. *60*, 195–198, 1975

Kühlmann, D. H. H.: Charakterisierung der Korallenriffe vor Veracruz/Mexiko. Int. Revue ges. Hydrobiol. *60*, 495–521, 1975

Kühlmann, D. H. H.: Coral reefs – their importance and imperilment. UNESCO International postgraduate training course on ecosystem management. Techn. Univ. Dresden *5*, 4, 58–63, 1978

Kühlmann, D. H. H.: Coral associations and their value for paleontological research. Acta palaeont. Polon. *25*, 459–466, 1980

Kühlmann, D. H. H.: Darwin's coral reef research – a review and tribute. Mar. Ecol. *3*, 193–212, 1982

Kühlmann, D. H. H.: Composition and ecology of deepwater coral associations. Helgoländer Meeresunters. *36*, 183–204, 1983

Kühlmann, D. H. H., und H. Karst: Freiwasserbeobachtungen zum Verhalten von Tobiasfischschwärmen (Ammodytidae) in der westlichen Ostsee. Z. Tierpsychol. 24, 282–297, 1967

Kükenthal, W.: Octocorallia. In: W. Kükenthal und T. Krumbach (Hrsg.), Handbuch der Zoologie, Bd. I, 690–769, Berlin u. Leipzig, 1925

Lang, J. E.: Interspecific aggression by scleractinian corals. Bull. Mar. Sci. *21*, 952–959, 1971; *23*, 260 bis 279, 1973

Laporte, L. F. (Hrsg.): Reefs in time and space. Soc. Econ. Paleont. Mineral., Spec. Publ. No. 18, Tulsa, 1974

Lassig, B. R.: Communication and coexistence in a coral community. Mar. Biol. *42*, 85–92, 1977

Lauckner, G.: Diseases of Cnidaria. In: O. Kinne (Hrsg.), Diseases of Marine Animals *1*, 169–237. J. Wiley & Sons, Chichester, New York, Brisbane, Toronto, 1980

Lewis, J. B.: The effect of crude oil and an oil spill dispersant on reef corals. Mar. Pollut. Bull. *2*, 59 bis 62, 1971

Lorenz, K.: Nachwort. In: H. W. Fricke, Bericht aus dem Riff. Piper Verlag München u. Zürich, 235–240, 1976

Low, R. M.: Interspecific territoriality in a pomacentrid reef fish, *Pomacentrus flavicauda* Whitley. Ecology *52*, 648–654, 1971

Marsden, J. R.: The digestive tract of *Hermodice carunculata* (Pallas), Polychaeta: Amphinomidae. Can. J. Zool. *41*, 165–184, 1963

Mather, P., and I. Bennett: A coral reef handbook. G. B. R. C. Handbook Ser. No. 1, 1978

Maxwell, W. G. H.: Atlas of the Great Barrier Reef. Elsevier Publ. Amsterdam, 1968

Milliman, J. D.: Marine Carbonates. Springer Verlag, Berlin, Heidelberg, New York, 1974

Moosleitner, H.: Korallenriff im Mittelmeer. Delphin *21*, 13–15, 1974

Müller, A. H.: Lehrbuch der Paläozoologie *2*, Invertebraten, Tl. 1, Protozoa-Mollusca 1. Fischer Verlag, Jena, 1968

Myrberg, A. A. jr., and R. E. Thresher: Interspecific aggression and its relevance to the concept of territoriality in reef fishes. Amer. Zool. *14*, 81–96, 1974

Neumann, A. C.: Observations on coastal erosion in Bermuda and measurements of the boring rate of the sponge, *Cliona lampa*. Limnol. Oceanogr. *11*, 92–108, 1966

Ogden, J. R., R. Brown and N. Salesky: Grazing by the echinoid *Diadema antillarum* Philippi: Formation of halos around West Indian patch reefs. Science *182*, 715–717, 1973

Ormond, R. F. G.: Aggressive mimicry and other interspecific feeding associations among Red Sea coral reef predators. J. Zool. Lond. *191*, 247–262, 1980

Otter, G. W.: Rock-destroying organisms in relation to coral reefs. Sci. Rept. Great Barrier Reef Exped. 1928–1929, *1*, 323–352, 1937

Pax, F.: Hexacorallia. In: W. Kükenthal und T. Krumbach (Hrsg.), Handbuch der Zoologie, Bd. 1, 770–901, W. de Gruyter & Co., Berlin und Leipzig, 1925

Pearson, R. G.: Recovery and recolonization of coral reefs. Mar. Ecol. Prog. Ser. *4*, 105–122, 1981

Playford, P. E.: Australia's Stromatolite stronghold. Nat. Hist. *89*, 58–61, 1980

Popper, D., and L. Fishelson: Ecology and behavior of *Anthias squamipinnis* (Peters, 1855) (Anthiidae, Teleostei) in the coral habitat of Eilat (Red Sea). J. exp. Zool. *184*, 409–424, 1973

Potts, D. C.: Suppression of coral populations by filamentous algae within damselfish territories. J. exp. mar. Biol. Ecol. *28*, 297–316, 1977

Randall, J. E., and P. Guéze: The goatfish *Mulloidichthys mimicus* n. sp. (Pisces, Mullidae) from Oceania, a mimic of the snapper *Lutjanus kasmira* (Pisces, Lutjanidae). Bull. Mus. Nat. Hist., 4ᵉ Sér., *2*, 603–609, 1980

Randall, J. E., S. M. Head and A. P. L. Sanders: Food habits of the giant humphead wrasse, *Cheilinus undulatus* (Labridae). Env. Biol. Fish. *3*, 235–238, 1978

Randall, J. E., and G. Helfman: Diproctacanthus *xanthurus*, a cleaner wrasse from the Palau Islands, with notes on other cleaning fishes. Trop. Fish Hobbyist *20*, 87–95, 1972

Randall, J. E., and V. G. Springer: The monotypic Indo-Pacific labrid fish genera *Labrichthys* and *Diproctacanthus* with description of a new related genus, *Larabicus*. Proc. Biol. Sci. Washington *86*, 279–298, 1973

Reese, E. S.: Shell use: an adaptation for emigration from the sea by the coconut crab. Science *161*, 385–386, 1968

Riedl, R.: Marine ecology – a century of changes. Mar. Ecol. *1*, 3–46, 1980

Robertson, D. R.: Field observations on the reproductive behaviour of a pomacentrid fish, *Acanthochromis polycanthus*. Z. Tierpsychol. *32*, 319–324, 1973

Rudman, W. B.: The anatomy and biology of alcyonarian-feeding aeolid opisthobranch molluscs and their development of symbiosis with zooxanthellae. Zool. J. Linn. Soc. *72*, 219–262, 1981

Rützler, K., and G. Rieger: Sponge burrowing: fine structure of *Cliona lampa* penetrating calcareous substrata. Mar. Biol. *21*, 144–162, 1973

Russell, B. C., G. R. Anderson and F. H. Talbot: Seasonality and recruitment of coral reef fishes. Aust. J. Mar. Freshwater Res. *28*, 521–528, 1977

Russel, B. C., G. R. Allen and H. R. Lubbock: New cases of mimicry in marine fishes. J. Zool. Lond. *180*, 407–423, 1976

Sale, P. F.: Apparent effect of prior experience on a habitat preference exhibited by the reef fish, *Dascyllus aruanus* (Pisces: Pomacentridae). Anim. Behav. *19*, 251–256, 1971

Salvini-Plawen, L. V.: Cnidaria as food source for marine invertebrates. Cah. Biol. Mar. *13*, 385–400, 1972

Scheer, G.: Über die Methodik der Untersuchung von Korallenriffen. Z. Morph. Ökol. Tiere *60*, 105–114, 1967

Scheer, G., and C. S. G. Pillai: Report on the Scleractinia from the Nicobar Islands. Zoologica *122*, E. Schweizerbart'sche Verlagsbuchhandlung, Stuttgart, 1974

Schlichter, D.: Chemische Tarnung. Die stoffliche Grundlage der Anpassung von Anemonenfischen an Riffanemonen. Mar. Biol. *12*, 137–150, 1972

Schuhmacher, H.: Korallenriffe. BLV München, Bern, Wien, 1976

Schuhmacher, H.: Experimentelle Untersuchungen zur Anpassung von Fungiiden (Scleractinia, Fungiidae) an unterschiedliche Sedimentations- und Bodenverhältnisse. Int. Revue ges. Hydrobiol. *64*, 207–243, 1979

Sheppard, C. R. C.: Coral populations on reef slopes and their major controls. Mar. Biol. Prog. Ser. *7*, 83–115, 1982

Shinn, E. A.: Spur and groove formation on the Florida reef tract. J. Sed. Petrol. *33*, 291–303, 1963

Sorokin, Y. I.: Phytoplankton and planktonic bacteria in the ecosystem of coral reef. Z. obsc. Biol. *40*, 677–688, 1979

Steene, R. C.: Falter- und Kaiserfische, Bd. 1. Mergus-Verlag Melle, 1977

Stoddart, D. R., and R. E. Johannes (Hrsg.): Coral Reefs: research methods. UNESCO, Paris, 1978

Sverdloff, S. N.: The status of marine conservation in American Samoa. Regional Symp. Conserv. Nat., Reefs a. Lagoons, 25–28, 1973

Tardent, P.: Coelenterata, Cnidaria. In: F. Seidel (Hrsg.), Morphogenese der Tiere *1*, A–I. Fischer Verlag, Jena, 69–415, 1978

Thomassin, B. A.: Feeding behaviour of the felt-, sponge-, and coral-feeder sea stars, mainly *Culcita schmideliana*. Helgoländer wiss. Meeresunters. *28*, 51–65, 1976

Vaughan, T. W.: The results of investigations of the ecology of the Floridian and Bahaman shoal-water corals. Proc. Nat. Acad. Sci. Washington *2*, 95–100, 1916

Vine, P. J.: Effects of algal grazing and aggressive behaviour of the fishes *Pomacentrus lividus* and *Acanthurus sohal* on coral reef ecology. Mar. Biol. *24*, 131–136, 1974

Wells, J. W.: Scleractinia. In: R. C. Moore (Hrsg.), Treatise on Invertebrate Paleontology, Pt. F. Geol. Soc Amer., Univ. Kansas Press, 328–443, 1956

Wickler, W.: Vergleichende Verhaltensforschung und Phylogenetik. In: G. Heberer (Hrsg.), Die Evolution der Organismen *1*, 420–508. Fischer Verlag, Stuttgart, 1967

Wiens, H. J.: Atoll environment and ecology. Yale Univ. Press, New Haven u. London, 1962

Wood-Jones, F.: Coral and atolls. Lovell Reeve & Co., London, 1910

Wray, J. L.: Calcareous algae. Elsevier, Amsterdam, Oxford, New York, 1977

Yonge, C. M.: A year on the Great Barrier Reef. Putnam London, 1931

Yonge, C. M.: The biology of coral reefs. Advances Mar. Biol. *1*, 209–260, 1963

Yonge, C. M.: The nature of reef-building (hermatypic) corals. Bull. Mar. Sci. *23*, 1–15, 1973

Bildnachweis

(Die Zahlen weisen auf die fortlaufend numerierten Fotos des Buches hin)

Bak, R. P. M., Curaçao: 41
Fricke, H. W., Seewiesen: 5, 24
Harmelin, J. G., Marseille: 2
Heckel, K.-G., Schwerin: 43, 50, 52, 60, 83, 95, 102, 107, 115, 123, 127, 133, 138, 139, 142, 143, 151
Jacana, Paris: 145, 147
Johnson, S., Eniwetok Atoll: 39, 59, 113, 116, 141
Kühlmann, D. H. H., Berlin: 9–12, 14, 16, 17, 19, 23, 25, 26, 28–31, 33–38, 40, 42, 45–47, 51, 55–58, 64–67, 69–71, 73–76, 80–82, 84, 85, 87, 89–93, 96, 108–112, 118, 121, 122, 124, 125, 130, 132, 135, 137, 148–150, 152
Playford, P. E., Perth: 72
Rabe, K., Schwerin: 1, 3, 4, 18, 22, 48, 49, 86, 97, 104, 105, 117, 119, 120, 126, 129, 131
Reese, E. S., Honolulu: 77–79
Schmied, H./Bavaria, München: 63
Schöne, H., Woltersdorf: 7, 8, 20, 21
Schuhmacher, H., Essen: 13, 27, 32, 144, 146
Strulik, D., Rostock: 53, 101, 103, 106, 114, 128, 136
Tschiesche, K.-H., Stralsund: 6, 15, 44, 54, 61, 62, 88, 94, 98–100, 134, 140
ZEFA, Düsseldorf: 68

Wenn bei den Strichzeichnungslegenden nicht anders angegeben, stammen die Vorlagen vom Autor.

Sachwörterverzeichnis

Aasfresser 138
Abudefduf 106, 108, 109, 112, 124, 154, 155, 159, 169
Abwässer 173
Achsenskelett 10, 47
Acanthaster (Dornenkronen-Seestern) 125, 137, 140, 144
Acanthastrea (Indopazifische Kaktuskoralle) 20
Acrhelia (Dornenstrauchkoralle) 20
Acropora (Geweihkoralle, Schirmkoralle, Elchhornkoralle) 19, 23, 24, 33–36, 38–42, 57, 64, 73, 89, 90, 108, 109, 121, 125, 153, 169
Adaption 38, 41, 139, 143
Agaricia (Rillenkoralle) 19, 24, 39, 40–43, 64, 90
Aktinien 73, 96, 109, 111, 122, 128, 143, 153
Alcyonacea (Lederkorallen) 16, 46, 47, 64, 89, 90, 122, 123
Algen 24, 39, 80, 92, 95, 105, 159, 169, 174
Algen, koralline 44
Algenesser 124
Algen-Korallen-Symbiose 24 ff., 34, 35, 38, 80, 93, 153, 169
Allophryxus (Assel) 139
Alveopora (Schwammkoralle) 20, 22
Anemonenfisch 90, 106, 109, 153, 160
Anpassung 38, 40, 42, 93, 144, 155, 157, 169
Anthias (Funkenfische) 24, 64, 109, 122, 124, 137, 143, 154, 158
Anthozoa 15–17
Aragonit 15, 33, 44–46
Archaeocyathen 21
Archenmuschel 48, 96, 123
Artenzahl 94, 106, 175
Aspidontus (Schleimfische) 138, 143
Assel s. *Allophryxus*
Assimilation 33, 36
Astrangia (Stummelkoralle) 20, 42
Astreopora (Porensternkoralle) 19
Atlantik 22, 80, 89, 90
Atoll-Lagune 36, 48
Atombomben-Versuchsgelände 172, 174
Augenbinde, -fleck 64, 154 ff., 160
Augenkoralle s. *Oculina*
Auslese 38
Außenhang 41
autotroph 35

Bakterien 23, 92, 121, 154, 159, 173, 174
Ballonseestern 125, 153
Barrakuda 106, 112, 138, 142, 155
Bastardmakrele 141
Bathelia 20
Baumkoralle s. *Dendrophyllia*
Begleiter 41
Benth|al, -er, -os 95, 159, 169
Beutetier 127, 137

Biomasse 170
Biorhythmik 36, 48, 106 ff., 112, 138, 144, 171
Biostraten 93 ff.
Biotop 91, 159, 169
Biozönose 91, 94, 153, 159, 169, 174
Blasenkoralle s. *Plerogyra*
Blaue Koralle s. *Heliopora*
Blaukopfwrasse 153
Blumensternkoralle s. *Diploastrea*
Blumentiere 15
Blütensternkoralle s. *Psammocora*
Bödenkorallen s. Rugosa
Bohrorganismen 95, 121, 122
Borstenwürmer 92, 108, 110, 111, 122–126
Brandungszone 41, 105
Brunnenbauer 96, 156, 158
Brutpflege 140, 158
Bryozoen 21, 46, 47
Buckelfisch 106, 137, 142
Bukettkoralle s. *Euphyllia* u. *Eusmilia*

carnivor 124
Charakterarten, -formen 41
Chloroplasten 34
Chromis (Mönchsfische) 73, 106, 108, 109, 143, 153–156, 159, 160
Ciguatera 175
Cladocora (Röhrchenkoralle, Rasenkoralle) 20, 42, 73
Cnidaria 15, 16, 18
Cnidocil 18, 33
Coenothecalia 15, 16
Colpophyllia 20, 39
Coralliobia 139
Coralliocaris 139
Coralliophila 109, 124, 139
Corallium (Rote Koralle, Edelkoralle) 10–12, 24, 45
Coscinarea (Wulstkoralle) 19, 90
Cryptochirus 110, 122, 123
Ctenactis (Zungenkoralle) 19
Cubomedusa 15–17
Culicia (Stummelkoralle) 20
Cycloseris (Kleine Pilzkoralle) 19, 39
Cyphastrea (Kringelkoralle) 20, 42, 90

Dascyllus (Korallenbarsche) 106, 109, 112, 122, 159
Deckungsgrad 90
Dendrogyra (Kandelaberkoralle) 20, 41, 90, 169
Dendrophyllia (Baumkoralle) 20, 35
Detritusesser 122, 127, 159, 174
Devon 20, 22
Diadem-Seeigel 39, 57, 124, 125, 127, 128, 143, 156
Diaseris (Pilzkoralle) 39
Dichocoenia (Noppenkoralle) 20, 39, 41, 42
Diploastrea (Blumensternkoralle) 20
Diploria (Hirnkoralle) 20, 36, 41, 42, 48, 121
Dissimilation 36
Doldenkoralle 20, 23, 39, 48, 57
Doktorfisch 106, 112, 124, 125, 137, 143, 154
Dornenkronen-Seestern s. *Acanthaster*
Dornenstrauchkoralle s. *Acrhelia*
Drohen 64, 154 ff., 158
Drückerfisch 108, 112, 127, 128, 137, 141, 154, 156

Echinophyllia (Großblattkoralle) 20
Echinopora (Rauhsternkoralle) 20, 48, 90
Ecksternkoralle s. *Favites*

181

Edelkoralle s. *Corallium*
Eichelwürmer 111, 127
Eingeweidefisch 139
Einsackungstheorie 79
Einsiedlerkrebse 64, 73, 92, 96, 105, 110, 123, 160
Eiszeit 21, 22, 79, 89
Eiszeit-Theorie 78ff.
Ektosymbiose 143ff.
Elchhornkoralle s. *Acropora*
Endosymbiose 143, 144
Engelsfisch 124, 141, 160
Entenmuschel 110, 128
Epitoniidae 109, 139
Epizoen 140
Erdöl 170, 172, 173
Erstbesiedlung 94, 175
Euphyllia (Bukettkoralle) 20, 42
euryök 41, 160
Eusmilia (Bukettkoralle) 20
Eutrophierung 173
Evolution 169

Faltenkoralle s. *Manicina, Mycetophyllia* u. *Symphyllia*
Falterfisch 64, 121, 122, 125, 139, 143, 144, 153–155, 160
Favia (Sternkoralle) 20, 23, 24, 39, 41–43, 48, 90
Favites (Ecksternkoralle) 20
Feilenfisch 125, 156
Feinderkennen, -faktor 140ff.
Felderkoralle s. *Madracis*
Feuerfisch 96, 121, 138, 156, 160
Feuerkoralle s. *Millepora*
Fiederwurm 89, 110, 128
Filigrankoralle 15, 44ff., 64
Filtrierer 121, 123
Fische 92, 106, 112, 125, 142, 153
Flachwasser 21, 35
Flamingozunge 124
Fledermausfisch 105, 111, 112, 121
Flötenfisch 112, 155
Fluchtdistanz 109
Flügelschnecke 48, 96, 124
Flutwelle 39, 57
Folienkoralle s. *Turbinaria*
Foraminiferen 24, 47, 48
Fortpflanzung 157ff.
Fossoren 111
Freßpolypen 45, 46
Fuchsgesicht 125, 126
Fungia (Pilzkoralle) 17–19, 22, 23, 38, 39, 48, 110
Fungiacava 110, 139
Funkenfische s. *Anthias*
Füsilierfisch 106, 108, 112, 124, 142, 144, 154

Galaxea (Skalpellkoralle) 20, 22, 33, 43, 73, 90, 125
Gardineroseris (Wabenkoralle) 19, 43, 48
Garnele 92, 106, 108, 110, 111, 139, 140, 143, 169
Generationswechsel 15, 16, 45
geologische Uhr 36
Geschlechtsumkehr, -wechsel 158ff., 160
Geschmacksstoffe 156
Geweihkoralle s. *Acropora*
Gifte 18, 123, 124, 137, 138, 143, 156, 174
Gleichgewicht, biologisches, ökologisches 125, 140, 175
Goniastrea (Kränzchenkoralle) 20, 35, 57, 90, 125
Goniolithon 74

Goniopora (Porenkoralle) 20, 90
Gorgonacea (Hornkorallen) 16, 24, 47, 48, 64, 73, 80, 89, 90, 95, 123
Gorgonenhaupt 57, 123
Gräber 111
Griffelkoralle s. *Stylophora*
Großblattkoralle s. *Echinophyllia, Mycedium, Oxypora* u. *Physophyllia*
Großräuber 106, 128, 137
Großsternkoralle s. *Scolymia*
Grundel 96, 109, 112, 121, 122, 138, 141, 142, 144, 174
Grunzer 108, 112, 143, 144, 154
Gymnodinium 24
Gyrosmilia (Mäanderkoralle) 20, 24, 39, 42

Haarstern 57, 64, 73, 80, 89, 105, 106, 108, 122, 123, 156
Hai 106, 108, 112, 128, 138
Halfterfisch 106, 108, 126, 155
Halimeda (Pfennigalge) 44
Halomitra (Hutkoralle) 19, 42
Hapalocarcinus 110, 123
„Hassen" 141
Heliopora (Blaue Koralle) 15, 22, 24, 45, 46
Helmschnecke 48, 96, 137
hemisessil 110, 123
Hemmungs- und Verzögerungstheorie 79
herbivor 124, 159
Hermodice (Borstenwürmer) 125
Herpolitha (Zungenkoralle) 19
Herzogfisch 158
Hexacorallia 15, 16
Hirnkoralle 20, 23, 36, 39, 41–43, 48, 57, 121
Homometra 47, 48
Hornkoralle s. *Gorgonacea*
Hüpferling 92, 109, 112, 127, 139, 140
Hutkoralle s. *Halomitra* u. *Parahalomitra*
Hydnophora (Pickelkoralle) 20, 22, 90
Hydrokoralle 45, 123
Hydrozoa 15–17, 44, 95, 128

Igelfisch 122, 127, 156, 160
Imperforata 35
Indopazifik 22, 80, 89, 90
Indopazifische Kaktuskoralle s. *Acanthastrea*
Isophyllastrea (Atlantische Kaktuskoralle) 20
Isophyllia (Kaktuskoralle) 20, 41, 42

Jagdgemeinschaft 142
Jura 21

Käferschnecke 92, 105
Kaiserfisch 90, 105, 112, 124, 137, 154, 160
Kaktuskoralle s. *Isophyllia*
Kalk 15, 24, 34, 35, 44, 57, 105, 121, 170
Kalkalgen 44, 64, 73, 74, 110
Kalknadeln 10, 58, 89
Kalkskelett 15
Kalmare 92, 106, 121, 138
Kalzit 33, 44
Kalziumkarbonat 15, 33, 34, 36, 44, 47, 58, 106, 170
Kambrium 20, 21, 46, 57
Kammerling s. *Marginopora*
Kammstern 57, 105, 111
Kandelaberkoralle s. *Dendrogyra*
Kardinalfisch 33, 96, 106, 140, 142, 156

Karibik 41, 79, 90
Kaurischnecke 96
Kegelschnecke 48, 96, 105, 106, 122, 137, 138
Keulenkoralle s. *Pocillopora*
Kieselnadeln 47, 58
Kleinräuber 122, 128, 160
Knopfkoralle s. *Montastrea*
Knüllpapierkoralle s. *Pectinia*
Kochlorine 123
Kofferfisch 112, 127
Kommensalen 141
Kompensations-Theorie 80
Konkurrenz 40, 90, 94, 95, 137, 139, 140, 144, 169
Kopffüßler 22, 92, 112
Korallen 115, 153, 159
Korallenassoziation, -gesellschaft 34, 38, 40, 41ff., 43, 73, 92
Korallenbarsch 90, 105, 106, 18, 109, 112, 121, 122, 124, 140, 143, 157, 159
Korallen-Biozönose 91
Korallenbommi 78
Korallenesser 122, 124, 125ff., 144
Korallenfische 109, 110
Korallenfischer 10
Korallengallen 110, 121, 123
Korallengrund 75
Koralleninsel 43, 62, 64, 96, 171
Korallenkrabben 108–110, 122
Korallenkrebse 109, 122
Korallenmuscheln 109
Korallenparasiten 139ff.
Korallenriff 23, 92, 94, 106, 143, 153, 160
–, Bildung 22, 24, 34, 36, 44–47, 73, 74, 78, 91
–, ökonomische Bedeutung 14, 170ff.
–, Organismen 92, 110, 153, 159
–, Schädigungen 170ff.
–, Wachstum 36
Korallenschnecken 109, 110
Korallenschwämme 47
Korallenwächter 64, 109
Korallenwels 96
Korallenwürger 94
Korallenzinne 75
Korallenzonen 37, 38, 43, 93ff., 95
–, Blockwuchszone 43
–, Buschwuchszone 43
–, Gesteinsschicht 93
–, Kleinkorallenschicht 93
–, Knollenwuchszone 43
–, Kronenschicht 93, 94
–, Krustenzone 37, 43, 93
–, Palisadenwuchszone 43
–, Scheibenwuchszone 37, 43
–, Stammschicht 93, 94
–, Strauchschicht 37, 38, 93
Krabben 89, 92, 105, 106, 108–111, 122, 123, 128, 139, 141, 144
Krabbler 111
Krake 92, 96, 106, 128, 140, 142, 155
Kränzchenkoralle s. *Goniastrea*
Krebse 89, 92, 96, 106, 108, 109, 111, 112, 122, 138, 140, 142, 156, 174
Kreidezeit 20, 22
Kreiselschnecke 124
Kreislauf 160, 175
Kriecher 111
Kringelkoralle s. *Cyphastrea*

Krustenkoralle s. *Stephanocoenia*
Kugelfisch 112, 125, 137, 156, 160, 169

Lagune 39, 42, 61–64, 89, 105, 169
Laichräuber 143
Landkrabbe 64, 92, 105, 157
Landschutz 171
Languste 92, 96, 105, 106, 111
Laternenfisch 154
Läufer 111
Lebensformtyp 17, 23, 91
Lebensraum 106, 169
Lederkorallen s. *Alcyonacea*
Leimfadenleger 123
Leptoconcha 122, 139
Leptoria (Hirnkoralle) 20
Leptoseris (Wellenkoralle) 19, 42, 43, 90, 128
Leucodora 110
Lippfisch 105, 108, 112, 125, 128, 140–143, 158
Lithophaga 95, 110
Lithophyta 12, 45
Lithothamnion 74
Lobophyllia (Indopazifische Dickstielige Doldenkoralle) 20, 48, 57
Lophelia (Tiefsee-Strauchkoralle) 20, 35, 73

Mäanderkoralle s. *Gyrosmilia, Meandrina* u. *Physogyra*
Madracis (Felderkoralle) 19, 24, 42, 43, 90, 109
Madrepora 20, 45
Magilus 110, 139
Mangrovequalle 24, 123
Manicina (Faltenkoralle) 20, 23, 36, 39, 42, 64
Manta 112, 124
Marginopora (Kammerling) 33, 48
Matrix 33, 34
Maulkämpfe 141, 154
Meandrina (Mäanderkoralle) 20, 42
Meerbarbe 105, 141, 142, 155
Meeresringelwürmer 48
Meeresspiegelschwankungen 22, 78
Melobesia 74
Merulina (Rippenblattkoralle) 20
Mesenterialfilamente 16, 18, 19, 94
Mesenterien 16, 17, 19
Microvilli 24
Mikroatoll 40, 46
Mikroporenkoralle s. *Montipora*
Militärbasen 171 ff.
Millepora (Feuerkoralle) 15, 24, 41, 44–46, 57, 73, 90, 110, 153
Milleporina 15
Mimese 155
Mimikry 155 ff.
Mönchsfische s. *Chromis*
Montastrea (Knopfkoralle) 20, 36, 38–43, 90, 124
Montipora (Mikroporenkoralle) 19, 22, 37, 43, 48, 57, 64, 73, 90, 125
Moostierchen 21, 46, 74, 80, 122, 123
Mosesflunder 156
Muräne 96, 108, 109, 112, 122, 138, 141, 142, 144, 156, 158, 169
Muscheln 24, 48, 57, 95, 96, 105, 111, 139, 169, 174
Mussa (Atlantische Dickstielige Doldenkoralle) 20, 39
Mycedium (Großblattkoralle) 20, 110

Mycetophyllia (Faltenkoralle) 20, 42, 64

Nabelschnecke 111, 137
Nachahmer 108, 138, 143, 155
Nacktkiemer 89, 92, 96, 106, 109, 122, 124, 127, 156, 160, 169
Nadelfisch 139
Nadelkoralle s. *Seriatopora*
Nährpolypen 45, 46
Nährsalze, -stoffe 23, 169
Nahrungsressourcen 170
Napfschnecke 105, 124
Nashornfisch 106
Naturschutz 171
Nekton, -ten 111, 112
Neogoniolithon 44
Neptunschleier 14, 73
Nesseltiere 15, 17
Nesselzellen 15, 18, 19, 33, 45, 94, 108, 124
Netzfänger 123
Noppenkoralle s. *Dichocoenia*

Octocorallia 15, 16, 46, 90
Oculina (Augenkoralle) 20
ökologische Nische 94, 125, 169
Ökomorphe 15, 34, 41
Ökosystem 91, 94, 160, 174
Olivenschnecke 137
Opportunisten 41, 94, 160
Ordovizium 21
Orgelkoralle s. *Tubipora*
Oulophyllia (Hirnkoralle) 20
Oxypora (Großblattkoralle) 20

Pachyseris (Schallplattenkoralle) 19, 43, 48, 90
Paguritta (Einsiedlerkrebs) 123
Palmendieb 96, 105
Palolo-Wurm 157 ff.
Papageifisch 89, 106, 108, 112, 122, 124, 126, 141–144, 169
Parahalomitra (Hutkoralle) 19, 42
Parascolymia (Pazifische Großsternkoralle) 20
Parasiten 92, 139, 140, 143
Partikelesser 127
Pavona (Rippenkoralle, Sternsäulenkoralle) 19, 20, 90
Pectinia (Knüllpapierkoralle) 20
Pelagial, pelagisch 111
Perforata 35
Perlen 9, 46, 171
Perlmuschel 96, 123, 139, 171
Perm 121
Pestizide 125, 174
Pfennigalge s. *Halimeda*
Pflanzentiere 12
pharmazeutische Grundstoffe 170
photische Zone 38
Phyllangia (Stummelkoralle) 20, 42
Physogyra (Flache Mäanderkoralle) 20
Physophyllia (Großblattkoralle) 20
Phytozoa 12
Pickelkoralle s. *Hydnophora*
Pilzkoralle s. *Fungia*
Pinzettfisch 122, 125, 126, 155, 160
Pistolenkrebs 108, 138, 141, 142, 144
Plakatfarben 153

Plankt/er, -on, -onten 23, 95, 106, 111, 112, 121, 123, 124, 159, 169, 170
Planktonesser 48, 57, 58, 64, 106, 109, 112, 122–124, 127, 128, 142, 174
Planula-Larve 10, 15, 17, 18, 24, 34, 39, 89
Plattfische 105, 112, 121, 155
Plattwürmer 24, 92, 111, 122, 144
Platygyra (Indopazifische Hirnkoralle) 20, 24, 57
Plerogyra (Blasenkoralle) 20, 24, 34, 48
Pocillopora (Keulenkoralle) 19, 22, 37, 57, 73, 108, 110, 112, 141, 159
Podabacia (Tellerkoralle) 19, 43, 90
Polychaeta 47, 48, 109, 110, 124, 126, 173
Porenkoralle s. *Porites*
Porensternkoralle s. *Astreopora*
Porites (Porenkoralle) 17, 20, 23, 24, 36, 39, 41–43, 73, 75, 78, 89, 90, 109, 110, 112, 125, 156, 160
Porolithon 44, 74
Porzellanschnecke 48, 124, 128
Prionastrea 90
Prognathie 125, 126
Protomeduse 21
Psammocora (Blütensternkoralle) 19, 90
Putzer, -fisch, -garnele 143, 144 ff., 158, 169
Putzsymbiose 143, 144 ff.
Pyrgoma 110, 122

Quallenfisch 139
Quoyula 139

Radiation 94
Radiolarien 24
Rangordnung 160
Rasenkoralle s. *Cladocora*
Räuber 106, 122, 127, 144, 159
Rauhsternkoralle s. *Echinopora*
Reproduktion 169
Reusenfischer 124
Revierverhalten 140 ff., 169
Riesenmuschel 33, 48, 73, 89, 95, 96, 122, 123, 140
Riffstrukturen 59, 75 ff.
–, Achterriff 91
–, Außenhang 40, 57, 63, 91
–, Außenriff 91, 106
–, Blaslöcher 91
–, Gesteinsmühlen 91
–, Höhle 95
–, Innenhang 63, 91
–, Kanal 39, 60
–, Kaverne 96
–, Lee 62, 64, 91
–, Luv 59, 62, 64, 91
–, Passage 91
–, Riffdach 91, 106
–, Rifffläche 91, 96
–, Riffuß 91
–, Riffplateau 62, 91
–, Riffrand 42, 44, 91
–, Riffrücken 36, 39, 90, 91
–, Rifftafel 91
–, Rinnen 60, 91
–, Rückriff 91
–, Sporne 60, 91
–, Terrasse 75
Rifftypen 59 ff., 80
–, *Acropora*-Riff 73
–, Atoll 60, 63 ff., 75–78, 89, 96, 169, 171

—, Bankriff 59, 60, 61, 79, 96
—, Barriereriff 21, 59, 60, 61, 76–78, 96
—, Bryozoen-Riff 74
—, *Cladocora*-Bänke 73
—, Faro 60, 62, 76, 77, 96
—, Horstriff 60, 62
—, Hügelriff 60, 61, 62
—, Kalkalgenriff 73
—, Kranzriff 60, 61, 62
—, lineares Riff 59
—, litorales Riff 60, 73, 75
—, *Lophelia*-Bänke 73
—, *Marginopora*-Riff 73
—, neritides Riff 60, 73
—, Nummulitenriff 48
—, ozeanisches Riff 60, 73
—, Plattformriff 60, 61, 62, 96
—, *Porites*-Riff 73
—, primäres Riff 73
—, Quaderriff 60, 75
—, Riegelriff 61
—, Sabellarien-Riff 75
—, Saumriff 59, 60, 62, 63, 76–79, 96
—, Schüsselriff 62, 74
—, sekundäres Riff 73, 75
—, Stromatoliten-Riff 74
—, Vermetiden-Riff 75
—, Wallriff 60, 62, 70, 77, 78, 96
—, zirkuläres Riff 59, 61
Rillenkoralle s. *Agaricia*
Ringelwürmer 95, 105, 111, 140
Rippenblattkoralle s. *Merulina*
Rippenkoralle s. *Pavona* u. *Scapophyllia*
Rivalisieren 158
Rochen 105, 112, 128, 141, 160
Röhrchenkoralle s. *Cladocora*
Röhrenaale 105, 111, 124, 158
Röhrenwürmer 105, 110, 122, 123, 174
Rohrkoralle s. *Tubastrea*
Rote Koralle s. *Corallium*
Rotes Meer 24, 36, 39, 43, 59, 60, 89, 106
Rückstoßschwimmer 121
Rugosa (Bödenkorallen) 21, 22
Rundwürmer 92
Runula (Schleimfische) 138

Sanddollar 111
Sandgrund 39, 42, 44, 58, 89, 105, 144
„Sandkoralle" 75
Sauerstoff 33
Scapophyllia (Irreguläre Rippenkoralle) 20
Schallplattenkoralle s. *Pachyseps*
Schirmkoralle s. *Acropora*
Schläfergrundel 96
Schlangensterne 57, 96, 108, 109, 111, 122, 127, 128, 140, 144
Schleimesser 127
Schleimfische 96, 121, 156
Schleppnetzfischerei 173
Schmarotzer 139
Schmetterlingsfische 90, 96, 105, 106, 108, 112, 124, 126, 139, 160
Schnabel-Einstachler 125, 126
Schnabel-Lippfisch, -Wrasse 125, 126, 142
Schnapper 108, 128, 143, 155, 156, 169
Schnecken 48, 96, 105, 111, 122, 124, 137, 139, 140, 169, 174

Schnurwürmer 92, 96, 137
Schriftbarsch 141, 142, 156, 158
Schutzanpassung 142, 156
Schwämme 24, 47, 95, 122, 123, 128, 137, 153, 156, 160, 173
Schwammkorallen s. *Alveopora*
Schwarmbildung 142, 155
Schwimmer 112ff., 128
Scleractinia 15, 16, 21, 23, 24
Sclerhelia 20
Sclerospongiae 47
Scolymia (Großsternkoralle) 20, 42, 47
Scypho|medusa, -zoa 15, 16, 17
Seebader 106, 108
Seedattel s. *Lithophaga*
Seegras 42, 105, 124, 159
Seegraswiesen 42
Seegurke 58, 89, 105, 122, 123, 139, 140, 169
Seeigel 39, 57, 80, 95, 106, 108, 111, 121, 122, 124, 127, 140, 156
Seeigelesser 127
Seepocken 105, 110, 121, 123
Seescheiden 95, 111, 123
Seeskorpion 105, 121, 143, 155, 156, 160
Seestern 57, 80, 105, 111, 122, 125, 128, 169
Seewalze 58, 89, 105, 106, 111, 123, 127, 128, 139, 157, 173
Selektion 38, 169
Senkungstheorie 78
Sepien 92, 121, 138, 155
Seriatopora (Nadelkoralle) 19, 33, 40, 42, 73, 108, 110
Serpuliden 48
sessil, Sessilier 44, 110, 123, 169
Siderastrea (Vieltrichterkoralle) 19, 24, 39, 42, 43, 90
Signale 154, 159, 169
Skalpellkoralle s. *Galaxea*
Skelettnadeln 15, 45, 89
Sklerite 15
Sozialstruktur 158ff.
Spezialis|ierung, -ten 41, 94, 139, 160, 169
Spritzwürmer 92, 95, 109, 111, 127
Spritzwurm-Korallen-Symbiose 142, 153
Stachelauster 48, 89, 96, 123
Stachelschnecken 48, 96, 124, 137, 138
Steilwand 42
Steinfisch 105, 121, 155, 156
Steinkoralle 15, 21, 110, 169, 174
—, ahermatypische 22,34
—, Alter 17, 35
—, Anatomie 15, 18, 34
—, Ernährung 16, 23ff., 34, 35, 48, 123
—, generative Fortpflanzung 17
—, Größe 17
—, hermatypische 22–24, 34, 36–38, 43, 59, 91
—, Kelch 15ff., 17
—, Kolonien 17ff., 40, 41, 108
—, ökophysiologische Gruppen 35
—, parasymbiontische 38
—, Population 94
—, Reinigungsmechanismus 38ff.
—, riffbildende 22–24, 34, 36, 41
—, Schleimabsonderung 36, 39
—, Skelett 15, 17, 18, 21, 33–35, 139
—, solitäre 38
—, Stoffwechsel 24, 33
—, Systematik 16, 18ff., 176ff.

—, Taxonomie 15, 17, 18ff., 176ff.
—, vegetative Vermehrung 17, 18, 42, 157
—, Verbreitung 18, 22, 43, 76, 77, 80ff.
—, Wachstum 18, 34, 35ff., 57, 171
—, Steinpflanze 12
stenök 41, 169
Stephanocoenia (Krustenkoralle) 42
Sternkoralle s. *Favia*
Sternsäulenkoralle s. *Pavona*
Stolonifera 15, 16, 46
Strömungszone 91
Stromatoporen 21, 22, 47
Strudelwürmer 92
Strudler 121, 123
Stummelkorallen s. *Phyllangia* u. *Astrangia*
Stylaster (Filigrankoralle) 64
Stylasteriden 45
Stylophora (Griffelkoralle) 19, 22, 23, 38, 57, 64, 108–110, 112, 139, 141, 159
Symbiodinium 24, 34, 80
Symbiose 24, 33, 34, 45, 48, 73, 93, 111, 140, 143, 144, 153, 169
Symbiosealgen 34, 38, 111, 123, 153
Symphyllia (Indopazifische Faltenkoralle) 20

Tabulata 21
Tagesrhythmik 48, 64, 73, 106ff., 112, 138, 144, 169
Tarnung 138, 155
Tauchen 10, 14, 24, 169, 170
Tellerkoralle s. *Podabacia*
Tertiär 22, 80
Tethys 21, 46, 80
Tiefsee-Strauchkoralle s. *Lophelia*
Tierhandel 175
Tierpflanze 11
Totengesellschaft 48
Tourismus 171
Trachyphyllia (Konische Hirnkoralle) 20, 42
Treibjäger 138
Trias 21, 22
Tritonshorn 48, 96, 125, 137, 139
Troglocarcinus 110, 123
Trompetenfisch 112, 137, 141, 142
Tsunami 39
Tubastrea (Rohrkoralle) 20, 33, 160
Tubipora (Orgelkoralle) 15, 22, 24, 45
Turbinaria (Folienkoralle) 20, 43, 125

Umweltfaktoren 15, 19, 23, 36, 40, 41, 43, 91, 171ff.
—, anthropogene 14, 59, 125, 171, 174
—, Brandung 41, 44, 62, 73, 121
—, Chemismus 24, 43, 121, 170, 173, 174
—, Gezeiten 43, 57, 105
—, Hydrodynamik 34, 36, 38, 40–44, 57
—, Licht 34, 36–38, 40, 43, 44
—, mechanischer Faktorenkomplex 40, 42
—, ökobathymetrische Faktoren 43
—, ökogeographische Faktoren 43
—, ökomechanische Faktoren 43
—, ökotopographische Faktoren 43
—, Regen 36
—, Salzgehalt 36, 40, 43
—, Sedimentation, Sedimente 18, 38–40, 42, 43, 57, 142, 173, 174
—, Strömungen 37, 59, 76, 77, 80, 89
—, Substrat 18, 23, 34, 36, 39–44, 94, 95, 105
—, Suspensionen 173

—, Temperatur 33, 34, 36, 37, 40, 43, 76, 77, 174
—, Transparenz 23
—, Wasseraustausch 16, 36, 41, 60, 64
—, Wasserbewegung 34, 36, 38—44, 57

Urpazifik 21

Vagibenther 95, 111
vagil 110
Vasenschnecken 137
Verlandung 171
Verteidigung 140, 156ff., 169

Vieltrichterkoralle s. *Siderastrea*

Wabenkoralle s. *Gardineroseris*
Wächtergarnele 143
Wehrpolypen 45, 46
Weidegänger 44, 124
Wellenkoralle s. *Leptoseris*
Wellenzone 91
Wimpelfisch 24, 108, 112, 125, 154
Wirbelzone 91
Wohnkoralle 108ff., 112, 137, 159
Wohnröhren 48, 75
Wohnsymbiose 109, 142, 143, 153

Wrackbarsch 108, 112, 138, 142, 143, 160
Wuchsform 15, 34, 40ff., 43, 44, 57
Wulstkoralle s. *Coscinarea*
Wurmmollusken 110
Wurmschnecke 110, 123, 124

Zackenbarsch 64, 73, 96, 106, 109, 122, 144
Zoophyta 11
Zooxanthellen 24, 33—36, 38, 45, 48, 93, 121, 153, 159, 169, 174
Zungenkoralle s. *Ctenactis* u. *Herpolitha*